国学新解丛书

孙子兵法新解

扈光珉◎注译

人民出版社

目　录

一、孙子传略

2500 多年前，人类的思想发生了一次爆炸式的大突破。

大西洋的东岸，欧洲的古希腊，产生了思想大师柏拉图、苏格拉底、亚里士多德，他们的思想惊动当代，光耀千秋，至今影响着西方乃至整个世界。印度洋的北岸，古代印度则产生了佛祖释迦牟尼，直到现在仍然拥有虔诚的四亿教徒，无数的拥趸者。太平洋西岸的中国，孕育了孔子、老子、孙子……

德国思想家雅斯贝尔斯在《历史的起源与目标》一书中首次把公元前500 年前后同时出现在中国、西方和印度等地区的人类文化突破现象称之为"轴心时代"。孙子正是"轴心时代"的骄子。

贵族之胄　将门虎子

2500 多年前的春秋时代，是个需要巨人而产生了巨人的时代，黄河流域的齐鲁大地闪耀神州：孔子和孙子，就诞生在这片神奇的土地上，他们一文一武，以其超人的智慧、深邃的思想照耀东方，影响当代，启迪后世。那么一代武圣孙子家世如何呢？

孙武，字长卿，春秋末期齐国（今山东惠民县）人，由于年代久远，其生卒年月已经不得详知，据推断应与孔子（前551—前479）是同时代人，大约活动于前545—前473 年间，其祖先是五帝之一的虞舜。

最早记载孙武事迹的是司马迁不朽巨著《史记》。

公元前 672 年，处于中原地区的陈国发生内乱，公子陈完携家眷及部分宫廷重器逃奔了诸侯霸主齐国，齐桓公早闻陈氏品德与才华，待以上宾之礼，并欲封为上卿，陈完以无功不受禄为由力辞，齐桓公只好封他为管理工商业的"工正"。陈国铸造技术较为先进，再加之他的才华与谦虚、敬业，陈完在齐国干得风生水起，从此，陈氏家族在齐国发展壮大。由于陈完想让自己的后人更好地融入齐国上层，巧妙利用古代齐国陈田不分的发音与习俗，顺势将陈氏改成田氏。

陈完就是孙武在齐国的祖先。

陈完的四世孙田无宇是一位智勇双全、文武兼备的栋梁之材，齐庄公在位期间，晋国要起兵攻打齐国，庄公委派田无宇出使楚国，联楚制晋，田无宇凭着三寸不烂之舌，说动楚国派兵攻伐晋国的同盟国郑国，迫使晋国分散注意力，从而解除了齐国的军事压力。由于田无宇为国家立了功，齐庄公任命田无宇为上大夫。

田无宇就是孙武的曾祖老爷爷。

齐国自齐桓公去世以后，接连发生了争夺王位的内乱，王室元气大伤，地位衰落，田、高、栾、鲍"四大家族"乘势而起，争宠夺势，互相倾轧。有一天，田无宇联合鲍氏家族，对正在饮酒作乐的栾氏、高氏突然袭击，双方在齐都稷门外发生了激烈的战斗，由于田鲍氏早有准备，先发制人，很快打败了栾氏、高氏。取胜之后，在分配栾、高两大家族财产时，田无宇表现出了政治家的高瞻远瞩，他把栾、高两家的财产分配给了失去财产与土地的齐国公族故旧，贫困孤寡的人家也利益均沾，这一举动博得朝野上下广泛赞誉，为此齐景公想把莒邑赏赐给田无宇，但是田无宇坚辞不受，改将高唐赏赐给他。从此以后，齐国出现了"归之如流水"的局面。

田无宇的次子田书，字子占，就是孙武的爷爷，在齐国也是一位能征善战、文武双全的将领。

公元前523年，齐高发带领大军讨伐莒国，国君莒子在齐军威慑下，逃到纪鄣城。高发派能征善战、智勇双全的田书去围剿莒子，田书带兵追到纪鄣城下时，莒子已紧闭城门，凭险据守。田书兵临城下，并不急于攻城，而是派人混入城内进行侦察，终于找到了内应。原来，莒子为政时，不守君道，无故杀死一好汉，好汉之妻卧薪尝胆、立志报仇。到了年老的时候，辗转来到纪鄣城，以纺绳为生，现在她听说莒子逃命纪鄣，齐军兵临城下，老妇顿感报仇时机到了，于是与齐军约定：等没有月亮的黑夜，将自己纺织的绳子扔出城外作为攻城的工具。到了约定之晚，田书的军队利用老妇人扔出的绳子，缘绳攻城，但是谁知刚上去了 60 余人，绳子不承其重，突然断了，城下与城上的士兵开始慌乱，在这千钧一发之时，田书表现出了高度的机智、勇敢与沉着，他巧妙地利用军队因慌乱而发出的鼓噪与惊恐之声，指挥军队上下一起喊叫，形成了一片冲锋陷阵之声，莒子听到齐军的喊叫声，以为齐军已经攻入城内，打开西门仓皇逃窜，这样，田书兵不血刃攻入纪鄣城。

由于田书伐莒有功，齐景公把较为富庶的乐安赏赐给了田家，并赐姓孙，食采于乐安（这个乐安，就是现在的滨州市惠民县）。这样孙氏家族就与田氏家族分开，成为齐国新的宗族，田书变成了孙书，孙书就是孙武的爷爷。孙书的儿子孙凭，字起宗，在齐国官至卿，孙武就是孙凭的儿子。

孙武大约生于公元前 545 年，名武，字长卿。

据传，孙武生而聪慧，身体结实，虎头虎脑，故小名为"石头"。到了七个月时就会走路，八个月就会说话，十二个月竟然能够认识 300 余字。聪颖的天资，良好的教育，上等的家世，是孙武成就了一番事业和写出《孙子兵法》的基础。

孙武生于贵族家庭，其受教育的情况史书上虽然没有记载，但是从他的家庭出身看，应该与其他的出身高贵的公子一样受到了良好的教育。据记载，"古者八岁而就外舍（小学），学小艺焉，履小节焉；束发而就大学，学大艺焉，履大节焉"。宋代的儒学大师朱熹说：夏商周三代兴起，他们的制度已经逐渐地完善了。从王公贵族、国都野人以及乡村，没有不完善学校教育的。"人生八岁，则自王公以下，至于庶人之子弟，皆入小学，而教之以洒扫、应对、进退之礼，礼乐、射御、书数之文；及其十有五年，则自天子之元子、众子，以至公、卿、大夫、元士之适子，与民之俊秀，皆入大学，而教之以穷理、正心、修己、治人之道"。当时的官学设国学和乡学，国学在国都，设小学和大学，国都之外的乡下只设小学。国学小学学制 7 年，大学学制 9 年，在小学时学小艺，到大学则学习大艺。也就是说，在春秋时期贵族的孩子上学的时段应该在 8 到 23、24 岁之间，高级贵族的孩子入学可能早一些，低级贵族的孩子入学年龄可能晚一些。在小学阶段，学习内容大体就是小"六艺"，即：礼、乐、射、御、书、数。古人讲："六艺谓礼、乐、射、御、书、数也。"进入成年之后，也就是 15 岁以后，按照春秋时的教育制度，孙武又进入"大学"深入学习。大学的学习时间大约为 9 年。入大学者学习的内容是高级"六艺"，又称"六经"，就是《诗》《书》《礼》《乐》《易》《春秋》，这样通过 15 年的正规教育，孙武基本掌握了政治、经济、文学、历史、军事等方面的知识。

大约在二十三四岁学完了六经后，孙武回到了齐王封之不久的食采地乐安，埋头于军事著作，先后研读了《军政》、《军志》、《司马法》等军事著作。在这个时期，孙武还研究考察了古代历史上发生过的重要战争，如商汤"革命"的鸣条之战，武王伐纣的牧野之战，尤其是研究了春秋时期的一些争霸战争，总结了战争的一般规律，在其爷爷的熏陶下，开始了军事著作的撰写工作。

斩妃立威　官拜吴将

齐国在景公（前 547—前 490）时期，政局动荡不安，内斗腥风血雨，"田、鲍四族谋为乱"（《新唐书·宰相世系表》），几大家族争权夺利、相互倾轧。齐景公为了巩固政权，平衡各派势力，把同属田氏家族的"文能附众、武能威敌"的大司马（《史记·司马穰苴列传》）田穰苴免职了。田穰苴无辜遭免，愤懑不平。毕竟，他成为执掌齐国军队的大司马，并非凭借田氏家族的势力，而是凭借自己的才能和军功。他受到不公正的待遇，于是去求田桓子，想通过桓子向齐景公转圜通融，使齐景公收回成命，哪知田桓子不但不替他讲情，反而责令他马上离开国都。可怜一代卓越的军事家，竟因此抑郁成疾、一病不起，以致赍志而终。齐国的动荡与田穰苴之死，让孙武感觉到在齐国不仅没有用武之地，而且人身安全也无法保障。大约在公元前517 年左右，正当孙武接近而立之年的时候，带着他对未来的美好憧憬，带着他满腹的军事理论，带着他撰写的部分兵法简册，也带着不能报效家乡齐国的遗憾，从乐安起程投奔到蒸蒸日上、明君贤相治下的吴国，并在穹窿山一带隐居下来。史书称这个时候的孙武"善为兵法，辟隐深居，世人莫知其能"（东汉赵晔《吴越春秋》）。

隐居的岁月里，孙武有幸结识了官居吴国"行人"的伍子胥。伍子胥是楚国亡臣，因其父兄遭楚国奸臣费无忌陷害，历尽艰辛，投奔吴国，成了吴国公子光的重要幕僚。公元前515年，公子光与伍子胥密谋，乘吴王僚派出两个儿子率兵攻打楚国之机，指使勇士专诸在家宴上以鱼肠剑刺杀了吴王僚，自立为吴王，他就是著名的吴王阖闾。阖闾即位后，选贤任能，励精图治，富国强兵，图谋伐楚称霸，迫切希望得到运筹帷幄、统率军队的知兵之将。伍子胥深知孙武擅长论兵，于是"一旦与吴王论兵，七荐孙子"（《吴越春秋·阖闾内传》），就是说曾一连七次向吴王阖闾推荐孙武是可以"折冲销敌"的主将人选，盛赞孙武有"鬼人不测之机，天地包藏之妙，诚得此人，虽天下莫敌，何论楚哉"（《吴越春秋·阖闾内传》），并将孙武的兵法十三篇呈给吴王。吴王拜读了十三篇后，深为折服。

公元前512年（阖闾三年），孙武在伍子胥引见下晋见吴王阖闾。吴王对孙武说："子之十三篇，吾尽观之。可以小试勒兵乎？"（《史记·孙子吴起列传》）孙武回答：可以。吴王问：可以用妇女试吗？孙武自信地说：完全可以。于是吴王从后宫挑选宫女100多名，领到练兵场上，交给孙武演练。

孙武将她们分为两队，指定吴王两名宠妃为左右队长，执黄旗前导。孙武郑重宣布："你们看着我手中的令旗，听着金锣鼓声，令旗向上，整队起立，令旗指心，队伍前进，令旗指背，队伍退守；左手举令旗，队伍向左行进，右手举令旗，队伍向右行进。"然后问："你们听清楚了吗？"宫女漫不经心地回答："清楚了。"

演练开始，队伍一片混乱。孙武严肃重申："如果没有讲清楚，是我为将的过错，如果讲清楚了，你们不做就是你们的过错。"于是三令五申演练要求、列队动作、军法纪律，再次进行演练，但宫女仍然视为儿戏，捧腹大笑，场面混乱不堪。孙武怒不可遏，为严肃军纪，按法纪当场要处斩两名队长，吴王见状，连忙为爱妃求情说：朕无此二妃寝食不安，请予赦免。孙武说："臣既已受命为将，将在军，君命有所不受。"（《史记·孙子吴起列传》）毫不犹豫地将两位妃子处斩，然后另选两人为队长，继续演练，这时全场肃穆异常，一鼓起立，二鼓转侧，三鼓合战，左右进退，回旋往来，井然有序，寂然无声。

孙武向吴王禀报："兵既整齐，王可试下观之，唯王所欲用之，虽赴水火犹可也。"（《史记·孙子吴起列传》）由于宠妃被杀，吴王非常不高兴，强忍怒气说："你很辛苦，回去休息吧，我也不想检阅了"。于是"罢兵就舍"。（《史记·孙子吴起列传》）后经伍子胥劝说，孙武道歉，吴王阖闾终于下定决心，拜孙武为将。孙武成为中国历史上第一个"将军"。

西破强楚　助吴称霸

孙武拜将不久，公元前 512 年，吴王阖闾率吴国大军征伐楚国。任伍子胥、孙武、伯嚭为将，一举攻克楚国边城——舒（今安徽庐江），擒杀了投奔楚国的吴王僚的两个胞弟掩余和烛庸，消除了吴王阖闾的心头之患，吴王欲乘胜大举进攻楚国，孙武劝说"民劳，未可，待之"（《史记·吴太伯世家》），建议军队回国休整，同时休养民力，积蓄国力。阖闾采纳了这一建议，撤军回国。此后弱小的吴国为了与强大的楚国抗衡，吴王阖闾采取了孙武提出的"佚而劳之"和伍子胥提出的"疲楚误楚"的战略。

公元前 511 年，吴王再次发兵，攻下了楚国属国徐国后，吴王阖闾向孙武、子胥询问伐楚大计，伍子胥和孙武建议用"三师以肆（劳）"的长期轮番袭扰的战略。即分兵三路，采取"彼出则归，彼归则出"（《左传·昭公三十年》）的轮番袭击骚扰战法，搞的楚军精疲力竭，"楚于是乎始病"，以至"三驾（三次出击）楚不能与争"（《左传·昭公三十年》）。吴军趁势连续攻取了楚国夷（今安徽涡阳附近）、潜（今安徽霍山）、六（今安徽六安）、弦（今河南潢川）等战略要地，控制住了楚国东出大别山的战略屏障。

公元前 508 年，吴国逼迫楚藩属国桐国叛楚归吴，招致楚国出兵讨伐桐国。吴楚两军在豫章（今安徽境内江淮一带）对峙，吴军一部在豫章迎战，暗中转移主力集中围攻巢地楚军，夺回了被楚国攻占的巢（今安徽巢州一带），俘获了守卫巢的楚国公子繁。从此，楚国东部江淮一带属国尽被吴国攻取，东部屏障基本扫清，吴国获得了战略优势，扭转了两国攻守态势，进而开始转入战略攻势。

阖闾九年（前506），楚国附属国唐国、蔡国为摆脱楚国的欺压而反叛，楚国不胜其愤，大举伐蔡，蔡侯将公子送到吴国当人质，表示联吴抗楚的决心。阖闾又一次征询伍子胥、孙武伐楚大计，伍子胥、孙武回答说："楚将囊瓦贪，而唐、蔡皆怨之。王必欲大伐之，必先得唐、蔡乃可。"（《史记·吴太伯世家》）阖闾采纳了这一伐交谋略，与唐、蔡两国正式结成三国同盟共同伐楚。

公元前506年的冬十一月，吴楚大战终于爆发了，踌躇满志、蓄谋已久的吴王阖闾打着兴师救蔡的旗号，亲自统率吴军出征，以伍子胥、孙武为大将，胞弟夫概为先锋，倾全国三万精锐之师，从水路乘舟，沿着由伍子胥专为伐楚而开凿的胥溪，从太湖进入长江支流阳江，再从阳江穿过固城湖、石臼湖进入长江岸边，从芜湖一带渡过长江至濡须口进入淝水，进而入淮，然后溯淮水而上，至淮汭地区（今河南潢川）舍舟登陆，在唐、蔡军队配合下，吴国大军悄然越过大别山和桐柏山之间险隘大遂（黄岘关）、直辕（武胜关）、冥厄（平靖关），长驱直入楚境，直奔汉水东岸，与楚军夹水对阵。楚昭王得知吴国大军进袭，急命令尹囊瓦、左司马戌率军到汉水西岸防御吴军。左司马戌建议令尹囊瓦率领主力部队原地依托汉水阻击吴军，自己率军绕道吴军身后，控制方城（今河南方城），毁掉吴军船只，封锁隘口，然后会师夹击吴军。

这本是一个断吴后路、切断补给线而稳操胜券的方策，但目中无人的囊瓦受部下怂恿，想独占败吴之功，擅自改变约定计划，不待戌完成迂回包抄便贸然出击，挥兵渡过汉水欲与吴军决一胜负。孙武施以诱敌、误敌计谋，指挥吴军与楚军连续三次交战都先佯装败走，然后觅到有利时机和地形反戈一击，这样囊瓦"三战皆不利"，从小别（今湖北汉川东南）一直打到大别（今湖北境内大别山），孙武将楚军引诱到预定战场——柏举（今湖北麻城）。农历十一月十九日，吴楚两军在柏举对阵相峙，打响了著名的柏举大战。吴军先锋夫概果断率领5000亲兵直冲楚营，展开血拼，阖闾趁楚军疲惫至极、阵势大乱之际，率主力投入战斗，楚军很快瓦解，主帅囊瓦贪生怕死，弃阵逃亡郑国。吴军全力追击楚军残部至清发水（今湖北郧水），夫概采用孙武"半济而击"的战术，趁楚军渡河时出击，再败楚军，再与前来增援的左司马戎的楚军血拼，戎见大势已去，令部下割下自己首级回报楚昭王。吴军接连十天五战五捷，最后一举攻陷了楚国国都——郢，楚昭王落荒出逃。

这就是春秋史上空前的破楚入郢之战，吴国以弱小的 3 万兵力千里兴师，击败 20 万楚军，创造了中国战争历史中的奇迹，改变了春秋晚期的战略格局，《中国通史》称此战是"东周时期第一大战争"（范文澜：《中国通史》，第 122 页）。在这次战争中，孙武展现了军事才华，增加了实战经验，《尉缭子·制谈》称颂说："有提三万之众，而天下莫当者谁? 武子也"。此后，楚国元气大伤，走向衰落，国都被迫迁往都（今湖北宜城县东南），无力图谋与列国争霸。而吴国声威大振，加快了争霸中原的脚步。

功成退隐　修缮兵法

吴国攻入楚国郢都，打的是闪击战，千里跃兵，长驱直入，补给困难；由于吴军占领楚都后，政治上、军事上犯了一系列的错误；更加之吴国内部生乱，吴王阖闾不得不撤出郢都，班师回吴。

经过吴楚之战后，吴国虽然没有吞灭楚国，但基本消除了楚国对吴的威胁，吴国腾出精力争霸中原。公元前 496 年，阖闾攻越，战于檇李（今浙江嘉兴西南），越军采取偷袭战术，阖闾中箭，伤重不治，死前嘱子夫差勿忘杀父之仇。夫差继位后，为了洗雪其父阖闾败给越王勾践的耻辱，励精图治，发奋有为，吴国力更强。夫差在孙武、伍子胥帮助下，举兵击败越国，迫使越王勾践俯首称臣。公元前 482 年，夫差亲率大军北上，与诸侯会盟于黄池，把吴国的霸业推到了鼎盛时期。自此，吴国成为春秋霸主之一，北方的齐国、晋国等昔日霸主也十分畏惧吴国。对于孙武促成吴国霸业的历史功绩，司马迁在《史记·孙子吴起列传》中评价说："西破强楚，入郢，北威齐、晋，显名诸侯，孙子与有力焉。"

经过二十余年的征战，孙武终于助力吴国实现了争霸中原的目标，孙武的人生也达到了辉煌的高点。但恰恰在这个时候，孙武却感到极大的迷茫：吴王夫差刚愎自用，傲慢无礼，声色犬马；身边近臣伯嚭，为人奸诈，奉承狡猾；他更时常想起老战友伍子胥，忠烈敢言，却无辜赐死。孙武深感吴宫已非久留之地，于是恳求解甲归田。吴王见霸业已成，就答应了孙武的请求。有史书说：孙武自保求全的韬略，终于逃脱了夫差、伯嚭羁绊，躲过了囹圄杀戮的灾难。告老归隐后，他一边与青山绿水为伴，同家人在一起悠闲自得；另一方面，根据军事斗争的经验教训，进一步修改完善了自己的兵法，使之日臻完善。大约现在看到的《孙子兵法》就是在这个时期最后形成的。

公元前473年冬天，隐居修缮兵书的孙武得知吴国最终被越国灭亡的消息后，悲愤交加，在极度的痛苦中竟然一病不起，大约73岁的孙武带着成功的荣誉和吴国灭亡的遗憾逝去。孙武共有三子，孙驰、孙明、孙敌。孙武把自己的军事积累、兵书等传给了孙明，孙明后来也立了战功，其后裔孙膑是战国时期的著名军事家。

还据《越绝书》记载："巫门外，去县十里，吴王客齐孙武冢，善为兵法"，今天的苏州被当地人认定是孙武的终老之地。而今日的孙子故里惠民县也流传有孙武归隐故里的民间故事。这或许是吴地和齐地的后人出于对一代兵圣的敬仰而表达的思念之情。

孙武的一生，除了赫赫战功之外，最主要的是留下了影响身后两千五百年的"兵学圣典"——《孙子兵法》，它奠定了中国古典军事思想理论体系，确立了作者孙武于春秋末期在思想界与老子、孔子的比肩地位，也成就了孙武作为世界东方兵圣的至尊荣誉。

二、《孙子兵法》的产生与影响

春秋时期是中国社会大动荡、大变革、大分化的历史时期。中国的兵学，也开始向第一个发展高峰冲击。它的标志，就是奠定东方战争理论基础的《孙子兵法》问世。《孙子兵法》作为中国古代军事思想的顶峰和集大成者，它的产生不是偶然的，春秋时代特殊历史环境推动、社会思潮演进和齐文化、私学勃兴以及家学传承，奠定了《孙子兵法》破土而出的基础。

（一）《孙子兵法》产生的历史文化背景

1. 诸侯争霸战争的实践

我国古代文学名著《红楼梦》上有一句诗说道："乱烘烘你方唱罢我登场，反认他乡是故乡"（《红楼梦》，人民文学出版社，第18页），用这句话来形容春秋时代是最贴切不过了。

孙子出生、生活的春秋时代，正是这样一个看起来乱哄哄的时代。之所以会出现这样的局面还要从周朝说起。

我们常说封建时代、封建社会，本意是指周朝"封邦建国"的一种制度。西周时期（前1046—前771），周王为了巩固和扩大王朝的统治，有效地管理广大被征服的地区，镇抚各地原有的邦国，以分封的办法来拱卫周室。分封即"封邦建国"，就是周天子把同姓宗室子弟、异姓功臣宿将、一些部落首领以及古代先王圣贤的后代，分配到一定的地区，分别授给他们一定范围的土地和民众，建立起众多附属于中央王朝的封国。这些封国就是诸侯，诸侯对周王承担一定的义务，如定期朝见，缴纳贡赋，随周王出征，前往都城参与王室重大祭祀活动，等等。通过"封邦建国"，周朝形成了"普天之下，莫非王土；率土之滨，莫非王臣"(《诗经·小雅·谷风之什·北山》)的大一统局面。

但随着时代的变迁，经济社会的发展，各诸侯国由于历史条件、地理位置、君主能力、思想观念、封疆大小、臣民多少等各方面因素的不同，各封国也出现了差异，经过几百年的发展变化，一些诸侯国发展壮大起来，向四周扩展，成为雄踞一方的雄国大邦，至平王东迁时，有些诸侯国不仅不服从周天子的命令，甚至还侵夺王室的土地。政治上的尊卑等级界限被打破了，原来的"礼乐征伐自天子出"，实际上变成为"礼乐征伐自诸侯出"了，周天子的"共主"地位已经名存实亡，形成了春秋各国相互混战、诸侯争霸的局面。

春秋时期，见于史书记载的诸侯国有 128 个，但比较重要的不过十几个，它们主要是位于今天山东的齐、鲁，位于今天河南的卫、宋、郑、陈、蔡，位于今天山西的晋，位于今天北京及其周围地区的燕，位于今天陕西的秦，位于今天河南、安徽南部和两湖的楚，位于今天江苏中南部的吴和位于今天浙江一带的越。这些比较大的诸侯国凭借其实力，用战争来扩展领土，迫使弱小国家听从号令，并互相争夺，形成了诸侯争霸的局面。霸，又写作伯，就是诸侯中的老大的意思。

在春秋近 300 年时间里，各种战争此起彼伏。其中，诸侯争霸和大国兼并是当时战争的主流。据《中国军事史》附卷《中国历代战争年表》统计，春秋时期在前 769—前 476 年这 294 年里，共发生战争 384 次。

频繁的争霸战争和不断更新的作战样式为兵学的理论提供了坚实的实践基础。至春秋末期，战争规模随着战争的加剧而不断扩大。晋楚城濮之战中，晋国出动的战车就达 700 乘。战争的样式也变得日趋复杂，由单一的车战发展为步、车、水、骑多兵种作战。战争的程度也日趋惨烈，正如《孟子》所总结的："争城以战，杀人盈城，争地以战，杀人盈野。"随着周王室的衰落，诸侯大国的兴起，争霸活动愈演愈烈，战争环境发生了根本变化，战争的结局对社会生活的影响日趋增大，原先反映奴隶制社会军事礼乐文明的"军礼""军法"传统遭到废弃，为"兵以诈立"的新观念所替代，"出奇用诈"成为军事斗争中的重要手段。东汉班固在《汉书·艺文志·兵书略序》中揭示道："自春秋至于战国，出奇设伏，变诈之兵并作"。总之，战争的丰富实践，为军事理论家系统构建军事理论体系，指导战争实践创造了条件，提供了契机。

2. 齐国兵学文化的深厚底蕴

战争活动固然是《孙子兵法》诞生最为直接的动因，然而春秋时代社会思潮，为军事思想成熟提供了生长土壤，这是《孙子兵法》得以产生的深层思想文化背景。

西周以前，文化乃是王室贵族的专利品，对于平民乃至于普通贵族而言，是不具备从事学术文化研究条件的，更不可能著书立说。这一特定的文化格局，史称"学在官府"。由于周王室的衰微，原来的官学受到严重破坏，负责文化教育的官吏和文化典籍流散到各地，流落到民间，"学在官府"的文化垄断局面悄悄被打破了，出现了"天子失官，官学在四夷"（《左传·昭公七年》）的局面。与此同时，私人聚徒讲学之风逐渐兴起。学术下移、思想解放形成了文化繁荣局面的出现，不同地位的人得以自由发表自己的哲学、政治、伦理、教育等观点。于是一大批思想大师登上历史舞台，各呈异说，为《孙子兵法》的产生提供了不竭的思想源泉。

首先是齐国兵学文化的历史传承，铸就了《孙子兵法》的齐文化特质。孙武生长于泱泱大国的古老齐国，齐国是中国的兵学发源地，先秦的主要兵书大多出自齐地，孙武的兵学思想上承源远流长的齐国兵学传统流脉，深深承受于地域文明滋养，深深打上了齐文化的印痕。齐国作为兵家的摇篮，具有悠久的尚武精神和兵学传统，长期保持大国风范，积极投入争霸战争，成为首位霸主，培育出许多兵家名将。

齐国的始祖姜尚，是一位杰出的军事家，姜太公在武王伐纣的战争中立过奇功。《孙子兵法》中就引用了姜太公在商都做间谍的史实。在太公的精心治理下，齐国最终走上了一条富国强兵的道路，从而奠定了齐国近千年军事大国地位的坚实基础。姜尚还是一位杰出的军事理论家，《史记·齐太公世家》称其"多兵权与奇计，故后世之言兵及周之阴权，皆宗太公为本谋"。齐国在桓公时，任用管仲改革，国势强盛而成为春秋首霸。先后灭谭、降遂、伐卫、侵蔡，与楚结盟，会诸侯伐郑，管仲在齐国"作内政而寄军令"(《国语·齐语》),大力改革军制和政治,他辅佐桓公,"一战帅服三十一国"(《国语·齐语》)。孔子曾称赞他说:"桓公九合诸侯,不以兵车,管仲之力也","管仲相桓公,霸诸侯,一匡天下,民到于今受其赐"。(《论语·宪问》)在孙武其时,必然还有关于太公、管仲用兵的故事和记述其军事思想的著作流传,尤其是孙武的叔父司马穰苴是著名的军事家,它对孙武军事思想的形成,无疑起到过直接熏陶的作用。

其次是齐国的文化中"阴阳五行"变化的哲学思想,成就了《孙子兵法》中的辩证思维。如果没有富于尚武传统的齐文化,就不可能有《孙子兵法》这样高水平的军事哲学理论著作。《史记·封禅书》记载,齐国先民崇拜八神。八神中"四曰阴主,祠三山。五曰阳主,祠芝罘",又说"八神自古而有之,或曰太公以来作之"。可见齐国先民崇拜"阴主""阳主"历史悠久。或者说自古就有,或者说是姜太公开国以来所制定的。这种阴阳文化在《孙子兵法》中得到比较充分应用和体现。如《孙子兵法》开篇提出了用兵必需的五事,即道、天、地、将、法。孙子对"天"的解释是:"天者,阴阳、寒暑、时制也"。(《计》篇)

"五行说"也是在齐文化摇篮中发育成长起来的,是古代哲学思想中的瑰宝。孙武不仅在兵法中运用了"五行说",而且对"五行说"也有发展和贡献。《孙子兵法》中讲到了五行的概念,它指出:"五行无常胜,四时无常位"(《虚实篇》),在《孙子兵法》中还大量的用"五行说"中的"水"来比喻用兵。

再次是齐文化的伦理功利思想成就了《孙子兵法》的利益标准。齐文化的伦理学说十分重视功利。据传说,周初在分封之后,姜尚问周公姬旦:"您怎样治理鲁国?"周公姬旦说:"尊尊而亲亲。"也就是说要以伦理来维持治理国家;姬旦问姜尚:"您如何来治理齐国?"姜尚曰:"尊贤而尚功。"意思是要以选拔人才、崇尚功利来治理国家。(《淮南子·齐俗训》)齐文化在讲利益方面的特色,在《孙子兵法》中体现得也十分清楚。如《孙子兵法》中"利"字出现了52次之多,并明确提出"合于利则动,不合于利则止"(《火攻篇》)的战争指导原则,这在先秦典籍中是难能可贵的,也是独树一帜的。

3.家族文化的熏陶濡染

孙武出生在一个著名的兵学世家。从孙武的家世来看，贵族家庭条件，使得孙武从小就能得到优越的学习条件和环境，广泛涉猎文化典籍，涉猎许多人不能问津的知识。对田氏家族智慧的继承，同样也是孙武思想的重要渊源。孙武自幼生活在齐国。孙武的曾祖父、祖父、叔父都是善于带兵作战的将领。《左传·襄公六年》记载：孙武的曾祖"陈无宇献莱宗器于襄宫"。《左传·襄公二十四年》又记："楚子自棘泽还，使启强师师送陈无宇薳"。《左传·昭公十九年》记载孙武的祖父孙书指挥了伐莒战争，凭借其卓越的军事才能，指挥齐军破城获胜，因功赐姓孙，食采乐安。略早于孙武的田穰苴也是出自田氏家族的一代名将，田穰苴潜心研究古兵法，撰写了许多解释、发挥的文字，留下了收入《武经七书》的《司马法》。《史记·太史公自序》说："自古王者而有《司马法》，穰苴能申明之。"他曾于公元前531年统率齐军大败侵入齐国的燕、晋联军，尽复失地，被齐相晏婴誉为"文能附众，武能威敌"的良将。家族的兵学文化背景，为孙武搭建了便利的梯子，使他有独特的条件站在了"巨人"的肩膀上！

4.吴国文化的浸润滋养

吴文化对《孙子兵法》的最后成书也有一定的影响。由于孙武的战争实践与后半生是在吴国，因此《孙子兵法》也打上了较深的吴文化烙印。从历史地理角度出发，吴地的核心基本上是一个完整的太湖流域地区。根据《左传》记载，泰伯"自号句吴"，在太湖流域开创了一个国家形态的文明国家——吴，也开启了吴地文化初端。春秋以后，吴文化的核心地区大致就是苏州地区。从区域的共同性来看，该地区的自然环境、风俗文化、社会经济等方面都存在着很强的一致性。太湖及其流域内的大小湖泊既支撑着吴地的稻作、渔猎等农耕生产方式，也便利着舟楫往来。史料证明，千百年来，吴地人从事着渔猎和稻作。渔猎生产的"诡诈多变"开启了吴地军事活动绵绵不绝的心智文化脉络；这一自然区域河网交织、港汊纵横，形成了一张稠密的水网，便利着吴地的水运。古时吴人以船为车、以楫为马，就是这一生活状况的生动写照。无论是生产生活，还是交通贸易，在精神层面的吴文化所显现出的最为突出的特征就是与水有着密切的天然联系和依赖。《孙子兵法》

中"夫兵形象水，水之形避高而趋下"，"兵无常势，水无常形"，"激水之疾，至于漂石者"，"以水佐攻者强"等，体现出了吴地兵学机智灵活的历史文化渊源。水运交通的便利不仅紧密着区域经济、文化的联系，还能造就吴人开放、灵活、实用的风气，产生因时而动、因利而动的机智、巧思的行为风尚。如《孙子兵法》中"合于利而动，不合于利而止"，"水因地而制流"，"凡战者，以正合，以奇胜"，"可使必受敌而无败者，奇正是也"，"以迂为直"，"兵以诈立"等都吸收了吴地灵活善变的文化因子。

吴文化的另一个突出特征就是勇猛尚武。《汉书·地理志》云："吴、粤之君皆好勇，故其民至今好用剑，轻死而易发。"南宋范成大在《吴郡志》中说吴风俗"好用剑，轻死"。吴地造剑工艺精良，造剑之风兴盛，这种尚武风尚的形成，来自吴越人长期对水的征服，在与恶劣天气、兴风作浪的江河湖水和波涛汹涌的洪水长期的拼搏中，养成了富于冒险、勇于搏杀、敢于抗争、不惧生死的尚武性格。春秋三大刺客中的两位，专诸和要离都出自春秋吴地。《孙子兵法》中，"不动如山"，"动如雷霆"，"侵略如火"，"无恃其不来，恃吾有以待"等都是这种精神的展现。

战火纷飞的时代经历，齐文化的滋养，耳濡目染先辈们的战争经验，吴文化的浸润，加上良好的天赋，"兵学圣典"《孙子兵法》出自孙武之手也就水到渠成了。

（二）《孙子兵法》的传承与影响

孙武之所以伟大，之所以被后世尊崇为"武圣""百世谈兵之祖"，在于他"将在军，君令有所不受"演兵斩美姬，也在于他指挥三万军队克敌二十万人、长驱千里五战入郢，更在于他留给了我们一部震惊当时、泽被后世、惠及今天、影响未来，并且将永远闪烁着智慧光辉的兵书——《孙子兵法》。现在妇孺皆知的"知彼知己，百战不殆"正是兵法中的语言。《孙子兵法》不仅是军事领域里面的一朵奇葩，而且在政治、经济、文化、体育、外交等领域里也散发着诱人的芳香，她更像人类智慧宝库里面的一块瑰宝、皇冠上的明珠，是上帝赐给人类的不竭智源。

习近平同志曾指出："《孙子兵法》不仅是人类兵学的圣典，而且在经济、政治、文化、外交领域也具有积极的借鉴意义"，"特别是谋求用孙子兵法来指导现代社会问题的解决之道"，这对"发展也是有益的启迪"。(《习近平同志在第七届孙子兵法国际研讨会上的致辞》)

1.《孙子兵法》在国内的流传与影响

《孙子兵法》问世以来，受到历代政治家、军事家、思想家和文学家的高度重视。兵家名将都将之奉为圭臬，称之为"兵学圣典"。历代名家或征引《孙子兵法》名言要义，或借以阐发其思想，或以历代战例佐证《孙子兵法》观点，或以《孙子兵法》为基础建立自己的学术体系，从而使孙子的思想精髓不断得到继承和发展。

《孙子兵法》早在战国时期就广为流传。当时由于战争频繁发生，"境内皆言兵，藏孙、吴之书者家有之"(《韩非子·五蠹》)。到了汉代，由于距离战乱纷起的春秋战国时期不远，故"世俗所称师旅，皆道《孙子》十三篇"(《史记·孙子吴起列传》)。可见，汉代之前，《孙子兵法》已成为"家"喻"世"晓的一部军事著作。约在公元198年之后，曹操撰定《孙子略解》，成为为《孙子兵法》作注的第一人。他说："吾观兵书战策多矣，孙子所著深矣。审计重举，明画深图，不可相诬"(曹操《孙子序》)。与曹操同时代的诸葛亮评价说："战非孙武之谋，无以出其计远"(诸葛亮《便宜十六策·治军》)。南朝人刘勰则十分赞赏孙子的语言天才，他说："孙武《兵经》，辞如珠玉，岂以习武而不晓文也?"(《文心雕龙·程器》)唐太宗李世民赞扬说："观诸兵书，无出孙武。"(《唐太宗李卫公问对》)但《孙子兵法》真正被确定为"武经之首"的地位是在北宋中叶。宋神宗年间，神宗钦点朱服、何去非编定了《武经七书》，收录了《孙子》《吴子》《司马法》《唐太宗李卫公问对》《尉缭子》《黄石公三略》《六韬》七种兵书，作为武学教材，其中《孙子兵法》列为《武经七书》之首，并奉诏用魏武帝注本，其余皆只行白文。到宋哲宗元祐、徽宗政和年间，吉天宝辑成了《十家孙子会注》，大约在1163年至1189年间，今存之宋本《武经七书》，宋本《十一家注孙子》刊出，从而使《孙子兵法》基本定型。

历代军事将领中，学习运用《孙子兵法》的战略战术打胜仗者，也不计其数，见诸史书最著名的有：先秦的孙膑；楚汉时的项羽、张良、韩信；三国时代的诸葛亮、曹操；唐代的李世民、李靖；宋代的岳飞；元代的耶律楚材；明代的戚继光；清代的曾国藩、胡林翼、左宗棠；等等。历代名将均从当时所处的军情出发，成功地灵活运用孙子思想于战争实践。辅佐刘邦夺取天下的汉初三杰之一韩信，曾经三次面临渡河作战的情况，他根据三次作战的不同情况，把孙子"战胜不复"的思想加以灵活运用，在井陉背水列阵，大破赵军，斩杀陈馀，活捉赵王歇。当部将讨教取胜秘诀时，他脱口而出：《孙子兵法》不是说过"'陷之死地而后生，置之亡地而后存'吗？"众将闻说皆自叹弗如。清朝湘军的创立者和统帅曾国藩，是精通《孙子兵法》的大家，在与太平军的作战中虚虚实实，出奇制胜。

伟大的民主革命先行者孙中山先生对《孙子兵法》给予了极高的评价。他说："就中国历史来考究，两千多年前的兵书有十三篇，那十三篇兵书便是解释当时的战理。由于那十三篇兵书，便成立中国的军事哲学。所以照那十三篇兵书讲，是先有战斗的事实，然后才成那本兵书。"（《孙中山选集》，人民出版社，下卷第 730 页）。

《孙子兵法》对毛泽东军事思想的发展有着重要影响，毛泽东在其《中国革命战争的战略问题》中指出："中国古代大军事家孙武子书上'知彼知己，百战不殆'这句话，是包括学习和使用两个阶段而说的，包括从认识客观实际中的发展规律，并按照这些规律去决定自己行动克服当前敌人而说的；我们不要轻看这句话。"他在《论持久战》中又说："孙子的规律'知彼知己，百战不殆'，仍是科学的真理。"

"前孙子者，孙子不遗；后孙子者，不能遗孙子。"（《武备志·兵诀评·序》）明朝兵学家茅元仪的这句名言，是对《孙子兵法》重要历史地位和永恒思想价值的至为精当、精确、精到的评价。

2.《孙子兵法》在世界的传播与应用

《孙子兵法》问世后，不仅在故乡中国，而且在整个世界范围内享有盛誉。《孙子兵法》在世界上的影响可概括为"四个全面"。

一是传播地域上的"全面覆盖"。截至目前，世界上已有 40 余种语言翻译出版《孙子兵法》。《孙子兵法》的传播波及世界各大洲，从地域上可以说是全面覆盖五大洲。1996 年哈佛大学 57 位学者将《孙子兵法》评选为 4000 年 10 部影响最大的著作之一。

《孙子兵法》大约从公元 8 世纪开始在东亚、南亚流传，17 世纪后陆续传到欧洲、美洲。

在亚洲，《孙子兵法》最早传入日本。据中日两国史书记载，大约在公元 735 年左右，遣唐使吉备真备将《孙子兵法》携归日本（韩胜宝编：《孙子兵法与文化战略》，古吴轩出版社，第 6 页），此后在相当长的时期内，《孙子兵法》影响了日本军事思想并成为日本军事思想的主体结构。

《孙子兵法》传入朝鲜也是比较早的，甚至韩国学者认为早于日本，但无确切记载。据《朝鲜通史》称，15 世纪李朝的义宗至世祖时期，曾出版过《武经七书》的注释本，其中就有《孙子兵法》。清乾隆四十三年朝鲜又刊印了题名为《新刊增注孙武子直解》一书，分为上、中、下三卷。1863 年的朝鲜高宗时期，赵义纯的《孙子髓》出版。此后，朝鲜文版本的《孙子兵法》译著、评著大量涌现。

印度学者研究，"《孙子兵法》经丝绸之路传到印度，这要归功于精通中国兵法的成吉思汗及他的后代"，在印度的博物馆里就珍藏着《诗经》《论语》《孙子兵法》。（韩胜宝编：《孙子兵法与文化战略》，古吴轩出版社，第 23 页）

《孙子兵法》的西传以法国为最早。1772 年，一位曾在北京留居多年的法国神父约瑟夫·阿米奥特，根据《武经七书》满文手抄本，并对照汉文版本，将《孙子兵法》翻译成法文，作为《中国军事艺术》丛书中的第二部在巴黎出版，这是至今可考的第一部《孙子兵法》的西方译本。阿米奥特在该书扉页上写道："中国兵法，公元前中国将领们撰写的古代战争论文集。凡欲成军官者都必须接受以此书为主要内容的考试。"该书在西方一问世便引起轰动，多家杂志摘要转载。当时一家刊物评论说："如果统率法国军队的将领能读到像《孙子兵法》这样优秀的著作，那是法兰西王国之福。"此后，各种西译本《孙子》等兵书陆续问世。

1742—1755 年在中国北京留学的俄国学生阿列克谢·列昂季耶夫是俄国最早的中国学家之一。他在 1772 年翻译的《中国思想》中，将《孙子兵法》的部分译文收入其中，这是《孙子兵法》的首次俄译。《孙子兵法》俄文本正式全文出版于 1860 年，是由汉学家阿列克谢·斯列兹涅夫斯基翻译，在《战争手册》第 13 卷上发表的，篇名为《中国将军孙子对其属下将领的教诲》，这是第一本俄译本，也是欧洲第二种《孙子兵法》文字译本。

英国对《孙子兵法》的研究最深，因而影响也最大。1905 年，英译本《孙子兵法》首次在日本东京出版。英国军事学家利德尔·哈特在 1929 年出版了一部军事名著，取名《战略论》，书中摘引了 21 条军事家的语录，其中第一至第十五条，都摘自《孙子兵法》，后来几经修改，于 1954 年重新出版。1961 年，蒙哥马利元帅应邀来中国访问，他在晋见毛泽东同志时，建议把《孙子兵法》作为世界各国军事学院的必修教材。20 世纪 80 年代起，西方世界对中国文化日益关注，在短短 20 年间就出现了 21 种英译本。到目前为止，大约有 33 种《孙子兵法》的英译本。

在西方兵学鼻祖克劳塞维茨军事思想一统天下的德国，1910 年布鲁诺·纳瓦拉的德译《孙子兵法》首次在柏林出版，书名为《战争之书——中国古代军事家》。当时的德军参谋长冯·莫尔特克将军在序言中说："好几代以来，日本士兵按照孙子及吴子的思想投入战斗。这本书也必将为欧洲的作者及其科学著作提供参考。"

目前欧洲国家有法文、英文、德文、俄文、意大利文、西班牙文、葡萄牙文、荷兰文、希腊文、捷克文、波兰文、罗马尼亚文、保加利亚文、芬兰文、瑞典文、丹麦文、挪威文、土耳其文等，翻译出版覆盖大半个欧洲。

孙子的著作是美国军人特别是军官的必读书目之一。美军各军种基本上每年都要向军官们推荐读书书目，《孙子兵法》几乎总是作为必读书列入其中。在美国国防大学和陆军军事学院指定参考书目里也都无例外地包括《孙子兵法》。美国兰德公司的著名学者波拉克曾撰文说：孙子是军事史上最负威名的思想家之一。他的思想不但在中国，而且对中国之外的许多国家，都有很大的影响。美军的作战条令和重要文件经常引用孙子格言。在 20 世纪 80 年代初美军提出的《空地一体战》作战纲要中，共引用了 19 条军事名言和警句，其中大多数摘自《孙子兵法》。之后，在美军的作战条令和国防部重要文件中引用孙子格言几乎成为固定格式沿用至今。在近年来颁发的

《2010年联合构想》《未来联合作战概念》等作战条令，以及美国国防部《四年防务审查报告》和国会国防小组委员会对该报告的审查报告《国防的转变——21世纪的国家安全》中，都引用了许多孙子的格言。

曾为打破中美关系坚冰贡献超常智慧、立下汗马功劳的亨利·基辛格曾这样评价《孙子兵法》，他说，"该书问世已两千余年，然而这部含有对战略、外交和战争深刻认识的兵法在今天依然是一部军事思想经典。20世纪中国内战时期，毛泽东出神入化地运用了《孙子兵法》的法则。越南战争时期，胡志明和武元甲先后对法国及美国运用了孙子的迂回和心理战原理（孙子在西方还获得了另一个头衔——近代商业管理大师）。即使在今天，《孙子兵法》一书读起来依然没有丝毫过时感，令人颇感孙子思想之深邃。孙子为此跻身世界最杰出战略思想家行列"（亨利·基辛格：《论中国》，中信出版社，第21页）

在南美洲，一位巴西孙子研究学者则将孙武比作耶稣。他说：耶稣是上帝的儿子，两千多年前出生于以色列的伯利恒，孙子是皇帝的军师，两千五百多年前出生在中国的山东；耶稣30岁左右开始传道，孙子30岁撰写世界第一兵书；耶稣是基督教的创始人，也是基督教徒所信奉的救世主，孙子是中国古代军事辩证法的创始人，也是百世兵家之师；耶稣降世，为要拯救罪人，努力传播福音，《孙子兵法》诞生，为要拯救战争灾难，倡导人类和平。因此，孙子与耶稣同是圣人，一样伟大。

《孙子兵法》在非洲传播也比较广泛。南非前总统曼德拉、刚果总统卡比拉、科摩罗总统阿扎利等，都是《孙子兵法》的爱好者和精通者。埃及学者则把《孙子兵法》比喻为世界兵书的"金字塔"，难以超越。（韩胜宝编：《孙子兵法与软实力之道》，古吴轩出版社，第126页）

《孙子兵法》在澳大利亚的传播也很广泛。如在《澳洲日报》的一篇题为《一流CEO成长秘笈 〈孙子兵法〉上榜》的文章中披露：澳大利亚有许多首席执行官说：《孙子兵法》对于他们的事业给予了很大影响。（韩胜宝编：《孙子兵法与软实力之道》，古吴轩出版社，第152页）

二是应用领域的"全面覆盖"。《孙子兵法》已经广泛应用于经济政治外交体育生活等各个方面。

在外交领域，《孙子兵法》被普遍视为制定国家对外政策的思想指针和国际交往的文化符号。《孙子兵法》提出了"上兵伐谋，其次伐交"的著名命题，彰显了他对外交斗争在军事斗争中具有的特殊地位和作用的深刻认识。世界各国有识之士都在运用孙子的"伐交"思想推动世界的和平与发展。美国外交家、前国务卿亨利·基辛格认为，毛泽东是"完全在运用孙子的智慧创造出看似矛盾的高明战略"。他在自己的著述《论中国》中写道："毛泽东在制定中国对外政策方面更多的是运用的孙子的智慧而不是列宁的理论。"德国作为第二次世界大战的战败国，运用《孙子兵法》中"慎战"的理论进行了深刻的反思。德国学者说："孙子写的是兵法，其实是写和平。孙子提出的'非危不战'，'主不可以怒而兴师，将不可以愠而致战'，'是故百战百胜，非善之善者也，不战而屈人之兵，善之善者也'。孙子强调，不要事事依赖打仗，要善于用谋略减少流血，通过伐交和平共处"。（韩胜宝编：《孙子兵法与软实力之道》，古吴轩出版社，第 15—16 页）

《孙子兵法》广泛应用于工商领域。由于历史文化相近的深厚渊源，《孙子兵法》首先在日本被应用于商业经营领域。上世纪 50 年代，军人出身的日本东洋精密工业株式会社社长大桥武夫就尝试运用《孙子兵法》指导企业管理，创办了"兵法经营塾"，通过研究《孙子兵法》等代表性兵书，将兵法与企业经营管理结合，他出版了多部用兵法指导企业经营发展的书籍，成为运用兵法经营开山之人。他总结自己 30 多年企业成功经营发展经验认为：成功诀窍就是用《孙子兵法》的智慧指导企业经营实践。

美国企业界在关注日本企业界成功经验的同时，也开始尝试、思考和运用《孙子兵法》的智慧，在 20 世纪 50 年代，首先产生了"战略管理"思想。1965 年，美国经济学家安索夫在《企业战略论》中第一次提出企业战略的概念。随后企业战略的理论得到迅速发展，在 2005 年美国《财富》推荐的 75 本必读书中，《孙子兵法》位列"战略"类图书第一位。

美国商业史作家马克·麦克尼尔利出版了《孙子与商业艺术：经理们的六项战略法则》一书，将《孙子兵法》13 篇简化为西方人易于理解的 6 项战略，并将它同商业战略结合到一起，使这本被西方译作战争艺术的中国兵书成为商业艺术：一是不战而屈人之兵——无须破坏已有市场就占领市场；

二是避实击虚，避强击弱——在人们期望最小的地方着力；三是善用计谋和先见之明——最大化地获取市场信息；四是准备充足、速度至上——永远比你的竞争对手要快；五是树立对手——注意雇佣策略以掌握员工之间的竞争；六是有个性的领导——在喧嚣时代要提供有效率的领导力。

欧洲学者评论说，西方世界把《孙子兵法》视为商战中的"圣经"，因为它用东方文化全面阐释了当代西方的企业管理、战略投资、资本运作、商务谈判、市场营销等诸多商业理念。

《孙子兵法》在体育领域也有广泛的应用。竞技体育领域是目前《孙子兵法》运用较广、成果较多的领域之一。体育竞技是运用人的体能、技术、智慧、心理、意志等因素，以决胜负高低的对抗性活动。体育竞赛理论从兵法理论中可以借鉴很多有益法则。体育竞赛是以公平竞争、公正竞赛为法则，以智慧谋略为指导的对抗性活动。从一定意义上说，体育竞赛领域与战争领域有很多的相似性，孙子的谋略思想几乎不需要任何转化就可以直接运用于体育活动。据日本历史记载，约公元720年，日本流行一种类似相扑的角力赛，称为"体术"。后来由于深受中国哲学思想的影响，日本人便根据《易经》和《孙子兵法》中"以柔克刚"的原理，将"体术"改称"柔术"。巴西的足球、美国的篮球都是运用《孙子兵法》的典范。

《孙子兵法》在NBA就很流行，著名的教练"禅师"杰克逊非常喜欢给他的球员讲《孙子兵法》。美国CNN体育评论员评价说："孙子云'善攻者动于九天之上'，休斯敦火箭队是'善攻者'，'动于九天之上'就在于他们居高临下的巨人般的高度。"（韩胜宝：《"一带一路"上的两位中国古代将军孙武与郑和》，第205页）

巴西的斯科拉里是世界著名的足球教练，2002年他带领巴西队以七战全胜的战绩夺取世界杯冠军。在2002年世界杯之前，他曾给他的队员每人发一本《孙子兵法》，要求球员作战注重整体，务求攻守平衡，向队员灌输《孙子兵法》的一些道理，一些队员对"守必固，攻必坚""以逸待劳""队有序弱变强，队无序强变弱"等已烂熟于心。斯科拉里执教恒大足球队的首次新闻发布会上，再次提到了《孙子兵法》。他说：这本书2002年读过，里面讲了很多在中国做事的方法，我想现在我在中国工作，这本书里面的经验应该能用到我的工作之中。

三是知晓人群的"全面覆盖"。《孙子兵法》传播的另一个显著特点就是，不分男女老少、不分宗教背景，也不分人种肤色，凡有人群的地方皆有她的身影。据统计，全球25亿人热衷于"孙子文化"，"这虽然不是一个精确数字，但也还是个保守数字"（韩胜宝主编：《孙子兵法与社会生活》，第27页）。

美国政坛的奇特现象是总统多爱《孙子兵法》。美国第37任总统尼克松著有《不战而胜》，就是论述如何运用孙子的外交策略来促使世界局势朝着有利于美国的方向发展。尼克松从不讳言他从孙子的教诲中得到启示，他在《真正的战争》一书中，多次运用《孙子兵法》的观点研究分析战争的谋略，并直接运用孙子的思想，批判美国当时盲目追求武力效应，而没有认真对待越南的特殊历史、地理和心理因素。

还如美国著名总统林肯、罗斯福等都是《孙子兵法》的爱好者。就连演员出身的里根总统也在西点军校学生毕业典礼上引用了孙子的原话，他说："2500多年前，中国有一个哲学家孙子说过，'是故百战百胜，非善之善者也；不战而屈人之兵，善之善者也。'"（韩胜宝主编：《孙子兵法与软实力之道》，第104页）

南非前总统曼德拉也非常喜爱《孙子兵法》，早年他在开普敦生活时，白天是一名律师，晚上是一名业余拳击手，为了当好拳击手他就认真阅读过《孙子兵法》，在他的身上充分体现了孙子"智、信、仁、勇、严"的为将五德。

在英国拥有极高收视率的电视连续剧《女高音歌手》中有句台词："他非常喜欢《孙子兵法》，孙子先生在2500多年前讲的许多道理，至今仍然'放之四海而皆准'。这令英国观众掀起了《孙子兵法》的抢购潮，牛津大学出版社重印25000册以响应市场需求。"（韩胜宝主编：《孙子兵法与社会生活》，第6—7页）

美国小说家詹姆斯·克拉维尔在为美国出版的一本《孙子兵法》英译本所写的前言中，就有这样一段热情洋溢而又充满风趣的话："所有的现役官兵，所有的政治家和政府工作人员，所有的高中和大学学生都要把《孙子兵法》作为必读材料。""如果我当了总司令、总统或总理，我就要用法律的形式规定下来对全体军官，特别是全体将军，每年进行一次《孙子兵法》十三篇的口试和笔试，及格分数是 95 分。任何一个将军如果考不及格，要按制度立即免职，并不许上诉；其他军官（如不及格）一律降级。"笔者曾于 2012 年与美国阿肯色州州长助理韩·马克进行了交流，他告诉我：在他的手机里《孙子兵法》已经存了 12 年，并经常拿来翻阅。他说：在美国好一点的中学都会读点《孙子兵法》！可见在美国《孙子兵法》普及到什么程度，这实在令我们汗颜！在日本《孙子兵法》漫画、游戏风靡一时，影响了众多的日本青少年。以《孙子兵法》中的语言起名的日本小说《风林火山》则创下了 500 万册的销售纪录。

四是社会生活领域的"全面覆盖"。人类社会既有和谐美好，也充满激烈竞争。就业、升学、晋职、处世，都可以从《孙子兵法》中找到智慧的指引。兵法的智慧已经渗透到我们社会生活的各方面，甚至养生、恋爱婚姻、朋友聚会等等。社会的书摊上充斥着《恋爱兵法》《生活兵法》就是证明。在世界各地，《孙子兵法》影响着人们生活的方方面面。在欧洲，许多人把马基雅维利的《君主论》、葛拉西安的《智慧书》和《孙子兵法》并列为具有永恒价值的处世奇书。印度的旅游景点也将《孙子兵法》等兵学文化与自然风光、文化遗迹串联起来，增加对游客的吸引力。

韩国学者说，《孙子兵法》虽然不是"筐"，但是"宝葫芦"。韩国有家万道公司，他们运用《孙子兵法》中"胜兵先胜而后求战"的思想，敢于与大企业竞争，制造了世界上绝无仅有的泡菜冰箱，迅速占领市场，从而一举成名。

意大利女翻译家莫尼卡·罗西是意大利文《孙子兵法》的翻译学者，她翻译的《孙子兵法》在意大利已经两次再版，她说，孙子不只是写给男人的。《孙子兵法》可给任何人读，只要是为了立于不败之地的人，都可以读，都可以应用。（韩胜宝主编：《孙子兵法与社会生活》，第 150—151 页）

在非洲人眼中，中国符号就是《孙子兵法》和中国功夫。在非洲，中国武术馆和武术学校遍地开花，埃塞俄比亚共有 10 个州，其中有 5 个州设立了武术协会，在其首都就有 17 家中国武术学校或武术培训俱乐部。在南非、北非和东非，中国功夫片一直是最叫座的电影，身着中式服装、练习功夫的非洲人也越来越多。在德国则把啤酒与兵法相提并论，德国人形象地称"把酒话兵法"。而瑞士的学者则形象地称《孙子兵法》像一把"瑞士军刀"。

对此，当代知名孙子研究学者李零为我们做了很好的总结："它留给我们的与其说是实践的指导，倒不如说是智慧的启发。"

三、孙子兵法新解

计篇第一

【篇解】

《孙子兵法》十三篇每一篇都有篇题，篇题就是篇章的标题。《论语》的篇题一般采用文章开头的两个字做篇题，如《学而》《述而》等，这种篇题只是起符号作用，与内容无关。在所有现存的先秦文献著作中，包括流传至今的竹简和帛书，只有《孙子兵法》这一部著作的篇题是根据篇章大意加拟而成，而且文题相应，切中要害，因此《孙子兵法》的篇题就是此篇的"篇眼""篇魂""篇意"，所以理解篇题对于全面理解每一篇的内容很重要。

那么"计"是什么意思呢？综合各家观点，主要有三种的解释。

第一种是计策、计谋的意思，是名词，相当于现代意义的方略、战术、方针、政策。

第二种是计算、运算、运筹的意思，是动词，相当于现代意义上的运筹帷幄、共商大计。

第三种是比较、计较之意思，综合考量、综合分析，分清轻重缓急。

此处的"计"是第三种意思，是关于战争的决策或战略决策问题，计算是关于战前筹划、战事分析、战争预测问题。《管子·七法》说："计先定于内，而后兵出境。故用兵之道，以计为首也。"《汉书·赵充国传》曰："兵以计为本"。

本篇为全书总纲，具有提纲挈领、统揽全局的作用，属于军事行动的顶层设计。主旨是强调战争于国家的极端重要性，必须慎重对待，表达了"慎战"的观点。习近平同志曾就此作过论述，他指出，"中国《孙子兵法》

是一部兵书，但其第一句话就讲'兵者，国之大事，死生之地，存亡之道，不可不察也'，其要义是慎战、不战"。(《习近平谈治国理政》第二卷，第545页）怎么做到慎战？必须全面考量"道天地将法"五个重要因素，用今天的话就是充分考虑政治、经济、军事、天时、地利、将帅、法制等主客观条件，进行反复研究、对比和计算，然后对战争的发展进程、结局作出判断，从而得出了"庙算"多者胜，"庙算"少者不胜的结论。

【原文】

孙子曰：兵者，国之大事①，死生之地，存亡之道，②不可不察也③。

【注释】

① 兵者，国之大事："兵"的本义是兵器，武器。《说文解字》说："兵，械也"。《荀子·议兵》说："古之兵，戈、矛、弓、矢而已矣"。此处的兵是军事斗争、战争的意思。

"国之大事"，《左传·成公十三年》云："国之大事，在祀与戎"。现在一般将"祀与戎"理解为祭祀与战争，如沈玉成《左传译文》曰："国家的大事情，在于祭祀和战争。"

② 死生之地，存亡之道：这句是进一步解释"兵者，国之大事"。地，不是实指什么地形，而是指军队生死所系的领域；存亡，则是指国家而言。"道"，本义非常宽泛。在此处的意思应是方略、战略等。是说战争关乎着国家、人民、士兵的生死存亡。

③ 不可不察也：《说文解字》说："察，复审也"。此处"察"为清醒、复审、审慎的意思。不可以不认真谨慎地研究、对待。

【名家注释选】

为了帮助读者深入理解《孙子兵法》，在注释后又附加了《十一家注孙子》的部分注释，这十一家有：曹操（三国时期政治家、军事家）、梁孟氏（南朝梁代人）、李筌（唐代道教思想理论家、政治军事理论家）、贾林（唐代人）、杜佑（唐代名相）、杜牧（杜佑之孙、晚唐著名诗人）、陈皞（唐代晚期人)、何延锡(五代十国南唐人)、梅尧臣(北宋名臣)、王晳(北宋人)、张预(北宋军事理论家)。同时还有选录了其他具有代表性名家注释作为参考。

孙子曰:兵者,国之大事

杜牧注:《传》曰:"国之大事,在祀与戎。"

张预注:国之安危,在兵,故讲武练兵,实先务也。

死生之地,存亡之道,不可不察也

杜牧注:国之存亡,人之死生,皆由于兵,故须审察也。

贾林注:地,犹所也,亦谓陈师、振旅、战陈之地,得其利则生,失其便则死,故曰死生之地。道者,权机立胜之道,得之则存,失之则亡,故曰不可不察也。《书》曰:"有存道者,辅而固之;有亡道者,推而亡之。"

张预注:民之死生兆于此,则国之存亡见于彼。然死生曰地,存亡曰道者,以死生在胜负之地,而存亡系得失之道也。得不重慎审察乎?

【译文】

孙子说:军事战争是国家的重大事务,它关系着国民、军队的生死,关系着国家的存亡,不能不审慎地对待、冷静地分析、详尽地考量。

【原文】

故经之以五事①,校之以计②,而索其情③:一曰道,二曰天,三曰地,四曰将,五曰法。④道者,令民与上同意也,故可与之死,可与之生,而不畏危。⑤天者,阴阳、寒暑、时制也⑥。地者,远近、险易、广狭、死生也。⑦将者,智、信、仁、勇、严也。⑧法者,曲制、官道、主用也。⑨

【注释】

① 故经之以五事:经,在此作"基"讲,《尔雅·释言》:"基,经也",亦可做"治"意。《左传·昭公二十五年》:"为夫妇,外内,以经二物",意

思是说男主外，女主内，各管其事。就是说要从"道天地将法"五个方面进行分析与研究。

五者，即下面所说的"道天地将法"五个方面，并不是指五个事情。

② 校之以计：校，检校核对之意，也通"较"，比较、考量之意。

③ 而索其情：索，探取，获取、取得。

情，敌我双方条件对比情况，预测战争的可能结局。

以上是说先须经度五方面之优劣，次复校量计算之得失，然后可索求彼我胜负之情状。

④ 一曰道，二曰天，三曰地，四曰将，五曰法：

一曰道，老子的"道"与孙子的"道"，本质含义不同。此道就是现实之道、政治之道。

二曰天，即天时，日来夜往，朝来暮去，所有与天有关的，皆谓天时。

三曰地，地就是地利，有利地形。

四曰将，将就是在国君之下掌管军队的将帅。

五曰法，法就是法令法纪。

⑤ 道者，令民与上同意也，故可与之死，可与之生，而不畏危：

进一步解释"道"的含义。孙子的"道"是指什么意思呢？"令民与上同意也"，意即能让民众与君主将帅同心同德、上下一致。

怎么才能算一致，标准是什么？就是"故可与之死，可与之生，而不畏危"。"与"同"予"，君主让他们死就死，让他们生就生，从不惧怕危险，贪生怕死。在这里，孙武把道放在首位。而把其他项放在次要位置，足见其远见卓识。

⑥ 天者，阴阳、寒暑、时制也：

阴阳，就是阴晦、阳明、晴雨、干湿等现象。

寒暑，可理解冬夏，泛指朝昼暮夜（一天的四时）、晦朔弦望（一月的四时）、春夏秋冬（一年的四时）。

时制，就是上文中的时令，制就是应用天者的关键、钥匙。

⑦ 地者，远近、险易、广狭、死生也：

地者，地利。

远近，作战地的远处和近处。

险易，即险要和平地。

广狭，即开阔与狭窄。

死生，由地利益决定胜利和失败的地方。

⑧ 将者，智、信、仁、勇、严也：

将者，就是国君之下掌管军队的武官。

智，即聪明智慧、知识广博、洞察世事、机智权变等。

信，诚实正直，真心不虚。

仁，宽厚良德，仁慈爱心。

勇，勇猛果敢，不畏强暴。

严，威严庄重，凛然正气。

⑨ 法者，曲制、官道、主用也：

法者，法令法纪也。

曲制，就是部队的编制。

官道，部队内部职务分担的规定。

主用，主的意思是主管，用是指粮食、兵器、军费之类的日用。

【名家注释选】

故经之以五事，校之以计，而索其情

曹操注：谓下五事、七计，求彼我之情也。

杜牧注：经者，经度也。五者，即下所谓五事也。校者，校量也。计者，即篇首计算也。索者，搜索也。情者，彼我之情也。此言先须经度五事之优劣，次复校量计算之得失，然后始可搜索彼我胜负之情状。

贾林注：校量彼我之计谋，搜索两军之情实，则长短可知，胜负易见。

梅尧臣注：经纪五事，校定计利。

王晳注：经，常也，又经纬也。计者，谓下七计。索，尽也。兵之大经，不出道、天、地、将、法耳。就而校之以七计，然后能尽彼己胜负之情状也。

一曰道

张预注：恩信使民。

二曰天

张预注：上顺天时。

三曰地

张预注：下知地利。

四曰将

张预注：委任贤能。

五曰法

王晳注：此经之五事也。夫用兵之道，人和为本，天时与地利则其助也。三者具，然后议举兵。兵举，必须将能，将能，然后法修，孙子所次，此之谓矣。

张预注：节制严明。夫将与法在五事之末者，凡举兵伐罪，庙堂之上，先察恩信之厚薄，后度天时之逆顺，次审地形之险易，三者已熟，然后命将征之。兵既出境，则法令一从于将。此其次序也。

施子美（施济才，字子美，宋代人，著《施氏七书讲议》）注：此言五事之目，必有其序也。自道而天地，自天地而将法，先后之顺序然也。己不修道，而惟天地之是恃，天地未得，而惟将法之是用，亦难成功矣。

道者，令民与上同意也

张预注：以恩信、道义抚众，则三军一心，乐为其用。《易》曰："悦以犯难，民忘其死。"

施子美注：此言人君有道，可以得民之心也。《三略》曰：与众同好靡不成，今既与民同意，则事可以必成矣。故死生同之，虽危不惧，人君何以能使人之若是哉，道足以合其心也。道者，仁义莫非道也。《孟子》曰：得道多助。《易》曰：悦以犯难，民忘其死，皆言道足以为之也。

故可以与之死，可以与之生，而不畏危

杜牧注：道者，仁义也。李斯问兵于荀卿，答曰："彼仁义者，所以修政者也。政修，则民亲其上，乐其君，轻为之死。"复对赵孝成王论兵曰："百将一心，三军同力。臣之于君也，下之于上也，若子之事父，弟之事兄，若手臂之捍头目而覆胸臆也。"如此，始可令与上同意，死生同致，不畏惧危疑也。

贾林注：将能以道为心，与人同利共患，则士卒服，自然心与上者同也。使士卒怀我如父母，视敌如仇雠者，非道不能也。黄石公云："得道者昌，失道者亡。"

梅尧臣注：危，戾也。主有道，则政教行；人心同，则危戾去。故主安与安，主危与危。

王晳注：道，谓主有道，能得民心也。夫得民之心者，所以得死力也；得死力者，所以济患难也。《易》曰："悦以犯难，民忘其死。"如是，则安畏危难之事乎？

张预注：危，疑也。士卒感恩，死生存亡与上同之，决然无所畏惧。

天者，阴阳、寒暑、时制也

曹操注：顺天行诛，因阴阳四时之制。故《司马法》曰："冬夏不兴师，所以兼爱民也。"

李筌注：应天顺人，因时制敌。

贾林注：读"时制"为"时气"，谓从其善时，占其气候之利也。

梅尧臣注：兵必参天道，顺气候，以时制之，所谓制也。

王晳注：谓阴阳，总天道、五行、四时、风云、气象也，善消息之，以助军胜。然非异人特授其诀，则末由也。若黄石授书张良，乃《太公兵法》是也。意者岂天机神秘，非常人所得之耶？其诸十数家纷纭，抑未足以取审矣。寒暑，若吴起云疾风、大寒、盛夏、炎热之类；时制，因时利害而制宜也。范蠡云"天时不作，弗为人客"是也。

陈启天（1893—1984，教育社会学家、政治活动家）注：天字，在古代统指自然现象之词。阴阳二字，在古代为说甚多。阴阳家专讲阴阳，儒家兼讲阴阳，"兵阴阳家"亦讲阴阳。兵阴阳家所谓阴阳，实杂有迷信之成分。然孙子在《汉志》列入兵权谋家，虽亦讲阴阳，似不重迷信。寒暑，谓冬夏。时制，谓因时节而异其设施也。阴阳、寒暑、时制三者，统谓之天，而时制最为重要。因农事、政事、军事均与之有关联也。

地者，远近、险易、广狭、死生也

曹操注：言以九地形势不同，因时制利也。论在《九地》篇中。

李筌注：得形势之地，有死生之势。

张预注：凡用兵，贵先知地形。知远近，则能为迂直之计；知险易，则能审步骑之利；知广狭，则能度众寡之用；知生死，则能识战散之势也。

邓廷罗（清代兵学家）注：远近以里言。险，高峻也；易，平坦也，以势言也。广，阔也；狭，窄隘也，以形言。死生，以机言也。

将者，智、信、仁、勇、严也

曹操注：将宜五德备也。

梅尧臣注：智能发谋，信能赏罚，仁能附众，勇能果断，严能立威。

王晳注：智者，先见而不惑，能谋虑，通权变也；信者，号令一者；仁者，惠抚恻隐，得人心也；勇者，徇义不惧，能果毅也；严者，以威严肃众心也。五者相须，阙一不可。故曹公曰："将宜五德备也。"

何氏注：非智不可以料敌应机；非信不可以训人率下；非仁不可以附众抚士；非勇不可以决谋合战；非严不可以服强齐众。全此五才，将之体也。

钱基博（1887—1957，古文学家、教育家）注：将以智为本，以勇辅之。而勇之为验有二：一曰临大危而不挫其气，一曰当大任而不避其艰，一言以蔽之曰：不畏艰险而已。夫不畏艰险，或起于轻生之习性，或激于爱国之热情。生轻则气锐，情热则多力，而意气凌厉，自无畏难苟安之心矣。孙子论将有五才，若克氏（克劳塞维茨）五者（智、勇、果敢、热情、识力）之数相当。其实克氏（克劳塞维茨）所论之五者，孙子智、勇两义足以尽之。而信、仁、严三义，则足以匡克氏之所未逮。

法者，曲制、官道、主用也

曹操注：曲制者，部曲、幡帜、金鼓之制也。官者，百官之分也。道者，粮路也。主者，主军费用也。

李筌注：曲，部曲也。制，节度也。官，爵赏也。道，路也。主，掌也。用者，军资用也。皆师之常法，而将所治也。

杜牧注：曲者，部曲队伍有分画也。制者，金鼓进退有节制也。官者，偏裨校列各有官司也。道者，营陈开阖，各有道径也，主者，管库厮养职守主张其事也。用者，车马器械三军须用之物也。荀卿曰："械用有数。"夫兵者，以食为本，须先计粮道，然后兴师。

梅尧臣曰：曲制，部曲队伍分画必有制也。官道，裨校首长统帅必有道也。主用，主军之资粮百物必有用度也。

王皙注：曲者，卒伍之属。制者，节制其行列进退也。官者，群吏偏裨也。道者，军行及所舍也。主者，主守其事。用者，凡军之用，谓辎重粮积之属。

张预注：曲，部曲也；制，节制也。官，谓分偏裨之任；道，谓利粮饷之路。主者。职掌军资之人；用者，计度费用之物。六者，用兵之要，宜处置有其法。

【译文】

所以，要从决定战争胜负的五个基本方面细化为七个要素进行综合分析，从中探索出敌我双方的情状。这五个基本方面因素是：一是政治，二是天时，三是地利，四是将帅，五是法纪。

所谓道，就是国君能顺应民意，使民众可以与君主同心同德，同生共死。所谓天，是指昼夜晴雨、严寒酷暑、季节时令、天候气象。所谓地，是指路途远近、平坦险阻、宽阔狭隘、有利不利等。所谓将帅，必须具备智谋才能、赏罚有信、爱抚士卒、勇敢果断、治军严明这些素质。所谓法，是指军队的组织编制、各级将吏的职责与管理、军需物资的掌管。

【原文】

凡此五者，将莫不闻，知之者胜，不知者不胜①。故校之以计而索其情②，曰：主孰有道③，将孰有能④，天地孰得⑤，法令孰行⑥，兵众孰强⑦，士卒孰练⑧，赏罚孰明⑨。吾以此知胜负矣⑩。

【注释】

① 凡此五者，将莫不闻，知之者胜，不知者不胜：

此五者是指"道天地将法"五个方面。

知，通晓、明白、懂得。

② 故校之以计而索其情：就是针对下面的主、将、天地、法令、兵众、士卒、赏罚等七个要素，来对比估计敌我双方的得失、动静、死生等，探求其兵力究竟是有余还是不足。

"以索其情"就是探求胜负的内在真情、规律。

③ 主孰有道："主"是指一个国家的国君。道就是五事之中列首位的"道"，政治清明、上下一心、意志统一。"孰"，疑问词，指敌我哪一方。

④ 将孰有能："将"就是列五事第四位的将军，能即智慧、才干、能力。

⑤ 天地孰得："天"指天时，"地"指地利。列五事第二位的天、第三位的地在此合二为一，统称天时地利。

⑥ 法令孰行："法"是指法纪法律；"令"是指号令、命令。法早已形成颁布，而令可以临时下达。"行"就是执行力。

⑦ 兵众孰强："兵"指器械、武器装备之类；"众"是指士兵、卒众等，包括前线的士兵与后勤人员。

⑧ 士卒孰练："士"指下级的小军官；卒指一般的战士、兵士。"练"，指业务精炼、技能高超、训练有素、战斗力强。

⑨ 赏罚孰明："赏"就是奖励有功人员，"罚"就是处置违法乱纪的人员，"明"，就是严格、公正、得当，让人心服口服。

⑩ 吾以此知胜负矣：就是说通过以上七个方面的比较，战争虽然还没有进行，但胜负已现。

【名家注释选】

凡此五者，将莫不闻，知之者胜，不知者不胜

张预注：已上五事，人人同闻；但深晓变极之理则胜，不然则败。

故校之以计而索其情

曹操注：同闻五者，将知其变极，即胜也。索其情者，胜负之情。

杜牧注：谓上五事，将欲闻知，校量计算彼我之优劣，然后搜索其情状，乃能必胜，不尔则败。

张预注：上已陈五事，自此而下，方考校彼我之得失，探索胜负之情状也。

施子美注：兵有本有用，五事其本也，校计索情其用也。不校以计，则不足以知敌之事与己之事，孰得孰失，胜负之情何自而决。

曰：主孰有道

李筌注：孰，实也。有道之主，必有智能之将。范增辞楚，陈平归汉，即其义也。

杜牧注：孰，谁也。言我与敌人之主，谁能远佞亲贤，任人不疑也。

杜佑曰：主，君也；道，道德也。必先考校两国之君，谁知谁否也。若苟息料虞公贪而好宝，宫之奇懦而不能强谏是也。

王皙注：若韩信言项王匹夫之勇，妇人之仁，名虽为霸，实失天下心；谓汉王入武关，秋毫无所害，除秦苛法，秦民亡不欲大王王秦者是也。

张预注：先校二国之君，谁有恩信之道，即上所谓"令民与上同意"者之道也。若淮阴料项王仁勇过高祖，而不赏有功，为妇人之仁，亦是也。

将孰有能

杜牧注：将孰有能者，上所谓"智、信、仁、勇、严"也。

张预注：察彼我之将，谁有智、信、仁、勇、严之能。若汉高祖料魏将柏直不能当韩信之类也。

天地孰得

曹操、李筌并注：天时、地利。

杜牧注：天者，上所谓"阴阳、寒暑、时制"也；地者，上所谓"远近、险易、广狭、死生"也。

张预注：观两军所举，谁得天时、地利。若魏武帝盛冬伐吴，慕容超不据大岘，则失天时地利者也。

法令孰行

曹操注：设而不犯，犯而必诛。

杜牧注：悬法设禁，贵贱如一，魏绛戮仆、曹公断发是也。

张预注：魏绛戮杨干，穰苴斩庄贾，吕蒙诛乡人，卧龙刑马谡，兹所谓"设而不犯，犯而必诛"，谁为如此？

兵众孰强

杜牧注：上下和同，勇于战为强；卒众车多为强。

王皙注：强弱足以相形而知。

张预注：车坚、马良、士勇、兵利，闻鼓而喜，闻金而怒，谁者为然？

士卒孰练

杜牧注：辩旌旗，审金鼓，明开合，知进退，闲驰逐，便弓矢，习击刺也。

张预注：离合、聚散之法，坐作、进退之令，谁素闲习？

赏罚孰明

杜牧注：赏不僭，刑不滥。

杜佑注：赏善罚恶，知谁分明者。故王子曰："赏无度，则费而无恩；罚无度，则戮而无威。"

张预注：当赏者，虽仇怨必录；当罚者，虽父子不舍。又《司马法》曰："赏不逾时，罚不迁列。"于谁为明？

吾以此知胜负矣

曹操注：以七事计之，知胜负矣。

贾林注：以上七事量校彼我之政，则胜败可见。

张预注：七事俱优，则未战而先胜；七事俱劣，则未战而先败。故胜负可预知也。

【译文】

凡是这五个方面，作为将帅没有不知道其重要性的，而通晓其中道理把握其规律的将帅才能取得战争胜利，不懂得其中奥妙的将帅就不能取得战争的胜利。

所以，通过"五事""七计"对敌我双方各个方面因素进行比较、分析，进而做出预测，就可以探求、判断战争胜负的趋势了。即，哪一方的君主占有道义，哪一方的将帅军事指挥卓越，哪一方更得天时、地利，哪一方法令、军规能够贯彻执行，哪一方武器精良、兵多将广，哪一方军队训练有素，哪一方赏罚更加严明公正，通过对这些方面情况的对比、分析、预测，就可在战争之前判定胜负了。

【原文】

将听吾计，用之必胜，留之①；将不听吾计，用之必败，去之②。计利以听③，乃为之势，以佐其外④。势者，因利而制权也。⑤

【注释】

①将听吾计，用之必胜，留之：此处的关键在于对"将"字的理解上。有这样几种理解，一是将军；二是带将军的将；三是将要、如果的意思。此处是指将帅。

②将不听吾计，用之必败，去之：

此将与上面的将是一个意思，指将帅。

"去"，离开、远离之意，这里指弃之不用。

③计利以听："以"通"已"，已经之意。

"听"，采纳、赞同、听取。

④ 乃为之势，以佐其外：

"势"，指兵势、态势、趋势。"佐"，辅助。

⑤ 势者，因利而制权也：权本义是黄花梨木，因其坚硬、难以变形，被用于秤之杆、锤之柄、挂之杖。引申为衡器。此处乃应变之意。制，恰如其分作出决策决定。

【名家注释选】

将听吾计，用之必胜，留之；将不听吾计，用之必败，去之

曹操注：不能定计，则退而去也。

杜牧注：若彼自备护，不从我计，形势均等，无以相加，用战必败，引而去之，故《春秋传》曰："允当则归也。"

梅尧臣注：武以十三篇干吴王阖闾间，故首篇以此辞动之。谓：王将听我计而用战必胜，我当留此也；王将不听我计而用战必败，我当去此也。

王晳注：将，行也；用，谓用兵耳。言行听吾此计，用兵则必胜，我当留；行不听吾此计，用兵则必败，我当去也。

张预注：将，辞也。孙子谓：今将听吾所陈之计，而用兵则必胜，我乃留此矣；将不听吾所陈之计，而用兵则必败，我乃去之他国矣。以此辞激吴王而求用。

计利以听，乃为之势，以佐其外

曹操注：常法之外也。

李筌注：计利既定，乃乘形势之变也。佐其外者，常法之外也。

杜牧注：计算利害，是军事根本。利害已见听用，然后于常法之外，更求兵势，以助佐其事也。

张预注：孙子又谓：吾所计之利，若已听从，则我当复为兵势，以佐助其事于外。盖兵之常法，即可明言于人；兵之利势，须因敌而为。

势者，因利而制权也

曹操注：制由权也，权因事制也。

杜牧注：自此便言常法之外。势，夫势者，不可先见，或因敌之害见我之利，或因敌之利见我之害，然后始可制机权而取胜也。

张预注：所谓势者，须因事之利，制为权谋以胜敌耳，故不能先言也。自此而后，略言权变。

【译文】

带兵作战的将帅听从、相信我说的条件和判断，用兵作战就一定能够取得胜利，那么就应该留作将帅；如果不相信不听从我说的条件和判断，用兵作战一定会失败，就应弃之而去。

运筹之策、利弊分析既为将帅采纳，于是就应该再造成一种客观的势头，作为外在的辅助条件。所谓的势头，就是要根据有利的原则而采取随机应变、恰如其分的措施以保持战略的主动性。

【原文】

兵者，诡道也①。故能而示之不能②，用而示之不用③，近而示之远，远而示之近④。利而诱之⑤，乱而取之⑥，实而备之，强而避之，怒而挠之⑦，卑而骄之，佚而劳之，亲而离之⑧。攻其无备，出其不意⑨。此兵家之胜，不可先传也⑩。

【注释】

①兵者，诡道也："诡"，欺诈、诡诈。指用兵作战是对敌用欺骗诡诈为基本原则的。戚继光《经解》云："所谓诡其形以示敌，非为在治兵为将、存心制行、发号施令俱要诡也。""道"原则、方法。

②故能而示之不能："能"，此乃实力而言，做到。我实际能够做到，但装作不能做到，使敌人出现空虚。

③用而示之不用："用"指用兵或者计谋。想用兵作战但却装作不用。

④近而示之远，远而示之近：我方本要从近处攻击敌方，却装作从远

处打，从而使敌方近处空虚。我方本要从远处攻击敌方，却装作从近处打，从而使敌方远处空虚。

⑤ 利而诱之："利"，敌方之所好，指敌方贪我利。

⑥ 乱而取之："乱"是指敌方混乱，取攻占、攻取。趁敌人混乱就发兵攻取。

⑦ 实而备之，强而避之，怒而挠之：以上几条是以我为主而言的，从"实而备之"始，是以敌方为主体而言的。

"实"，指敌方备战扎实、周到、有条不紊；因此，我方应加强戒备，万万不可粗心大意。

"强"，指敌方实力强大，此时应当避其锋芒。

"怒"，指敌方怒火中烧、不可一世，此时应该去火上浇油。"挠"，搅动、扰乱，是我方采取的策略与办法。

⑧ 卑而骄之，佚而劳之，亲而离之：此句文例同前，是从敌方来说的。敌人若是小心谨慎、辞卑行敛，我方则应该设法使之骄傲起来而轻举妄动，就好像我们现在常说的"捧杀"。

"佚"，同"逸"，安逸。敌人若不动乱，上下安然，我方则应该设法使敌人东奔西走、疲于奔命，由逸变劳，由安变动。

"亲而离之"，"亲"，是指敌方的联盟国、君臣上下、士兵之间亲密团结，我方则应该设法使之相互猜忌、互不信任。

⑨ 攻其无备，出其不意：此句是孙子的千古名言。"备"，准备、防备。"出"，出击，攻击。"不意"，虽然有防备，但没有意识到的地方。毛泽东曾指出：要"出其不意的袭击敌人"，要"给以不意的攻击"，并将"错觉和不意"看成是"造成优势夺取主动的方法，而且是重要的方法"（《抗日游击战争的战略问题》《论持久战》）。

⑩ 此兵家之胜，不可先传也："兵"，指用兵论兵的人。"胜"，盛妙、胜算、要策、妙计。"传"，传示、泄露之意。更有运用之妙，存乎一心；只可意会，不可言传之意。

【名家注释选】

兵者，诡道也

曹操注：兵无常形，以诡诈为道。

梅尧臣注：非谲不可以行权，非权不可以制敌。

张预注：用兵虽本于仁义，然其取胜必在诡诈。故曳柴扬尘，栾枝之谲也；万弩齐发，孙膑之奇也；千牛俱奔，田单之权也；囊沙壅水，淮阴之诈也。此皆用诡道而制胜也。

故能而示之不能

张预注：实强而示之弱，实勇而示之怯，李牧败匈奴、孙膑斩庞涓之类也。

用而示之不用

杜牧注：此乃诡诈藏形。夫形也者，不可使见于敌；敌人见形，必有应。《传》曰："鸷鸟将击，必藏其形。"如匈奴示赢弱于汉使之义也。

杜佑曰：言己实能、用，外示之以不能、不用，使敌不我备也。若孙膑减灶而制庞涓。

王皙注：强示弱，勇示怯，治示乱，实示虚，智示愚，众示寡，进示退，速示迟，取示舍，彼示此。

张预注：欲战而示之退，欲速而示之缓，班超击莎车、赵奢破秦军之类也。

近而示之远，远而示之近

李筌注：令敌失备也。汉将韩信虏魏王豹，初陈舟欲渡临晋，乃潜师浮木罂，从夏阳袭安邑，而魏失备也。耿弇之征张步，亦先攻临淄。皆示远势也。

杜牧注：欲近袭敌，必示以远去之形；欲远袭敌，必示以近进之形。

杜佑注：欲近而设其远也，欲远而设其近也。诳耀敌军，示之以远，本从其近，若韩信之袭安邑。

张预注：欲近袭之，反示以远，吴与越夹水相距，越为左右句卒，相去各五里，夜争鸣鼓而进，吴人分以御之；越乃潜涉，当吴中军而袭之，吴大败是也。欲远攻之，反示以近，韩信陈兵临晋而渡于夏阳是也。

利而诱之

杜牧注：赵将李牧大纵畜牧，人众满野。匈奴小入，佯北不胜，以数千人委之。单于闻之大喜，率众大至。牧多为奇陈，左右夹击，大破杀匈奴十余万骑也。

梅尧臣注：彼贪利，则以货诱之。

何氏注：利而诱之者，如赤眉委辎重而饵邓禹是也。

张预注：示以小利，诱而克之。若楚人伐绞，莫敖曰："绞小而轻，请无扞采樵者以诱之。"于是绞人获楚三十人。明日，绞人争出，驱楚役徒于山中，楚人设伏兵于山下，而大败之是也。

乱而取之

杜牧注：敌有昏乱，可以乘而取之。《传》曰："兼弱攻昧，取乱侮亡，武之善经也。"

贾林曰：我令奸智乱之，候乱而取之也。

梅尧臣曰：彼乱，则乘而取之。

实而备之

曹操曰：敌治实，须备之也。

李筌曰：备敌之实。蜀将关羽欲围魏之樊城，惧吴将吕蒙袭其后，乃多留备兵守荆州。蒙阴知其旨，遂诈之以疾；羽乃撤去备兵，遂为蒙所取，而荆州没吴。则其义也。

杜牧注：对垒相持，不论虚实，常须为备。此言居常无事，邻封接境，敌若修政治实，上下相爱，赏罚明信，士卒精练，即须备之，不待交兵然后为备也。

张预注：《经》曰："角之而知有余不足之处。"有余，则实也；不足，则虚也。言敌人兵势既实，则我当为不可胜之计以待之，勿轻举也。李靖《军镜》曰："观其虚则进，见其实则止。"

强而避之

曹操注：避其所长也。

李筌注：量力也。楚子伐随，随之臣季梁曰："楚人上左，君必左。无与王遇，且攻其右。右无良焉，必败。偏败，众乃携矣。"少师曰："不当王，非敌也。"不从。随师败绩，随侯逸。攻强之败也。

杜牧注：逃避所长。言敌人乘兵强气锐，则当须且回避之，待其衰懈，候其间隙而击之。晋末，岭南贼卢循、徐道覆乘虚袭建邺，刘裕御之，曰："贼若新亭直上，且当避之，回泊蔡洲，乃成擒耳。"徐道覆欲焚舟直上，循以为不可，乃泊于蔡洲，竟以败灭。

杜佑注：彼府库充实，士卒锐盛，则当退避以伺其虚懈，观变而应之。

张预注：《经》曰："无邀正正之旗，无击堂堂之陈。"言敌人行陈修整，节制严明，则我当避之，不可轻肆也。若秦晋相攻，交绥而退，盖各防其失败也。

怒而挠之

李筌注：将之多怒者，权必易乱，性不坚也。汉相陈平谋挠楚权，以太牢具进楚使，惊曰："是亚父使耶？乃项王使耶？"此怒挠之者也。

杜牧注：大将刚戾者，可激之令怒，则逞志快意，志气挠乱，不顾本谋也。

张预注：彼性刚忿，则辱之令怒，志气挠惑，则不谋而轻进。若晋人执宛春以怒楚是也。《尉缭子》曰："宽不可激而怒。"言性宽者，则不可激怒而致之也。

卑而骄之

李筌曰：币重而言甘，其志不小。后赵石勒称臣于王浚，左右欲击之，浚曰："石公来，欲奉我耳。敢言击者斩！"设飨礼以待之。勒乃驱牛羊数万头，声言上礼，实以填诸街巷，使浚兵不得发。乃入蓟城，擒浚于厅，斩之而并燕。卑而骄之，则其义也。

陈皞曰：所欲必无所顾惜，子女以惑其心，玉帛以骄其志，范蠡、郑武之谋也。

杜佑注：彼其举国兴师，怒而欲进，则当外示屈挠，以高其志，俟惰归，要而击之。故王子曰："善用法者，如狸之如鼠，力之与智，示之犹卑，静而下之。"

张预注：或卑辞厚赂，或赢师佯北，皆所以令其骄怠。吴子伐齐，越子率众而朝，王及列士皆有赂。吴人皆喜，惟子胥惧，曰："是豢吴也！"后果为越所灭。楚伐庸，七遇皆北。庸人曰："楚不足与战矣！"遂不设备。楚子乃为二队以伐之，遂灭庸。皆其义也。

佚而劳之

李筌注：敌佚而我劳之者，善功也。吴伐楚，公子光问计于伍子胥，子胥曰："可为三军以肆焉。我一师至，彼必尽众而出；彼出，我归，亟肆以疲之，多方以误之，然后三师以继之，必大克。"从之，楚于是乎始病吴矣。

何氏注：孙子有治力之法，以佚而待劳；故论敌佚，我宜多方以劳弊之，然后可以制胜。

张预注：我则力全，彼则道敝。若晋楚争郑，久而不决，晋知武子乃分四军为三部，晋各一动，而楚三来，于是三驾，而楚不能与之争。又，申公巫臣教吴伐楚，于是子重一岁七奔命是也。

亲而离之

曹操注：以间离之。

李筌注：破其行约，间其君臣，而后攻也。昔秦伐赵，秦相应侯间于赵王曰："我惟惧赵用括耳，廉颇易与也。"赵王然之，乃用括代颇，为秦所败，坑卒四十万于长平，则其义也。

陈皞注：彼吝爵禄，此必捐之；彼啬财货，此必轻之；彼好杀罚，此必缓之。因其上下相猜，得行离间之说。由余所以归秦，英布所以佐汉也。

杜佑注：以利诱之，使五间并入，辩士驰说，亲彼君臣，分离其形势。若秦遣反间欺诳赵君，使废廉颇而任赵奢之子，卒有长平之败。

张预注：或间其君臣，或间其交援，使相离贰，然后图之。应侯间赵而退廉颇，陈平间楚而逐范增，是君臣相离也。秦晋相合以伐郑，烛之武夜出，说秦伯曰："今得郑，则归于晋，无益于秦也。不如舍郑以为东道主。"秦伯悟而退师，是交援相离也。

攻其无备，出其不意

曹操注：击其懈怠，出其空虚。

张预注：攻无备者，谓懈怠之处，敌之所不虞者，则击之。若燕人畏郑三军，而不虞制人，为制人所败是也。出不意者，谓虚空之地，敌不以为虑者，则袭之。若邓艾伐蜀，行无人之地七百余里是也。

此兵家之胜，不可先传也

曹操注：传，犹泄也。兵无常势，水无常形，临敌变化，不可先传也。故料敌在心，察机在目也。

李筌注：无备、不意，攻之必胜，此兵之要，秘而不传也。

杜牧注：传，言也。此言上之所陈，悉用兵取胜之策，固非一定之制；见敌之形，始可施为，不可先事而言也。

王晳注：夫校计、行兵，是谓常法；若乘机决胜，则不可预传述也。

钱基博注：计者先事而虑，势者临敌以施。自"势者因利而制权"至此，而卒言之曰："兵家之胜，不可先传"，盖必临敌而制变，不可以此为先务之急，而先务之急，只在计尔。

【译文】

用兵作战是一种诡谲、欺诈的行为。

所以，能攻能防，却要装作不能攻不能防；要采取行动进击却佯装按兵不动；要在近处打击敌人却要装作要在远处行动；要在远处行动却要装作在近处进攻敌人。敌人贪利就以利引诱；敌军混乱就乘机攻取它；敌人战备充分就要严密防备它；敌人战斗力强大就要暂时避其锋芒；敌人易被激怒，要设法挑动它；敌人小心谨慎、辞卑行敛，要使它骄横妄动；敌人安逸悠闲，要设法让它疲惫不堪；敌人内外亲和，要设法离间它，使之相互猜忌。

要在敌人毫无防备的情况下发动进攻，要在敌人意料不到的时间、地点采取行动。

这是赢得战争胜利的奥秘所在，千万不可事前泄露天机。

【原文】

夫未战而庙算胜者①，得算多也②；未战而庙算不胜者，得算少也③。多算胜，少算不胜，而况于无算乎！吾以此观之，胜负见矣④。

【注释】

① 夫未战而庙算胜者："庙算"，古代有重大事情都到祖庙开会协商，并占卜。战争是大事，所以要进行庙算，甚至进行占卜。

② 得算多也："算"，算计，计数用的筹码。此指胜利的条件。"算多"就是多算，是指研讨分析各种项目，在举兵之前，筹划周密，取胜的条件充分。

③ 得算少也："算少"就是少算，与多算相反。

④ 胜负见矣："见"，现也，谓一目了然。

【名家注释选】

夫未战而庙算胜者，得算多也；未战而庙算不胜者，得算少也。多算胜，少算不胜，而况于无算乎！吾以此观之，胜负见矣。

李筌注：夫战者，决胜庙堂，然后与人争利，凡伐叛怀远，推亡固存，兼弱攻昧，皆物情之所出，中外离心，如商周之师者，是为未战而庙算胜。《太一遁甲》置算之法，因六十算已上为多算，六十算已下为少算；客多算临少算，主人败；客少算临多算，主人胜。此皆胜败易见矣。

杜牧注：庙算者，计算于庙堂之上也。

张预注：古者兴师命将，必致斋于庙，授以成算，然后遣之，故谓之

"庙算"。筹策深远，则其计所得者多，故未战而先胜。谋虑浅近，则其计所得者少，故未战而先负。多计胜少计，其无计者，安得无败？故曰：胜兵先胜而后求战，败兵先战而后求胜。有计无计，胜负易见。

【译文】

战争爆发前集思广益，在庙堂之上计算、比较，预测能够取胜，是因为得到获胜的算筹多，凡是预测不能取胜的，是因为得到胜算的筹码少。获得胜算筹码多就会获胜，获得胜算筹码少就不会得胜。计算、分析周密，胜利条件充分的就能胜利，反之就不能胜利，何况不做计算、预测而毫无胜利条件呢？所以说，根据这些情况来看，战争胜负就显而易见了。

【篇结】

本篇从"国之大事"即战略全局上研究和谋划战争的重要性，提出了决定战争胜负的基本因素。即提出了战争观、战略决策思想、战略指导思想，也包括了战争认识论、方法论和预测论。可以说《计》篇是《孙子兵法》全书的总纲，篇中提出的战争认识论和指导方法论在以下各篇中分别专门论述。

兵书是满足认识战争和指导战争需要的。孙子开篇向我们打开了考察战争之门户，引领我们登堂入室。把对战争——"兵者"的认识提高到了"国之大事"的意义和"死生之地，存亡之道，不可不察"的重要地位，摆明了战争与国家治乱的关系。

要进行战争就要运筹帷幄进行战略决策。孙子从朴素的认识论和方法论出发，论述了认识战争、预测战争胜负和进行战争实践的一系列比较完整的观点和方法，反映了孙子对战争这一特殊社会历史现象及其规律的认识。通过"经之以五事""较之以计"，即通过对五事七计的比较分析和概括总结，去做出对战争全局比较全面的认识。孙子深刻地指出了战略的意义和作用："计利以听，乃为之势，以佐其外。"就此看，孙子是我国战争史上第一个提出战略思想的兵家。

因为战争的血腥、残酷、无情，孙子视通变达权为战略至要，所以在篇中提出了著名的战略指导的铁则——"兵者，诡道也。"详列一系列诡道之法，在战争中根据实际情况而灵活运用，"因利而制权也"。

诡道是战争特有的不以人的意志为转移的战争指导规律。

全篇结尾处提出了"庙算胜，得算多也，庙算不胜，得算少也"的战争胜负的判断，"吾以此知胜负矣"。提出"未战而庙算胜"可得出"胜负见矣"，立定了孙子的战争预测名论。

作战篇第二

【篇解】

"作战"不是我们今天直译理解的"用兵作战"，而是军事战争前的准备。把军事准备、后勤保障提高到战略地位，是孙子的重要发明。作，此处是开始之意。《广雅·释诂》说："作，始也。"《诗经》中的"采薇采薇，薇亦作止"和《老子》中的"天下大事，必作于细"其中的"作"都是"开始"的意思。"战"，《说文解字》曰："战，斗也。"此处为交兵作战。以此来看，作"是"开始"的意思，"战"是"战争"的意思。因此，"作战"就是"战争的开始和战争的进行"，是论述兴兵作战的大纲，并不是现代军语的"作战"。

关于本篇与《计》篇的次序关系，因为《计》篇全面分析了战争的各种胜负因素，在可以知胜的条件下，定下兴兵大计。因为兴兵是"国之大事"，必须进行人力、物力、财力及思想上的准备，并提出了"兵贵胜、不贵久"的速战速决指导思想。本篇虽然名为"作战"，从内容上看，论述的是战争与经济的密切关系，讲的是备战或战备。因此可知，上篇以"庙算"既定开始，战争所需的各项动员准备随之开始进行，因此本篇被看作是上篇的延伸。

【原文】

孙子曰：凡用兵之法，驰车千驷①，革车千乘②，带甲十万③，千里馈粮④，则内外之费⑤，宾客之用⑥，胶漆之材⑦，车甲之奉⑧，日费千金⑨，然后十万之师举矣⑩。

【注释】

① 凡用兵之法，驰车千驷：

"驰车"就是轻车，快速之车。取其快速轻便之意。

"驷"，就是四马。四马曰驷，一驷为一乘。

② 革车千乘："革车"，重车也，大概是装载粮草、装备及器械等物的大车，亦就是下文的"丘牛大车"。这种车外面用皮革包裹，不怕风雨寒暑，属于装具车、辎重车之类，故称重车。

"乘"，读 shèng。四马曰驷，一驷为一乘。

③ 带甲十万：

"带甲"，即披带甲具，引申为武士。驰车一辆配备甲士3人，徒兵72人，共75人；革车一辆配备伙夫10人，固守衣装5人，厩养5人，樵汲5人，共25人。因而驰车、革车各一辆共配备100人，各1000辆就配备兵员10万。

④ 千里馈粮："馈粮"，就是运送粮草。

⑤ 则内外之费："内外"是指前方与后方。军队行阵中，派遣军队越境千里作战；"内"是指国土之内；外指军中。

⑥ 宾客之用："宾客"就是诸侯所聘客卿以及使节、游士之类人员，为战争服务的人员。

⑦ 胶漆之材：是指制作和维护车具弓箭等所需要的物资器械。

⑧ 车甲之奉：泛指武器装备。"奉"，养也。此处指补给、保养车甲的开支。

⑨ 日费千金："金"是古代的货币单位，一般是"一金"就是一斤，千金则是千斤。实际是指费用很大。

⑩ 然后十万之师举矣："举"，动、兴之意。因为兴兵作战需要"驰车千驷""革车千乘""带甲十万"等等，要在计算了庞大的开支后，认为能够承担，就可以兴兵了。

【名家注释选】

孙子曰：凡用兵之法，驰车千驷，革车千乘，带甲十万

曹操注：驰车，轻车也，驾驷马；革车，重车也，言万骑之重。一车驾四马，率三万军，养二人，主炊；家子一人，主保固守衣装；厩二人，主养马，凡五人。步兵十人，重以大车驾牛。养二人，主炊；家子一人，主守衣装，凡三人也。带甲十万，士卒数也。

李筌注：驰车，战车也；革车，轻车也；带甲，步卒。车一两，驾以驷马，步卒七十人，计千驷之军，带甲七万，马四千匹。孙子约以军资之数，以十万为率，则百万可知也。

梅尧臣注：驰车，轻车也；革车，重车也。凡轻车一乘，甲士、步卒二十五人；重车一乘，甲士、步卒七十五人。举二车各千乘，是带甲者十万人。

张预注：驰车，即攻车也；革车，即守车也。按曹公《新书》云："攻车一乘，前拒一队，左右角二队，共七十五人。守车一乘，炊子十人，守装五人，厩养五人，樵汲五人，共二十五人。攻守二乘，凡一百人。"兴师十万，则用车二千，轻重各半，与此同矣。

千里馈粮
曹操注：越境千里。

则内外之费，宾客之用，胶漆之材，车甲之奉，日费千金，然后十万之师举矣

李筌注：夫军出于外，则帑（音 tǎng，国库里的钱财）藏竭于内。举千金者，言多费也。千里之外赢粮，则二十人俸一人也。

杜牧注：军有诸侯交聘之礼，故曰"宾客"也。车甲器械完缉修缮，言胶漆者，举其微细。千金者，言费用多也，犹赠赏在外也。

张预注：去国千里，即当因粮，若须供饷，则内外骚动，疲困于路，囊耗无极也。宾客者，使命与游士也。胶漆者，修饰器械之物也。车甲者，膏辖金革之类也。约其所费，日用千金，然后能兴十万之师。千金，言重费

也，购赏犹在外。

【译文】

孙子说：凡是兴兵作战，按常规计算要动用轻型战车千辆，重型战车千辆，武装士卒十万，还要越境千里运输粮秣，这样一来，前方后方所需的费用，接待外交来宾、使节、游说之士的开支，制作、保养甲胄弓箭等作战器械的费用，每天都要耗费千金之多。如果财力充足，然后就可以出动十万大军兴兵作战。

【原文】

其用战也胜，久则钝兵挫锐①，攻城则力屈，久暴师则国用不足②。夫钝兵挫锐，屈力殚货③，则诸侯乘其弊而起④，虽有智者，不能善其后矣⑤。故未兵闻拙速，未睹巧之久也⑥。夫兵久而国利者，未之有也⑦。故不尽知用兵之害者，则不能尽知用兵之利也⑧。

【注释】

①其用战也胜，久则钝兵挫锐："胜"，是说一旦开战，就不允许失败，必须力求获胜。"钝"通"顿"，挫伤折坏。

"钝兵挫锐"，意指锋锐被挫伤。

②攻城则力屈，久暴师则国用不足："屈"，音 jué。意思是指穷竭。是说要是强攻城池则必然导致兵力大量损耗。"久暴师则国用不足"。"暴"即曝，原意为晒米，后即用作晒物品于阳光之下。故暴师就是陈师于野外。用就是开支、用度。意思是说大军深入敌国，长期对阵沙场，风餐露宿兵马器械风吹曝晒，称为"久暴师"。

③夫钝兵挫锐，屈力殚货："屈力殚货"，殚，"尽"也。成语有殚精竭虑。《汉书·杜钦传》说："殚天下之财"，就是说尽天下这财。

④则诸侯乘其弊而起："诸侯"是指邻国诸侯或者内部反对势力。"弊"是虚弱、疲困；"起"，作乱、起事。

⑤虽有智者，不能善其后矣：意思是说事情到了这种地步，应对混乱

的局面，即使是智慧超群的人也不能把事情处理得妥当，不留后遗症。

⑥ 故兵闻拙速，未睹巧之久也："拙"，简而不繁琐其事，"巧"指处事作战手段巧妙。"未睹"没有看见过。愚蠢的将领长年累月地从事战阵，玩弄奇巧繁琐之事，外表虽然好看，其实不知临机应变，因此拖延战期，丧失士气和战机，终究导致失利。

⑦ 夫兵久而国利者，未之有也：这里再次强调久战不利。"兵久"就是深入敌国打消耗战。"国"指自己的国家，战争久拖了，即使最后获胜，国力损耗巨大，国也可能因此败亡。

⑧ 故不尽知用兵之害者，则不能尽知用兵之利也：此处把用兵之害放在利之前，深有讲究。是说：兴兵作作战必须先考虑不利的方面，然后考虑有利的方面，这样才会始终保持清醒的头脑。

【名家注释选】

其用战也胜，久则钝兵挫锐，攻城则力屈

曹操注：钝，弊也；屈，尽也。

杜牧注：胜久，谓淹久而后能胜也。言与敌相持，久而后胜，则甲兵钝弊，锐气挫衄，攻城则人力殚尽屈折也。

王晳注：屈，穷也。求胜以久，则钝弊折挫，攻城则益甚也。

张预注：及交兵合战也，久而后能胜，则兵疲气沮矣。千里攻城，力必困屈。

久暴师则国用不足

孟氏注：久暴师露众千里之外，则军国费用不足相供。

梅尧臣注：师久暴于外，则输用不给。

张预注：日费千金，师久暴，则国用岂能给？若汉武帝穷征深讨，久而不解，及其国用空虚，乃下哀痛之诏，是也。

夫钝兵挫锐，屈力殚货，则诸侯乘其弊而起，虽有智者，不能善其后矣

李筌注：十万众举，日费千金，非唯顿挫于外，亦财殚于内，是以圣人

无暴师也。隋大业初，炀帝重兵好征，力屈雁门之下，兵挫辽水之上，疏河引淮，转输弥广，出师万里，国用不足。于是杨玄感、李密乘其弊而起，纵苏威、高颎，岂能为之谋也？

杜牧注：盖以师久不胜，财力俱困，诸侯乘之而起，虽有智能之士，亦不能于此之后，善为谋画也。

张预注：兵已疲矣，力已困矣，财已匮矣，邻国因其罢弊，起兵以袭之，则纵有智能之人，亦不能防其后患。若吴伐楚入郢，久而不归，越兵遂入吴。当是时，虽有伍员、孙武之徒，何尝能为善谋于后乎？

故兵闻拙速，未睹巧之久也

曹操注：虽拙有以速胜，未睹者，言其无也。

杜牧注：攻取之间，虽拙于机智，然以神速为上，盖无劳师、费材、钝兵之患，则为巧矣。

梅尧臣注：拙尚以速胜，未见工而久可也。

张预注：但能取胜，则宁拙速而无巧久，若司马宣王伐上庸，以一月图一年，不计死伤。与粮竟者，斯可谓欲拙速也。

李贽注："宁速勿久，宁拙勿巧，但能速生，虽拙可也。"

钱基博注：战非胜之难，胜而不久之难。德国克劳塞维茨著书论兵，每谓"战争之道，尤贵迅速决胜"。

夫兵久而国利者，未之有也

李筌注：《春秋》曰："兵犹火也，弗戢将自焚。"

贾林注：兵久无功，诸侯生心。

杜佑注：兵者凶器，久则生变。若智伯围赵，逾年不归，卒为襄子所擒，身死国分，故《新序传》曰："好战穷武，未有不亡者也。"

故不尽知用兵之害者，则不能尽知用兵之利也

李筌注：利害相依之所生，先知其害，然后知其利也。

杜牧注：害之者，劳人费财；利之者，吞敌拓境。苟不顾己之患，则舟

中之人尽为敌国，安能取利于敌人哉？

杜佑注：言谋国、动军、行师，不先虑危亡之祸，则不足取利也。若秦伯见袭郑之利，不顾崤函之败；吴王矜伐齐之功，而忘姑苏之祸也。

梅尧臣注：不再籍，不三载，利也；百姓虚，公家费，害也。苟不知害，又安知利？

张预注：先知劳师殚货之害，然后能知擒敌制胜之利。

【译文】

（既然）兴师作战耗费如此巨大，那就必须取得战争胜利，旷日持久就会使军队陷于疲惫，挫伤锐气，造成军心涣散。久攻城池则增加兵力消耗，长期在外征战就会造成国家的经济困难。如果军队疲惫不堪，国力日益枯竭，诸侯或者内部反对势力就会起觊觎之心，乘乱来袭、乘虚而入，那时，即使有多谋善断的智者，也无法换回危局。

所以，只听说用兵打仗宁可用笨拙的办法而求得速胜，从没有见过玩弄巧妙导致战争旷日持久而获胜者。

战事旷日持久而有利于国家的事历史上是没有过的。因此，认识不到用兵作战不利的方面，就不能深知用兵作战有利的方面。

【原文】

善用兵者①，役不再籍②，粮不三载③；取用于国，因粮于敌④，故军食可足也⑤。

【注释】

① 善用兵者：是指善于带兵作战的将领。

② 役不再籍："役"从民间抽征课役，将百姓抽到军队里来充当兵役，平时说的服劳役。"籍"登记的意思。就是不再记录被征集兵役的报到名册。意思是说，在国内征集兵役只可以一次。

③ 粮不三载："粮"指军粮，"不三载"是说出征时随带军粮，进入敌国作战时，可以再补给一次军粮，以后就不可以再从本国运取军粮了。"不

三载"，不要三次运输粮食。

④取用于国，因粮于敌："取"，制造配备的意思。"用"是指军需用品，诸如战争兵械器具之类。"粮"军粮、食物。"因"借助，借敌方粮品以助我力。

⑤故军食可足也："军食"就是兵粮食物。

【名家注释选】

善用兵者，役不再籍，粮不三载

曹操注：籍，犹赋也。言初赋民而便取胜，不复归国发兵也。始载粮，后遂因食于敌。还兵入国，不复以粮迎之也。

李筌注：籍，书也；不再籍书，恐人劳怨生也。秦发关中之卒，是以有陈、吴之难也。军出，度远近馈之，军入，载粮迎之，谓之三载。越境则馆谷于敌，无三载之义也。

杜牧注：审敌可攻，审我可战，然后起兵，便能胜敌而还。郑司农《周礼注》曰："役，谓发兵起役；籍，乃伍籍也。比叁为伍，因内政寄军令，以伍籍发军起役也。"

刘寅（明初学者，今山西省原平县人。元末避兵乱于山中，撰有《武经直解》）注："善能用兵者，役不再籍于民，谓一举兵而取胜。不可再验籍而征兵于民也。粮不三载于国，谓一馈粮而即止，不可三次取粮于国矣。"

取用于国，因粮于敌，故军食可足也

曹操注：兵甲战具，取用国中，粮食因敌也。

李筌注：具我戎器，因敌之食，虽出师千里，无匮乏也。

梅尧臣注：军之须用取于国，军之粮饷因于敌。

张预注：器用取于国者，以物轻而易致也；粮食因于敌者，以粟重而难运也。夫千里馈粮，则士有饥色，故因粮则食可足。

陈启天注：取用于国，用，谓武器之类。武器不能就地征发，故须取于国中也。因粮于敌，谓出国远征，则须资敌之粮以足军食，庶可稍免转输之难。然若敌粮无可资者，则须预为之备，以防军饥战败也。役不再籍，粮不三载，皆言善用兵者速胜之效。取用于国，因粮于敌，皆言善用兵者速胜之法。

【译文】

善于带兵作战的将领，不能两次征召夫役、兵员，不能三次从国内调运粮草。军需物资从国内取用，粮草设法从敌国解决，这样才可以充分保证军队的粮草供应。

【原文】

国之贫于师者远输，远输则百姓贫①。近于师者贵卖②，贵卖则百姓财竭③，财竭则急于丘役④。力屈、财殚，中原内虚于家⑤。百姓之费，十去其七⑥；公家之费，破车罢马⑦，甲胄矢弩⑧，戟楯蔽橹⑨，丘牛大车，十去其六⑩。

【注释】

① 国之贫于师者远输，远输则百姓贫："国"是指自己国家的百姓。"贫于师"，由于大举兴兵作战，消耗大量物资，故百姓生计贫竭。"远输则百姓贫"，百姓远途运送粮食，就无法从事种类生产劳动而陷入贫困。

② 近于师者贵卖：是指战场附近地区，众多士兵需求很大，又因为在这里做买卖要冒着生命危险，所以出售物品的价格抬得很高，物价就飞涨。

③ 贵卖则百姓财竭：因为价格高，百姓就会卖掉一些自己的物品，但又必须高价买进生活必需品，故百姓家财耗尽，生活艰难。

④ 财竭则急于丘役："急"是迫不及待，财用紧迫，难以获得补给。"丘役"是指根据田亩面积多少抽征赋役。十六井为一丘，每丘出马一匹、牛三头。

⑤ 力屈、财殚，中原内虚于家："力屈"，是指远离国境、旷日久战的的将士精疲力竭。"财殚"由于长期作战、长途运输军队给养，老百姓家财告罄。"中原"指与都城相对的郊野、原野、乡野。《诗·小雅·小宛》"中原有椒"注释说"中原，原中也"。"内虚"，国内财力空虚。远离国境作战，

兵士力疲，国力空虚。"家"，家大夫。

⑥ 百姓之费，十去其七：

百姓的费用耗去十分之七。

⑦ 公家之费，破车罢马："公家"指公室，相对上句的家、百姓而言。朝廷的耗费称之为公家之费。

"破车罢马"，车就是战车，"罢马"，战马困乏，罢，疲也。

⑧ 甲胄矢弩："甲"是铠甲；"胄"是头盔；"矢弩"，矢，箭头；弩是射程很远的大弓。

⑨ 戟楯蔽橹："戟"，古代钩刺并用的武器；"楯"同"盾"，"蔽橹"，竖在战车上的大盾。

⑩ 丘牛大车，十去其六："丘牛"，体大的牛，从百姓家里征集来的牛也称丘牛；"大车"，运载军粮兵械的大车。

【名家注释选】

国之贫于师者远输，远输则百姓贫

杜牧注：《管子》曰："粟行三百里，则国无一年之积；粟行四百里，则国无二年之积；粟行五百里，则众有饥色。所实之物，耗于道路，农夫耕牛，俱失南亩，则百姓贫矣。"此言粟重物轻也，不可推移；推移之则民夫耕牛，俱失南亩，故百姓不得不贫也。

贾林注：远输则财耗于道路，弊于转运，百姓日贫。

孟氏注：兵车转运千里之外，财则费于道路，人有困穷者。

张预注：以七十万家之力，供饷十万之师于千里之外，则百姓不得不贫。

近于师者贵卖，贵卖则百姓财竭

李筌曰：夫近军，必有货易，百姓循财殚产而从之，竭也。

贾林注：师徒所聚，物皆暴贵。人贪非常之利，竭财物以卖之，初虽获利殊多，终当力疲货竭。又云："既有非常之敛，故卖者求价无厌，百姓竭力买之，自然家国虚尽也。"

杜佑注：言近军师，市多非常之卖，当时贪贵以趋末利，然后财货殚尽，自然国家虚也。

王晳注：夫远输则人劳费，近市则物腾贵，是故久师则为国患也。曹公曰："军行已出界，近于师者贪财，皆贵卖。"晳谓将出界也。

张预注：近师之民，必贪利而贵货其物于远来输饷之人，则财不得不竭。

陆懋德（中国现代著名史学家，也是中国现代法学的开创者之一）注：贵卖则百姓财竭，意即物价高而民财耗，诸家解皆非。

财竭则急于丘役

张预注：财力殚尽，则丘井之役急迫而不易供也，或曰："丘役，谓如鲁成公作丘甲也。国用急迫，乃使丘出甸赋，违常制也。"丘，十六井；甸，六十四井。

赵本学注：丘役，丘甸之役。《司马法》：九夫为井，四井为邑，四邑为丘，丘出马一匹，牛三头。四丘为甸，甸出长毂一乘，马四匹，牛十二头。言暴师长久，则丘牛马匹之属必有死坏者，国将复赋丘甸之役，以益之以时月计之，正当百姓财竭之后也，故知财竭则急于丘役。

力屈、财殚，中原内虚于家。百姓之费，十去其七

曹操注：丘，十六井也。百姓殚尽而兵不解，则运粮尽力于原野也。十去其七者，所破费也。

杜牧注：《司马法》曰："六尺为步，步百为亩，亩百为夫，夫三为屋，屋三为井，四井为邑，四邑为丘，四丘为甸。丘盖十六井也。丘有戎马一匹，牛四头；甸有戎马四匹，牛十六头，兵车一乘，甲士三人，步卒七十二人。"今言兵不解，则丘役益急，百姓粮尽财竭，力尽于原野，家业十耗其七也。

陈皞注：丘，聚也。聚敛赋役，以应军须，如此则财竭于人，人无不困也。

张预注：运粮则力屈，输饷则财殚。原野之民，家产内虚，度其所费，

十无其七也。

刘邦骥（清代人，张之洞幕僚）注：中原内虚，百姓之费，十去其七者，民不聊生之谓也。此以上，言民之困也。

陈启天注：中原，谓平原之中。平原之中，本物产富饶，然以战争过久之故，亦十室九空。故曰：中原内虚于家。

公家之费，破车罢马，甲胄矢弩，戟楯蔽橹，丘牛大车，十去其六

曹操曰：丘牛，谓丘邑之牛；大车，乃长毂车也。

梅尧臣曰：百姓以财粮力役奉军之费，其资十损乎七；公家以牛马器仗奉军之费，其资十损乎六。是以竭赋穷兵，百姓弊矣；役急民贫，国家虚矣。

张预曰：兵以马车为本，故先言车马。疲，敝也。蔽橹，楯也，今谓之彭排。丘牛，大车也。大车，必革车也。始言破车疲马者，谓攻战之驰车也。次言丘牛大车者，即辎重之革车也，公家车马器械，亦十损其六。

刘寅注：公家费用之物，车破损而马罢困。至于甲胄、矢弓、戟盾、矛橹、丘牛、大车，或损坏，或遗失，十分中去其六分矣。胄，兜鍪，今之头盔也。矢，箭也。戟，有枝兵也，长者二丈四尺，短者一丈二尺。盾，一名干，今之长牌也。矛，钩也，长二丈。橹，大楯，车上之蔽也。丘牛，古者一丘计一十六井，出牛一头。大车，即重车，载衣粮器仗之类。

【译文】

兴兵作战之所以能够造成国家经济贫困，是因为军粮要随军队远征而长途运输，远道运输军粮就会使百姓贫困，军队集结、驻扎的地方物价会飞涨，物价飞涨则百姓的财富会枯竭。财富枯竭就要加重赋役。战场上耗尽军力，国内耗尽了民力，造成国力虚弱而使百姓财产耗去十分之七，由于作战旷日持久，作战车辆的毁损，战马疲病，盔甲、箭弩、戟盾、蔽橹以及所征用的运输用的牛和车大量消耗，而造成国家财产耗去十分之六。

【原文】

故智将务食于敌①。食敌一钟，当吾二十钟②；萁秆一石，当吾二十石③。故杀敌者，怒也④；取敌之利者，货也⑤。故车战，得车十乘已上，赏其先得者⑥，而更其旌旗⑦，车杂而乘之⑧，卒善而养之⑨，是谓胜敌而益强⑩。

【注释】

① 故智将务食于敌："智将"，有头脑、有智慧的将领；"务"，尽最大可能；"食于敌"，在敌国解决军需粮草。

就是前面所说"因粮于敌"。

② 食敌一钟，当吾二十钟：从敌国解决一钟粮食相当于从国内运输二十钟。

③ 萁秆一石，当吾二十石："萁"，大豆的豆秸之类，"秆"，是稻草麦秆等。从敌国解决一石草秣，相当于从国内运输二十石。

④ 故杀敌者，怒也："怒"，激发振作军心，并非生气、发火，说的是将士争相杀敌，是激于同仇敌忾之心。

⑤ 取敌之利者，货也：说是将士勇于去夺取胜利，是因为有利可图，有财可得。

⑥ 故车战，得车十乘已上，赏其先得者："车战"就是用战车进行的战斗，当时有车战、水战、步战，此举车战为例。

⑦ 而更其旌旗：更换成我方的旗帜。"旌旗"，旗帜通称。

⑧ 车杂而乘之：让敌方的车不能相聚在一起，敌方的士兵不能同乘一辆车，以防结伙哗变。

⑨ 卒善而养之："卒"此处指俘虏，妥善对待，给予给养，为我所用。"养"，按其身份给以禄粮。

⑩ 是谓胜敌而益强：这么做就会变敌方之利为我方之利，敌军将士则可以转化为我军将士，所以就会越战越强。

【名家注释选】

故智将务食于敌，食敌一钟，当吾二十钟；萁秆一石，当吾二十石

曹操注：六斛四斗为钟。萁，豆秸也。秆。禾藁也。石者，一百二十斤也。转输之法，费二十石得一石。一云：萁，音忌，豆也。七十斤为一石，当吾二十，言远费也。

王晳注：曹公曰："萁，豆秸也。秆，禾藁也。石者，百二十斤也。转输之法，费二十石乃得一。"晳谓上文千里馈粮，则转输之法，谓千里耳。萁，今作箕。秆，故书为芊，当作秆。

张预注：六石四斗为钟，一百二十斤为石，萁，豆秸也。秆。禾藁也。千里馈粮，则费二十钟、石，而得一钟、石到军所。若越险阻，则犹不啻。故秦征匈奴，率三十钟而致一石。此言能将必因粮于敌。

施子美注：不取之敌，不足以足其食；不有其谋，不足以资乎彼，此智将所以务食于敌也。食敌必以智将言者，盖将惟有智，然后知食之所取，苟智有所不足，则未必不免敌之饵也。食必取之敌者，盖食敌一钟，可以当吾之二十钟，萁秆一石，可以当吾二十石，钟之所食，人之所食也。萁，豆稭也；秆，禾藁也，牛马之所食也。钟六石四斗也，石百二十斤也；二十钟者，乃一百八十石也；二十石乃二千四百斤也。盖转输之法，大抵二十而致一也。观秦征匈奴，率二十钟而致一石，则孙子之言，信不诬矣。

陈启天注：此第三节，论战争速胜之法。智将，谓有才智之将。务食于敌，谓军在敌境，须力求因敌之粮以为食也。钟，古量名，受六石四斗。当，直也，犹今言抵也、等也。萁秆，按：萁为豆秆，秆为禾秆，皆牛马之饲料。石，衡名，一百二十斤也。古代交通全赖人畜舟车运输，极为不便。千里馈粮，则既劳夫役，又稽时日，输运所费约需粮价之二十倍。故曰：食敌一钟，当吾二十钟；萁秆一石，当吾二十石。

故杀敌者，怒也

曹操注：威怒以致敌。

李筌注：怒者，军威也。

贾林注：人之无怒，则不肯杀。

张预注：激吾士卒，使上下同怒，则敌可杀。《尉缭子》曰："民之所以战者，气也。"谓气怒则人人自战。

取敌之利者，货也

曹操注：军无财，士不来；军无赏，士不往。

杜佑注：人知胜敌有厚赏之利，则冒白刃，当矢石而乐以进战者，皆货财酬勋赏劳之诱也。

张预注：以货啖士，使人自为战，则敌利可取。故曰："重赏之下，必有勇夫。"夫皇朝太祖命将伐蜀，谕之曰："所得州邑当与我，倾竭帑库以飨士卒；国家所欲，惟土疆而。"于是将吏死战，所至皆下，遂平蜀。

故车战，得车十乘已上，赏其先得者

李筌注：重赏而劝进也。

杜牧注：夫得车十乘已上者，盖众人用命之所致也。若遍赏之，则力不足。与其所获之车，公家仍自以财货赏其唱谋先登者，此所以劝励士卒。故上文云："取敌之利者，货也。"言十乘者，取其纲目也。

张预注：车一乘，凡七十五人。以车于敌战，吾士卒能获敌车十乘已上者，吾士卒必不下千余人也。以其人众，故不能遍赏，但以厚利赏其陷陈先获者，以劝余众。古人用兵，必使车夺车，骑夺骑，步夺步。故吴起与秦人战，令三军曰："若车不得车，骑不得骑，徒不得徒，虽破军，皆无功。"

而更其旌旗

曹操注：与吾同也。

李筌注：令色与吾同。

张预注：变敌之色，令与己同。

车杂而乘之

曹操注：不独任也。

李筌注：夫降虏之旌旗，必更其色，而杂其事，车乃可用也。

王晳注：谓得敌车，可与我车杂用之也。

张预注：己车与敌车参杂而用之，不可独任也。

卒善而养之

张预注：所获之卒，必以恩信抚养之，俾为我用。

是谓胜敌而益强

李筌注：后汉光武破铜马贼于南阳，虏众数万，各配部曲，然人心未安。光武令各归本营，乃轻行其间以劳之。相谓曰："萧王推赤心置人腹中，安得不投死乎！"于是汉益振，则其义也。

梅尧臣注：获卒。则任其所长，养之以恩，必为我用也。

王晳注：得敌卒则养之，与吾卒同。善者，谓勿侵辱之也。若厚抚初附，或失人心。

张预注：胜其敌，而获其车与卒，既为我用，则是增己之强。光武推赤心，人人投死之类也。

【译文】

所以高明智慧的将帅尽最大可能在敌国获取粮秣，消耗敌国一钟粮食，相当从国内调运二十钟，获取敌国一石楛秆，相当从国内运送二十石。

要使士卒勇敢作战，就要激发作战士气。想要夺得敌人的物资，就要用作战缴获奖赏士卒。所以，在车战中，对夺取敌人十辆战车以上的，要赏赐最先夺得的人，并把敌军的旗帜换成我方的旗帜，把敌人的战车编入自己的车阵。要优待俘虏，妥善对待，把俘虏转化成我方将士。这就是所谓越能战胜敌人，自己就会越强大。

【原文】

故兵贵胜，不贵久①。故知兵之将，生民之司命，国家安危之主也②。

【注释】

① 故兵贵胜，不贵久："贵胜"，可贵的是速胜，不能打持久战，这是进攻作战的一条重要原则。

② 故知兵之将，生民之司命，国家安危之主也："司命"，原是星名，《宋史·天文志》云"司命之星在虚北，主死亡"。此处意思是生民的生死所系。"主"，主宰，国家安全危亡的主宰。

【名家注释选】

贵故兵贵胜，不贵久

曹操注：久则不利。兵犹火也，不戢，将自焚也。

孟氏注：贵速胜疾还也。

梅尧臣注：上所言，皆贵速也。速则省财用、息民力也。

何氏注：孙子首尾言兵久之理，盖知兵不可玩，武不可黩之深也。

张预注：久则师劳财竭，易以生变，故但贵其速胜疾归。

邓廷罗（清代兵学家）注：贵胜不贵久，总结言速胜之意。吴起曰："五胜者祸，四胜者弊，三胜者霸，二胜者王，一胜者帝，盖言速也。"

刘邦骥（1868—1930，近现代军事教育家）注：极言与其久也，不如其胜也。所以重言以说明作战之本旨在此不在彼也。必如此而后可谓知兵之将，可以为民之司命，可以为国家安危之主也。

故知兵之将，生民之司命，国家安危之主也

曹操注：将贤则国安也。

李筌注：将有杀伐之权，威欲却敌，人命所系，国家安危，在于此矣。

杜牧注：民之性命，国之安危，皆由于将也。

梅尧臣注：此言任将之重。

何氏注：民之性命，国之治乱，皆主于将；将之材难，古今所患也。

【译文】

所以，用兵作战的重要原则是在速战速胜，不宜旷日持久。所以知晓用兵之道的将帅，掌管着民众的生死，是国家安危的主宰。

【篇结】

《作战》篇主要论述了战争物质准备和速战速决的重要性。

孙子论述"作战"，采取的论证方式是——分析利害。

"不知用兵之害，则不能尽知用兵之利"是孙子分析的出发点和落脚点。孙子从战争准备谈起，开陈利害之端，指出由于战争带来的"公家之费""百姓之费"，所以造成国家巨大物质财富耗费和"百姓财竭"，造成"国用不足""屈力殚货"的"用兵之害"，提出"智将"要善于"食于敌"，告诫"善用兵者"，要懂得"因粮于敌""取敌之利"等趋利避害的制胜之道。通过论证去害、取利，在篇章结尾处就此推论出了"兵贵胜，不贵久"的著名战略原则。孙子这一速战速决的战略指导思想和振聋发聩的至理名言，既是战争实践的理论总结，又不断被历史充分证明。

全篇落脚在"知兵之将"上，把任用将帅提高到"生民司命""国家安危"的战略高度之上，又一次体现出孙子重战、慎战的战争认识。

谋攻篇第三

【篇解】

《谋攻》篇在《孙子兵法》中占有十分重要的地位，是《孙子兵法》中的经典之作。《谋攻》论述了"不战而胜"的策略，其方法是用智谋而取胜，所以在"攻"字前面加一个"谋"字，突出体现了孙子"不战而屈人之兵"的光辉思想。"谋"就是"谋划""计谋""智谋"。所谓"谋攻"，是指如何谋划战争，以智谋取胜。尤其是本篇的结尾提出的"知彼知己，百战不殆"的理念，传播甚广，可谓家喻户晓、妇孺皆知。

这一篇是上一篇的展开、延伸。在上一篇《作战》篇里，孙子从战争准备上论述了如何认识和避免战争造成巨大危害，追求减少和避免战争破坏作用，从而达到战争胜利目的。但孙子主张谋攻，但也不完全依赖"谋"，所以同时论述了以力攻、以力威慑等。也就是说这个"谋"既含有软实力，又兼有硬实力。

【原文】

孙子曰：凡用兵之法，全国为上，破国次之①；全军为上，破军次之②；全旅为上，破旅次之③；全卒为上，破卒次之④；全伍为上，破伍次之⑤。是故百战百胜，非善之善也⑥；不战而屈人之兵，善之善者也⑦。

【注释】

① 凡用兵之法，全国为上，破国次之："凡用兵之法"就是用兵作战的策略。"国"，春秋时期的国与现在意义不同，主要是指都城或者以都城为中心及周围地区。"全"就是保全，保全敌方的人员物力等。"上"，上策；"次"，下策。

② 全军为上，破军次之："军"作为军队的编制单位，据《管子·小匡》，齐国以万人为一军。全军也是保全敌方的军队人员，不以杀戮为目的。

③ 全旅为上，破旅次之："旅"，古代五百人为一旅。

④ 全卒为上，破卒次之："卒"，一百人。

⑤ 全伍为上，破伍次之："伍"，《周制·地官》："五人为伍，五伍为两，四两为卒"。

⑥ 是故百战百胜，非善之善也：一般会认为战争是以取胜为最高追求，百战百胜是将帅的最高荣誉，但孙子认为"百战百胜"并不是最好的结局。

⑦ 不战而屈人之兵，善之善者也：这是一句千古名言，也是历代军事家、政治家孜孜以求的最高目标。"不战而屈人之兵"，就是不用交战对垒就使对方服从。"善之善者"，最好的用兵之道、最高境界的追求。

【名家注释选】

孙子曰：凡用兵之法，全国为上，破国次之；全军为上，破军次之；全旅为上，破旅次之；全卒为上，破卒次之；全伍为上，破伍次之。

曹操注：兴师深入长驱，距其城郭，绝其内外，敌举国来服为上。以兵击破，败而得之，其次也。

施子美注：爱人者圣人之本心，不杀者圣人之神武，以是心用是武，虽未能息止干戈，而于敌无伤焉。故攻其国爱其民，全之必也，其肯破之乎。推此心以往，虽万二千五百人之军，五百人之旅，百人之卒，五人之伍，人无众寡，皆欲全之。得一军则全一军，得一旅则全一旅，得一卒一伍，则全一卒一伍，圣人不杀之武于此可见矣。

赵本学（明代军事家、隐士）注：破人之国者，吾之国能无损乎？破人之军者，吾之军能无伤乎？破人之旅之卒之伍，吾之旅卒伍能无失乎？皆非万全之道也。兵以万全为贵，不遗不失不亡一卒，乃谓万全。故言自国至伍皆以不战而胜之为上也。

是故百战百胜，非善之善也

贾林注：兵威远振，全来降服，斯为上也。诡诈为谋，摧破敌众，残人伤物，然后得之，又其次也。

张预注：战而后能胜，必多杀伤，故曰非善。

不战而屈人之兵，善之善者也

曹操注：未战而敌自屈服。

张预注：明赏罚，信号令，完器械，练士卒，暴其所长，使敌从风而靡，则为大善。若吴王黄池之会，人畏其有法而服之是也。

【译文】

孙子说：指导战争的法则策略是，使敌人举国屈服为上策，击破敌国为下策；使敌人全"军"降服为上策，击破敌人的"军"就为下策；使敌人全"旅"完全降服为上策，击破敌人的"旅"就为下策。使敌人全"卒"完全屈服为上策，击破敌人的"卒"就为下策。使敌人全"伍"完全屈服是上策，击破敌人的"伍"就为下策。因此，百战百胜，不算高明中最高明的，不战而使敌国敌人屈服，才算是高明中最高明的。

【原文】

故上兵伐谋，其次伐交，其次伐兵，其下攻城①。攻城之法为不得已②。修橹轒辒，具器械，三月而后成③；距闉又三月而后已④。将不胜其忿，而蚁附之⑤，杀士三分之一，而城不拔者，此攻之灾也⑥。

【注释】

① 故上兵伐谋，其次伐交，其次伐兵，其下攻城：

"上兵"，指通达兵法奥秘、用兵之妙，言即最高智慧的用兵之法。"伐谋"，以谋取胜，智高一筹，识破敌人的计谋。"伐"，制胜之道。

"其次伐交"，"交"有两种理解：一是离间敌国的邦交，败其与盟，使其孤立无援；二是指战胜敌人于已经对阵但尚未开战之前。

"其次伐兵"，是说制胜于野外战争的刀枪锋镝之间。

"其下攻城"，强攻城池是最下等的办法。

② 攻城之法为不得已：攻城是将帅最不愿意实施的方式，但兵临城下，敌人据城防守，迫不得已进行强攻。

③ 修橹轒辒，具器械，三月而后成："修"，制造准备。橹，大盾，战时立在车上。"轒辒"（fén wēn），四轮大车。

"具器械"，准备攻城用的兵器。

④ 距闉，三月而后已：

"距闉"，闉，yīn，本义是堵塞（源头）。这里指小土山，筑成与城一样高的小土山准备攻城之用。《书·费誓》孔疏云：兵法攻城，筑土为山，以窥望城内，谓之距闉。

⑤ 将不胜其忿，而蚁附之：将，是士兵的将领。"不胜其忿"是说将领怒火中烧、心情烦躁。"蚁附"指士兵像众多的蚂蚁一样蜂拥城下。

⑥ 杀士三分之一，而城不拔者，此攻之灾也："拔"，破城而取之曰拔。损失三分之一的兵士，而城还没有攻打下来，这就是攻城的惨重代价，所以称"灾"。

将领对于准备兵器，构筑土山要六个月的时间，而感到急躁恨不得立即攻下城池，怒不可遏强迫士兵像蚂蚁一样攻城，结果必有三分之一的士兵遭到伤亡，待攻下城池之日，士兵已经筋疲力尽。可见想一下子要攻下城来，要遭到多么大的伤亡、付出多大的代价。

【名家注释选】

故上兵伐谋

曹操注：敌始有谋，伐之易也。

杜佑注：敌方设谋，欲举众师，伐而抑之，是其上。故太公云"善除患者，理于未生，善胜敌者，胜于无形"也。

梅尧臣注：以智胜。

李筌注：以智谋屈人为最上。

赵本学注：伐谋者，以计破计，使其畏服而不敢为，或计未就而先自败也。

黄巩（1480—1522，明代福建莆田人）注：伐，制胜也。谋，庙算也。

其次伐交

曹操注：交，将合也。

杜牧注：非止将合而已。合之者，皆可伐也。张仪愿献秦地六百里于楚怀王，请绝齐交。随何于黥布坐上杀楚使者，以绝项羽。曹公与韩遂交马语，以疑马超。高洋以萧渊明请和于梁，以疑侯景，终陷台城。此皆伐交。权道变化，非一途也。

王晳注：谓未能全屈敌谋，当间其交，使之解散。彼交，则事巨敌坚；彼不交，则事小敌脆也。

刘邦骥注：伐交者，交合强国，使敌不敢谋我；或先结邻国，为犄角之势，则我强而敌弱也。此二者，即以外交为军事之耳目也。

陈启天注：其，指兵言。谓战争之上策，为破坏敌国之交援，使其孤弱也。

其次伐兵

李筌注：临敌对阵，兵之下也。

贾林注：善于攻取，举无遗策，又其次也。故太公曰："争胜于白刃之前者，非良将也。"

陈启天注：战争之下策，为以武力征服敌军，使其歼灭也。"

其下攻城

曹操注：敌国已收其外粮城守，攻之为下政也。

杜佑注：言攻城屠邑，政之下者，所害者多。

攻城之法为不得已

张预注：攻城则力屈，所以必攻者，盖不获已耳。

修橹轒辒

曹操注：修，治也。橹，大楯也。轒辒者，轒床也。轒床其下四轮，从中推至城下也。具，备也。器械者，机关攻守之总名，飞楼、云梯之属。距闉者，踊土积高而前，以附其城也。

距闉

张预注：积土与城齐，使之卒上之，或观其虚实，或毁其楼橹，欲必取也。

将不胜其忿，而蚁附之，杀士三分之一，而城不拔者，此攻之灾也

曹操注：将忿，不待攻器成，而使士卒缘城而上，如蚁之缘墙，必杀伤士卒也。

杜牧注：此言为敌所辱，不胜忿也。后魏太武帝率十万众，寇宋臧质于盱眙。太武帝就质求酒，质封溲便与之。太武大怒，遂攻城。乃命肉薄登城，分番相代；坠而复升，莫有退者，尸与城平，复杀其高梁王。如此三旬，死者过半。太武闻彭城断其归路，见疾疫甚众，乃解退。传曰："一女乘城，可敌十夫。"以此校之，尚恐不啻。

【译文】

所以，用兵作战的最上乘之策是在未战之前用智慧挫败敌人的战略企图，使敌人服从。其次是挫败敌人的外交、离间其同盟，再次是战场上战胜敌人的军队，下策是攻城。攻城是迫不得已的办法，制造攻城的巨型盾牌和大型战车，准备攻城器械，需要三个月才能完成。构筑攻城的土山又要三个月才能完成。到那时，将帅已经难以抑制焦躁愤怒，驱赶士卒像蚂蚁一样去登城进攻，士卒伤亡三分之一，而城池可能还是攻不下来，这就是攻城的灾害。

【原文】

故善用兵者，屈人之兵而非战也①，拔人之城而非攻也②，毁人之国而非久也③，必以全争于天下，④故兵不顿而利可全，此谋攻之法也⑤。

【注释】

① 故善用兵者，屈人之兵而非战也："善用兵者"，善于指挥作战运用计谋的将领。"屈"，屈服、投诚；"非战"，不通过硬碰硬的对垒交兵战争手段。

② 拔人之城而非攻也：即攻占城池、拔取城堡，并不一定用强攻的办法。

③ 毁人之国而非久也："毁人之国"，消灭敌国。"非久"，不能久战。"非战""非攻""非久"都是强调用计谋获取胜利。

④ 必以全争于天下："全"就是一开始所说"全国""全军""全旅""全卒""全伍"的意思。不践踏敌国，不耗费军粮，不伤亡我军，这才是谋的真正含义。

⑤ 故兵不顿而利可全，此谋攻之法也："兵不顿"，士兵一点也没有伤亡。"利可全"，利益一点也不少

【名家注释选】

故善用兵者，屈人之兵而非战也

杜佑注：言伐谋、伐交，不致于战。故《司马法》曰："上谋不斗"，其

旨见矣。

张预注：前所陈者，庸将之为耳。善用兵者则不然，或破其计，或败其交，或绝其粮，或断其路，则可不战而屈之。若田穰苴明法令，拊士卒，燕晋闻之，不战而遁是也。

拔人之城而非攻也

杜牧注：司马文王围堵诸葛诞于寿春，议者多欲急攻之。文王以诞城固众多，攻之力屈，若有外救，表里受敌，此至危之道也。吾当以全策縻之，可坐制也。诞二年五月反，三年二月破灭。六军按甲，深沟高垒，而诞自困。十六国前燕将慕容恪率兵讨段龛于广固，恪围之。诸将劝恪急攻之，恪曰："军势有缓而克敌，有急而取之。若彼我势既均，外有强援，力足制之，当羁縻守之，以待其毙。"乃筑室反耕，严固围垒，终克广固，曾不血刃也。

毁人之国而非久也

杜牧注：因敌有可乘之势，不失其机，如摧枯朽。沛公入关，晋降孙皓，隋取陈氏，皆不久之。

何氏注：善攻者，不以兵攻，以计困之，命其自拔，令其自毁，非劳久守而取之也。

必以全争于天下，故兵不顿而利可全，此谋攻之法也

梅尧臣注：全争者，兵不战，城不攻，毁不久，皆以谋而屈敌，是曰"谋攻"。故不钝兵利自完。

张预注：不战则士不伤，不攻则力不屈，不久则财不费。以完全立胜于天下。无顿兵血刃之害，而有国富兵强之利，斯良将计攻之术也。

【译文】

所以，善于用兵作战的将帅，使敌人屈服不须通过两军对垒交战，夺取敌人的城邑不用硬攻，消灭敌人的国家不须旷日持久，不用诉诸武力就能争胜于天下，军队不须长期征战在外，而能够取得全面的胜利，这就是用智

慧计谋进攻的法则。

【原文】

故用兵之法：十则围之①，五则攻之②，倍则分之③，敌则能战之④，少则能逃之⑤，不若则能避之⑥。故小敌之坚，大敌之擒也。⑦

【注释】

① 故用兵之法，十则围之："用兵之法"，用兵作战的原则方法。"十则围之"，我方十倍于敌人的兵力就包围它，"围"是四面包起来。

② 五则攻之：我方五倍于敌人的兵力就主动出击。

③ 倍则分之：我方二倍于敌人的兵力就分兵合击。

④ 敌则能战之：我方与敌人势均力敌就鼓舞士气，一举战胜它。

⑤ 少则能逃之："逃"就是躲藏、销声匿迹。当我方兵力少于敌人时，就应该设法隐匿。

⑥ 不若则能避之：当我方兵力不如敌人时，就躲避敌人。

⑦ 故小敌之坚，大敌之擒也："小敌"，力量弱、军力不如对方。"坚"，一意孤行，硬撑。"大敌"，兵多势众，军力强大。

【名家注释选】

故用兵之法，十则围之

曹操注：以十敌一则围之，是将智勇等而兵利钝均也；若主弱客强不用十也。操所以倍兵围下邳生擒吕布也。

梅尧臣注：彼一我十，可以围。

五则攻之

李筌注：五则攻之，攻守势殊也。

杜牧注：术，犹道也，言以五敌一，则当取己三分为三道，以攻敌之一面；留己之二，候其无备之处，出奇而乘之。西魏末，梁州刺史宇文仲和据州，不受伐。魏将孤独信率兵讨之，仲和婴城固守，信夜令诸将以冲梯攻其东北，信亲率将士袭其西南，遂克之也。

倍则分之

曹操注：以二敌一，则一术为正，一术为奇。

李筌注：夫兵者倍于敌，则分半为奇；我众彼寡，动而难制。苻坚至淝水，不分而败；王僧辩至张公洲，分而胜也。

敌则能战之

曹操注：己于敌人众等，善者犹当设伏奇以胜之。

李筌注：主客力敌，惟善者战。

少则能逃之

曹操注：高壁坚垒，勿与战也。

李筌注：量力不如，则坚壁不出，挫其锋，待其气懈，而出奇击之。齐将田单守即墨，烧牛尾，即杀骑劫，则其义也。

不若则能避之

曹操注：引兵避之也。

杜佑注：引兵备之，强弱不敌，势不相若，则引军避，待利而动。

故小敌之坚，大敌之擒也

杜牧注：言坚者，将性坚韧，不能逃，不能避，故为大者之所擒也。

梅尧臣注：不逃，不避，虽坚必擒。

【译文】

所以用兵的策略法则是：兵力十倍于敌人就四面包围他，兵力五倍于敌人就主动进攻他，兵力两倍于敌人就分进合击，兵力与敌人相当就鼓舞士气抗击它，兵力少于敌人就要隐匿，力量比敌人弱就要避开。弱小的军队如果一意孤行，进行死打硬拼，就会成为强敌的俘虏。

【原文】

夫将者，国之辅也①，辅周则国必强，辅隙则国必弱②。故君之所以患于军者三③：不知军之不可以进而谓之进，不知军之不可以退而谓之退，是谓縻军④；不知三军之事，而同三军之政者，则军士惑矣⑤；不知三军之权，而同三军之任，则军士疑矣⑥。三军既惑且疑，则诸侯之难至矣，是谓乱军引胜。⑦

【注释】

① 夫将者，国之辅也："将"是指主将；"辅"，本是附于车辐的直木，用来增强车的承载能力，所以有成语"辅车相依"，后即用其佐助、辅助之意。主将是国家的重要辅助。

② 辅周则国必强，辅隙则国必弱："周"，即周密完全周到尽心的意思。"隙"，空隙、不紧密，也就是说考虑不周，有遗漏。

意思是辅助尽心周全国家就强盛，辅助懈怠国家就弱小。

③ 故君之所以患于军者三："患"，为害于军。意思是说国君可能对军队造成的危害，有三个事情比较突出。

④ 不知军之不可以进而谓之进，不知军之不可以退而谓之退，是谓縻军："谓"，此处是指使的意思。"縻"，本指绳索，用绳索捆绑，不自由。就是指国君节制主将，越级越权瞎指挥，使主将不自由。此其一害。

⑤ 不知三军之事，而同三军之政者，则军士惑矣：军队的技术、装备、规定、赏罚、编制等各方面的事情都是军之"政"，"惑"就是不清楚、一时不分青红皂白。就是君主不了解军队的情况却干预军队事务，军士就迷惑，莫知所从。

⑥ 不知三军之权，而同三军之任，则军士疑矣："权"，权变之道，权谋之事。"任"，职责。"疑"，不信、猜疑。就是说君主不通晓军队的机谋权变，却亲自指挥军队或者盲目委托一个人指挥，造成军士上下不信任。

⑦ 三军既惑且疑，则诸侯之难至矣，是谓乱军引胜："难"，灾祸、意外之变。"至"，降临。"乱军"是指自乱其军、自乱阵脚。"引胜"不是胜，是自取其败。"引"，辞去、离去、退去的意思。由于三军士兵疑虑、迷惑，

军心涣散，国家的灾难就要来了。

【名家注释选】

夫将者，国之辅也，辅周则国必强

李筌注：辅，犹助也。将才足，则兵必强。

贾林注：国之强弱，必在于将。将辅于君而才周，其国必强；不辅于君，内怀其贰，则弱。择人受任，不可不慎。

孟氏注：周，谓才智具也。得才智周备之将，国乃安强也。

辅隙则国必弱

王晢注：周，谓将贤则忠才兼备；隙，谓有所缺也。

张预注：将谋周密，则敌不能窥，故其国强；微缺，则乘衅而入，故其国弱。太公曰："得士者昌，失士者亡。"

故君之所以患军者三

梅尧臣注：患君之所不知。

张预注：下三事也。

不知军之不可以进而谓之进，不知军之不可以退而谓之退，是谓縻军

曹操注：縻，御也。

杜牧注：犹驾御縻绊，使不自由也。君，国君也。患于军者，为军之患害也。

贾林注：军之进退，将可临时制变；君命内御，患莫大焉。故太公曰："国不可以从外治，军不可从中御。"

不知三军之事，而同三军之政者，则军士惑矣

曹操注："军容不入国，国容不入军"，《礼》不可以治兵也。

杜佑注：军容不入国，国容不入军，《礼》不可以治兵也。治国尚礼义，兵贵于权诈。形势各异，教化不同，而君不知其变，军国一政，以用治民，

则军士疑惑，不知所措。故《兵经》曰："在国以信，在军以诈也"。

赵本学注：军事，凡军中曲节号令、赏罚之事也。同，参预之也。凡事一出于将，则人耳有常闻，目有常见，心有常守，而易于指使也。人君不知军事何物，而强欲同之，则军士迷惑而莫知所从矣。此二患也。

不知三军之权，而同三军之任，则军士疑矣

曹操注：不得其人也。

陈皞注：将在军，权不专制，任不自由，三军之士自然疑也。

何氏注：不知用兵权谋之人，用之为将，则军不治而士疑。

三军既惑且疑，则诸侯之难至矣，是谓乱军引胜

曹操注：引，夺也。

杜牧注：言我军疑惑，自致扰乱，如引敌人使胜我也。

梅尧臣注：君徒知制其将，不能用其人，而乃同其政、任，故诸侯之难作，俾众疑惑，是自乱其军，自去其胜。

【译文】

将帅是国家的辅佐，将帅和国家如同辅车相依一样。辅佐周全，国家一定强盛，辅佐有缺陷遗漏，国家一定衰弱。

国君危害军事行动的情况有以下三种：不知道军队不可以前进而使之前进，不知道军队不可以后退却下令后退，这叫作束缚军队；不了解军队管理而干预军队指挥，就会使军队上下感到迷惑；不懂军队作战的权变而统领军队，则军队上下充满怀疑；三军产生迷惑又怀疑，则招致诸侯列国趁乱进犯，这就叫作自取其败，自弃其胜。

【原文】

故知胜有五：知可以战与不可以战者胜①；识众寡之用者胜②；上下同欲者胜③；以虞待不虞者胜④；将能而君不御者胜⑤。此五者，知胜之道也。故曰：知彼知己者，百战不殆⑥；不知彼而知己，一胜一负⑦；不知彼，不知

己，每战必殆⑧。

【注释】

① 故知胜有五：知可以战与不可以战者胜："知胜"，通晓、预见取胜之道。"知可以战与不可以战者胜"，善于分析形势，从实际出发，明白通晓什么时候可以打，什么时候不可以打的将帅才能取胜。

② 识众寡之用者胜：战争有众战的方法，也有寡战的方法，兵多兵少关键在于指挥运用。"识"同"知"。

③ 上下同欲者胜：同欲，心往一处想，同心同德、上下一心。

④ 以虞待不虞者胜：虞，作谨防、准备讲；不虞，就是没有准备、疏忽大意。有准备对无准备的就能取胜。毛泽东多次说过：不打准备无把握之仗。

⑤ 将能而君不御者胜："御"，节制、统御。将帅能力强君主放手使用的胜利。

⑥ 故曰：知彼知己者，百战不殆："彼"是敌方，"己"就是我方。"殆"，危险。明确无误地了解敌方、我方的强弱、虚实、众寡、进退时，就能做到凡战没有危险。"知彼知己，百战不殆"是孙子的千古名言，毛泽东在《论持久战》中称之为仍然是"科学的真理"。

⑦ 不知彼而知己，一胜一负："一胜一负"，亦胜亦负，或胜或负，并不是胜负各占百分之五十。

⑧ 不知彼，不知己，每战必殆：敌我情势一概不知，盲人瞎马，就是糊涂战，凡战必危。

【名家注释选】

故知胜有五

张预注：谓下五事也。

知可以战与不可以战者胜

孟氏注：能料知敌情，审其虚实者胜也。

张预注：可战则进攻，不可战则退守。能守攻守之宜，则无不胜。

知众寡之用者胜

李筌注：量力也。

杜牧注：先知敌之众寡，然后起兵以应之。如王翦伐荆，曰"非六十万不可"是也。

梅尧臣注：量力而动。

张预注：用兵之法，有以少而胜众者，有以多而胜寡者，在乎度其所用，而不失其宜则善，如吴子所谓"用众者务易，用少者务隘"是也。

上下同欲者胜

杜佑注：言君臣和同，勇而战者胜。故孟子曰："天时不如地利，地利不如人和。"

张预注：百将一心，三军同力，人人欲战，则所向无前矣。

以虞待不虞者胜

李筌、杜牧注：有备预也。

杜佑注：虞，度也。以我有法度之师，击彼无法度之兵。故《春秋传》曰"不备不虞，不可以师"是也。

张预注：常为不可胜以待敌，故吴起曰："出门如见敌。"士季曰："有备不败。"

将能而君不御者胜

曹操注：《司马法》曰"进退惟时，无曰寡人"也。

杜佑注：《司马法》曰"进退惟时，无曰寡人"也。将既精能，晓练兵势；君能专任，事不从中御。故王子曰"指授在君，决战在将"也。

故曰：知彼知己者，百战不殆

王晳注：殆：危也。谓校尽彼我之情，知胜而后战，则百战而不危。

杜牧注：以我之政，料敌之政；以我之将，料敌之将；以我之众，料敌之众；以我之食，料敌之食；以我之地，料敌之地。校量已定，优劣长短皆先见之，故有百战百胜也。

梅尧臣注：彼己五者尽知之，故无败。

不知彼而知己，一胜一负

李筌注：自以己强，而不料敌，则胜负未定。秦主苻坚以百万之众南伐，或谓曰："彼有人焉。谢安、桓冲，江表伟才，不可轻之。"坚曰："我以八州之众，士马百万，投鞭可断江水，何难之有？"后果败绩，则其义也。

不知彼，不知己，每战必殆

杜佑注：外不料敌，内不知己，用战必殆。

张预注：攻守之术皆不知，以战则败。

【译文】

可以预见胜利的情形有五种：懂得什么情况下可以打或不可以打，能胜利；懂得兵力多少的不同用法与打法，能胜利；官兵上下齐心协力，能胜利；以做好战备应对没有做好战备的，能胜利；将帅有指挥才能而国君不牵制的，能胜利。这五种情形就是预见胜利的方法。

所以，既了解敌人，又了解自己的军队，每次作战都不会有危险；不了解敌人而了解自己，可能胜利，可能失败；既不了解敌人又不了解自己，每次作战都必有危险。

【篇结】

《谋攻》篇，就是如何通过制定高明的战略、策略战胜敌人。用智谋与敌人较量，是中国深厚的文化传统，也是中国兵学文化鲜明的特征。这一篇集中反映了中国古代"以智克力"的全胜思想。全篇主旨主要论述"全胜"的战略思想及其实现的方法和条件，核心是一个"全"字。

此篇在《孙子兵法》中占有十分重要的地位，它突出体现了孙子"不战而屈人之兵"的战略思想。在孙子看来，"百战百胜，非善之善者也"，用兵的理想境界是："不战而屈人之兵，善之善者也。"

"不战而屈人之兵"可以分为战略、战役和战术不同层次，大到可以"全国""全军"，小到可以"全卒""全伍"。

当代英国著名军事理论家利德·哈特对孙子的"不战而屈人之兵"评价极高，认为："尽管这种不流血的胜利是极为罕见的现象，但物以稀为贵，它的意义不是迅速减少，而是不断增大。"

最后，孙子再次以一个惊天动地的结论昭示："知彼知己，百战不殆"，这句名言被毛泽东赞誉为"至今仍是科学的真理"。

形篇第四

【篇解】

"形"，就是军形，在一般意义上，是指的兵力部署所展现于外部的表象，而这种表象对敌人来说，则往往是虚假的，而自己的真实形态却往往被刻意掩盖，所以有"形人而我无形"的说法。但本篇却不是讲如何"示形于人"，如何使我"无形"的问题，而是讲"形"的内涵要义，即强弱问题。然本篇也并非泛论强弱，而是集中论述"胜兵"的形成问题，也就是优势兵力形成的问题。如何才能形成"胜兵"呢？孙子提出一要"修道而保法"，从政治上予以保证；二要在实力上处于"以镒称铢"的绝对优势地位；三要善于运用策略，"动于九天之上"，"藏于九地之下"。但要真正读懂《形》篇，还必须与下面的《势》篇连起来读。有形就有势，形为势之基础，势从形中产生。如果军形不当，就不能造成破敌之势，因此形的强弱决定着势的巧拙。"形"是物质的力量，静态的，是为本体；"势"是精神的力量，动态的，可充实用。它们两个是风助火势，火借风威。直到今天我们仍然常常说"形势"，大概来源于此。

【原文】

孙子曰：昔之善战者①，先为不可胜②，以待敌之可胜③。不可胜在己，可胜在敌。④故善战者，能为不可胜，不能使敌之可胜。⑤故曰：胜可知而不可为。⑥

【注释】

① 昔之善战者：就是指古代善于指挥作战的名将。

② 先为不可胜：首先要做到不被敌人战胜，就是保全自己是根本。就是古人讲的"留得青山在，不愁没柴烧"。"为"，做好、做到。

③ 以待敌之可胜：等待战、寻求战胜敌人时机。

④ 不可胜在己，可胜在敌：创造不被敌人战胜的条件，是属于自己主观努力方面的事情；而要战胜敌人，则要寻求、等待战机，必须抓住敌人的懈怠、疏忽、弱项等等有利时机。

⑤ 故善战者，能为不可胜，不能使敌之可胜：就是说为了不被敌人战胜，就要不断调整自己，保持警惕，做好牢不可破的准备。用今天的话说就是"做好自己"。

"不能使敌之可胜"，不能太过于追求一定打败敌人。因为敌人也在力求"不可胜"。

⑥ 故曰：胜可知，而不可为：所以胜利虽然可以预测、预知，但是不可能不顾客观条件而强行去追求。

【名家注释选】

昔之善战者，先为不可胜，以待敌之可胜

施子美注：夫先为不可胜者，此自治之策也。能自治则可以待敌之虚而击之，故以待敌之可胜。

刘邦骥注：极言内政为军政之根本，先为不可胜，以待敌之可胜，非内政修明者，绝不能有此成效。而为之之术，待之之方，全在乎修道保法而已。

不可胜在己，可胜在敌

曹操注：守固备也。自修理，以待敌之虚懈也。

王晢注：不可胜者，修道保法也；可胜者，有所隙耳。

张预注：守之故在己，攻之故在敌。

赵本学注：言不可胜其道由己，可胜其隙在敌。虽善战之将不过多方严备尽其在我，敌无形可见者固不能用力于其间也。愚谓求己而不求人，此圣贤治身之要语，而孙子用之于兵其利害尤切。

故善战者，能为不可胜

杜牧注：上文注解所谓修整军事、闭形藏迹是也。此事在己，故曰"能为"。

张预注：藏形晦迹，居常严备，则己能焉。

不能使敌之可胜

杜牧注：敌若无行可窥，无虚懈可乘，则我虽操可胜之具，亦安能取胜敌乎？

杜佑注：若敌晓练兵事，策与道合，深为己方备者，亦不可强胜之。

张预注：若敌强弱之形不显于外，则我岂能必胜于彼？

施子美注：事有可必者，有不可必者，可必者在己，不可必者在人。我虽能为不可胜，而不能使敌之必可胜，使赵不空壁而争，而韩信之计亦未必可施也。所以谓之不能使敌之必可胜。

故曰：胜可知，而不可为

杜佑注：敌有备也。已料敌，见敌形者，则胜负可知；若敌密而无形，亦不可强使为败，故范蠡曰："时不至，不可强生；事不究，不可强成。"

陈启天注：我以不可胜，临敌之可胜，则强弱异形，胜负可先睹矣。然敌若亦先求自立之道，则我不能使敌人必可胜，何若？强弱相当，无奈之何。故曰："胜可知而不可为。"总之，战争必胜之形，在以强临弱。欲求战必胜，须先求自强，以伺敌之弱。故本篇以先为不可胜，以待敌之可胜，为战争之前提，善战者须首先知之焉。若以弱当强，则战必不胜；或以强当强，亦胜不可必，此善战者所宜慎者也。

【译文】

从前善于指挥作战的将领，先要做好自己、不被敌人战胜，然后等待机会战胜敌人。不被敌人战胜的主动权掌握在自己手里。能否战胜敌人，则在于敌人犯不犯错误。所以，善于指挥作战的人，能够做到不被敌人战胜，却不能一厢情愿做到使敌人必定被战胜。所以说，胜利可以根据实力的优劣来预见，却不可以不顾客观实际而一味强求。

【原文】

不可胜者，守也①；可胜者，攻也②。守则不足，攻则有余。③善守者，藏于九地之下④；善攻者，动于九天之上⑤。故能自保而全胜也。⑥

【注释】

① 不可胜者，守也：传统的理解是："守"就是保全自己，坚守阵地，不给敌人以可乘之机。应理解为：如果预测分析不能战胜敌人，就采取守势；如果预测可以战胜敌人就采取攻势。

② 可胜者，攻也：与上句对应，"攻"则是指发动进攻，克敌制胜。

③ 守则不足，攻则有余：意即采取守势是因为兵力不足，采取攻势是由于兵力有余。也可理解为处处设防，兵力则不足，主动出击则会变被动为主动。

④ 善守者，藏于九地之下：所谓"善守"就是我壁垒森严、众志成城、严阵以待，任敌人想尽办法也无隙可击。"九地"，阴而静的地方，深不可知。"藏于九地之下"就是好像藏在地底下，严密地隐蔽自己不让敌人察觉。

⑤ 善攻者，动于九天之上：所谓"善攻者"，就是长于进攻的军队。"动于九天之上"，犹如神兵天降，"九天"，极言其高、态势之猛。犹如李白诗云："飞流直下三尺，疑是银河落九天。"

⑥ 故能自保而全胜也：保全自己要以消灭敌人为前提，消灭敌人但必须保全自己，保全自己才是最好的"全胜"，如果杀敌一千自损八百，就不是好的胜利。

【名家注释选】

不可胜者，守也；可胜者，攻也

施子美注：所以自固者，必欲其有备；所以克敌者，必乘其可击。不可胜者，自固之术也，惟守而后可以为不可胜，非欲其有备乎。可胜者，所以克敌也，惟攻之而后可以胜之，非乘其可击乎。

赵本学注：此释上文之意，言何能不可胜，守己有其道也。何能而可胜，攻人有其道也。李靖曰："敌未可胜而我且自守，待敌可胜而攻之"。

守则不足，攻则有余

曹操注：吾所以守者，力不足也；所以攻者，力有余也。

李筌注：力不足者，可以守；力有余者，可以攻也。

张预注：吾所以守者，谓取胜之道有所不足，故且待之；吾所以攻者，谓胜敌之事已有其余，故出击之。言非百胜不战，非万全不斗也。后人所谓"不足"为弱，"有余"为强者，非也。

善守者，藏于九地之下。善攻者，动于九天之上。故能自保而全胜也

杜佑注：善守备者，务因其山川之阻，丘陵之固，使不知所攻，言其深密，藏于九地之下；善攻者，务因天时地利，为水火之变，使敌不知所备，言其雷霆发动，动于九天之上也。

梅尧臣注：九地，言深不可知；九天，言高不可测。盖守备密，而攻取迅也。

【译文】

如果分析预测不能战胜敌人，就采取守势；如果分析预测可以战胜敌人就采取攻势。之所以采取守势是因为兵力不足，之所以采取攻势是因为兵力有余。善于防守的军队，如同隐藏在深不可测的地下。善于进攻的军队，如同行动在九霄云外般的神奇，所以既能自保，又能取得全胜。

【原文】

见胜不过众人之所知，非善之善者也①；战胜而天下曰善，非善之善者也②。故举秋毫不为多力，见日月不为明目，闻雷霆不为聪耳。③古之所谓善战者，胜于易胜者也。④故善战者之胜也，无智名，无勇功。⑤故其战胜不忒。⑥不忒者，其所措必胜，胜已败者也。⑦故善战者，立于不败之地，而不失敌之败也。⑧是故胜兵先胜而后求战，败兵先战而后求胜。⑨善用兵者，修道而保法，故能为胜败之政。⑩

【注释】

① 见胜不过众人之所知，非善之善者也："见胜"，预知胜利。《淮南子·兵略训》云"将必独见独知"。意思是说预见胜利与常人无异当然不算是上等的高明。

② 战胜而天下曰善，非善之善者也：取得战争的胜利而一般的常人都说好，也不是最上等的胜利。

③ 故举秋毫不为多力，见日月不为明目，闻雷霆不为聪耳：用排比来说明前两句的道理。"秋毫""日月""雷霆"来作比喻。"秋毫"是兽类在秋季新长的细毛，分量极轻；"日月"于太空，千古光明，只要不是盲人就能够看到；"雷霆"，雷霆万钧，只要不是聋子就能听到。是说举起秋毫不能算有力，见到日月不能算眼神好，听到打雷不能算耳灵，所以名将的本领并不在于打赢了难以取胜的战争。

④ 古之所谓善战者，胜于易胜者也："胜于易胜"就是说取得胜利犹如探囊取物一样容易。因为上句说，打赢了战争不算什么高明，那么什么是最高明的呢？就是付出很小代价而取得胜利。这样不仅获得了胜利而且自保，谓之全胜。

⑤ 故善战者之胜也，无智名，无勇功：善于指挥打仗的将领，因为是靠创造、获取容易制胜的条件而取胜，这样的胜利表面上看起来没有费很大劲，所以就没有惊险取胜或者付出很大代价取胜那样赫赫有名和盖世武功。"无智名"，社会上没有足智多谋的名声；"无勇功"，社会上没有英雄虎胆的名声。

⑥故其战胜不忒："忒"，音 tè，《尔雅·释言》："爽，差也"，"不忒"，就是说不差。"战胜不忒"，就是因为战争没有费多大力气，所以也就没有什么差错。

⑦不忒者，其所措必胜，胜已败者也："措"，策略、计谋、举措。意思是说没有出现差错就取得胜利，是因为策略得当，在我进攻敌人之前，敌人败局已显，因此胜利是理所当然的。

⑧故善战者，立于不败之地，而不失敌之败也："不败"就是任凭敌人采取什么手段，我都无懈可击，不会被敌人战胜。"敌之败"，敌人失败的时机，不错过时机，及时进攻。

⑨是故胜兵先胜而后求战，败兵先战而后求胜："胜兵"，胜利之军，"先胜"，是说在战斗之前就要决定战略、运筹帷幄、周密准备，在战前就已经处于胜利的地位。"败兵"，败者之军。"先战而后求胜"，筹划不周，准备不足，盲目开战，以侥幸心理取胜。

⑩善用兵者，修道而保法，故能为胜败之政："修道"，修明政治，统一思想，步调一致。"保法"，遵守法纪，维护法律权威，法纪面前人人平等。"政"，主宰、权威的意思。就是说胜败之主，或者说胜败的决定权。

【名家注释选】

见胜不过众人之所知，非善之善者也

曹操注：当见未萌。

李荃注：知不出众知，非善也。韩信破赵，未餐而出井陉，曰："破赵会食。"时诸将怃然，佯应曰："诺。"乃背水阵。赵乘壁望见，皆大笑，言汉将不便兵也。乃破赵，食，斩成安君。此则众所不知也。

杜牧注：言天下人皆称战胜者，故破军杀将者也；我之善者，阴谋潜运，攻必伐谋，胜敌之日，曾不血刃。

张预注：众人所知，已成著也；我之所见，未形未萌也。

战胜而天下曰善，非善之善者也

李荃注：争锋力战，天下易见，故非善者也。

王皙注：以谋屈人，则善矣。

古之所谓善战者，胜于易胜者也

何氏注：言敌人之谋，初有萌兆，我则潜运已能攻之，用力既少，制胜甚微，故曰"易胜"也。

张预注：交锋接刃，而后能制敌者，是其胜难也；见微察隐，而破于未形者，是其胜易也。故善战者，常攻其易胜，而不攻其难胜也。

陈启天注：易胜者，谓弱敌。我先为不可胜，而敌不知先为不可胜，是我强敌弱矣。善战者无他妙巧，唯在择弱于我之敌而胜之，则为事甚易，此之谓胜易胜者。

故善战者之胜也，无智名，无勇功，故其战胜不忒，不忒者，其所措必胜，胜已败者也

赵本学注：忒者，穷极过甚之辞。胜之也易，故不忒者，措置也。战胜而不忒，皆因敌人有已败之形，而特见之蚤耳，岂真能使敌人可胜哉？

杜牧曰："忒，差也。"

故善战者，立于不败之地，而不失敌之败也

杜牧注：不败之地者，为不可生之计，使敌必不能败我也。不失敌之败者，言窥伺敌人可败之形，不失毫发也。

是故胜兵先胜而后求战，败兵先战而后求胜

何氏注：凡用兵，先定必胜之计，而后出军。若不先谋，唯欲恃强，胜未必也。

张预注：计谋先胜，然后兴师，故以战则克。《尉缭子》曰："兵不必胜，不可以言战；攻不必拔，不可以言攻。"谓危事不可轻举也。又曰："兵贵先胜于此，则胜彼矣；弗胜于此，则弗胜彼矣。"此之谓也。若赵充国常先计而后战，亦是也。不谋而进，欲幸其成功，故以战则败。

善用兵者，修道而保法，故能为胜败之政

杜牧注：道者，仁义也；法者，法制也。善用兵者，先修治仁义，保守法制，自为不可胜之政；伺敌有可败之隙，则攻能胜之。

贾林注：常修用兵之道胜，保赏罚之法度，如此则常为胜，不能则败，故曰"胜败之政也"。

【译文】

预见胜利没超出一般人的见识，这不算高明中的高明。激烈鏖战后取得胜利，普天下都说好，也不能算高明中的高明。这就像能举起秋毫的人不算是力气大，能看见日月的人不算是眼神好，能听见雷霆轰鸣的人不算是耳朵聪灵。

古时候所谓那些善于用兵打仗的人，都是制造条件轻而易举去战胜敌人。所以，善于指挥作战的人没有足智多谋的名声，没有赫赫的武功。他们取得的胜利是不会有差错的。为什么不会有差错呢，因为他们的作战措施建立在必胜的基础上，战胜的是已经处于失败地位的、容易战胜的敌人。善于指挥作战的人，总是使自己立于不败之地，而又不放过任何击败敌人的机会。

所以，胜利的军队总是先创造胜利的条件而后才同敌人交战；失败的军队却总是先冒险地同敌人交战，而后祈求侥幸取胜。善于指导战争的人，必须修明政治，维护纲纪，这是决定胜败的至高准则。

【原文】

兵法：一曰度，二曰量，三曰数，四曰称，五曰胜。①地生度，度生量，量生数，数生称，称生胜。②

故胜兵若以镒称铢③，败兵若以铢称镒④。胜者之战民也，若决积水于千仞之溪者，形也。⑤

【注释】

① 兵法：一曰度，二曰量，三曰数，四曰称，五曰胜："兵法"，指古代

的兵法。"度"，分寸尺丈，此处是指土地幅员之大小；"量"，《汉书·律历志》说："量者，龠（yuè）、合、升、斗、斛（hú）也，所以量多少也。"两龠为一合，十合为一升，十升为一斗，十斗为一斛。龠、合、升、斗、斛，这就是汉代人所谓的五量，即五种计量单位；"数"，指个十百千万，言兵多将广；"称"，量轻重；"胜"，此处指胜负优劣。

②地生度，度生量，量生数，数生称，称生胜：敌我双方土地面积的大小产生了"度"的不同；"度"的不同又产生了双方物力资源的"量"的多少；"量"的多少又产生了双方兵力"数"的众寡；兵力"数"的众寡又产生了双方综合实力"称"的强弱；国力的强弱最终决定了双方战争的胜负。

③故胜兵若以镒称铢："镒"是古代的计量单位，有的说十两或二十四两。"铢"也是计量单位，二十四铢为一两。此处比喻轻重悬殊。此言是克敌制胜的军队就好像用镒称铢那样处于绝对的优势地位。

④败兵若以铢称镒：打败仗的军队则是以轻对重、处于绝对下风。

⑤胜者之战民也，若决积水于千仞之溪者，形也：这是《形》篇的结论。"战民"，古代兵民合一，故此民也指兵士部众。将领指挥部众与敌人进行决战。"千仞之溪"是指敌人有可乘之虚，而且实虚之间好像千仞之上和千仞之下的悬殊。胜利的队伍进攻时就好像千仞之山泄下的洪水一样迅猛有力。

【名家注释选】

一曰度

贾林注：度土地也。

二曰量

贾林注：量人力多少，仓廪虚实。

三曰数

贾林注：算数也，以数推之，则众寡可知，虚实可见。

四曰称

贾林注：既知众寡，兼知彼我之德业轻重，才能之长短。

王晳注：权衡也。

五曰胜

曹操注：胜败之政，用兵之法，当以此五事称量，知敌之情。

地生度

杜牧注：度者，计也。言度我国土地大小，人户多少，征赋所入，兵车所籍，山河险易，道里迂直，自度此事与敌人如何，然后起兵。夫小不能谋大，弱不能击强，近不能袭远，夷不能攻险，此皆生于地，故先度也。

王晳注：地，人所履也。举兵攻战，先本于地，由地故生度。度，所以度长短，知远近也。凡行军临敌，先须知远近之计。

度生量

杜牧注：量者，酌量也。言度地以熟，然后能酌量彼我之强弱也。

量生数

曹操注：知其远近、广狭，知其人数也。

杜牧注：数者，机数也。言强弱已定，然后能用机变数也。

数生称

杜牧注：称，校也。机权之数已行，然后可以称校彼我之胜负也。

王晳注：称所以知轻重，喻强弱之形势也。能尽知远近之计，大小之举，多少之数，以与敌相形，则知轻重所在。

称生胜

曹操注：称量之，故知胜负所在。

杜牧注：称校既熟，我胜敌败，分明见也。

故胜兵若以镒称铢

梅尧臣注：力易举也。

败兵若以铢称镒

曹操注：轻不能举重也。

张预注：二十两为镒，二十四铢为两。

胜者之战民也，若决积水于千仞之溪者，形也

曹操注：八尺曰仞。决水千仞，其势疾也。

李荃注：八尺曰仞，言其势也。杜预伐吴，言兵如破竹，数节之后，皆迎刃而解，则其义也。

王皙注：千仞之溪，至峭绝也。喻不可胜对可胜之形，乘机攻之，决水是也。

【译文】

古代兵法上说，要把握这样几个基本问题：一是度，二是量，三是数，四是称，五是胜。根据敌我两国地域不同，产生出国土幅员大小不同的"度"；"度"的不同产生双方物力资源多少不同的"量"；"量"的不同产生双方兵员众寡不同的"数"；"数"的不同产生双方军事力量强弱不同的"称"；"称"的不同最终决定战争的胜负。

因此，善战的军队和不善战的军队相比，就像是以"镒"称"铢"那样占有绝对优势；而不善战的军队和善战的军队相比，好像以"铢"称"镒"那样处于绝对的劣势。善战者指挥军队作战，就像在万丈悬崖上掘开堰塞的积水那样飞流直下，这就是军事实力上绝对优势对绝对劣势的"形"。

【篇结】

本篇全面系统论述了军事实力在战争中的地位和作用，以及军事实力运用的原则和实力建设的方法、途径等问题。用一个形象的比喻就是：以石击卵。

　　"形"虽为本篇篇题，可仅仅在篇尾出现了一次。而"胜"字在本篇区区数百字中，从头至尾频繁出现了 23 次。因为在孙子看来，形也好，势也好，都是胜利之资，胜利的手段。因此可以认为，"形"是孙子胜利之力量的哲学概念，"形"是"胜"的外在表现。在本篇中，孙子是以"胜"字为最后指归，孙子也是用"胜"字开始全篇论述的。那么得胜的关键是什么呢？是实力！

　　国家间进行战争，敌对两军进行交战，双方最高目的是战胜敌人、争取胜利，这个最高目标用一个字概括就是"胜"。孙子开篇出人意料地提出了"先为不可胜，以待敌之可胜"理论，在"胜"和"败"之间指出了一个中间的途径。孙子说这不是他的首创，是"昔之善战者"所作所为，因为"善战者"能做到"不可胜"，而不能做到使敌"可必胜"。于是孙子作出了"不可胜在己，可胜在敌"的著名论断。

　　孙子接连提出了如何"能为不可胜"和"可胜"的战略指导思想，提出："不可胜者，守也；可胜者，攻也。"至此，孙子完成了对为何、如何运用进攻、防守战略，也就是如何运用军事力量的论证。孙子所言"先为不可胜，以待敌之可胜""胜兵先胜而后求战""胜兵若以镒称铢"是实力政策；"守则不足""攻则有余"即"强攻弱守"是对军事实力的战略运用；"修道保法"是发展军事实力的保证；而"胜于易胜""胜已败者"是实现实力政策的上乘境界。

　　实力决定了攻守战略选择。战争的基本形式是攻守，基本原则是弱守强攻，触及攻守的关系问题，孙子提出了"守则不足，攻则有余"的战争哲学观点。根据实力选择攻守是战争的规律，不以人的意志为转移。军事实力是战争的客观物质基础。在军事斗争中，奇谋妙计固然起着举足轻重的作用，但是从根本上讲，强大的军事实力才是真正决定战争胜负的天平上的砝码。不仅"伐兵""攻城"离不开一定的军事实力，就是"伐谋""伐交"也需要以强大的军事实力做后盾。纵观古今中外的战争历史，无一不是力量强大的一方战胜弱小的一方，即使本来是弱小的一方，要最后战胜力量强大的一方，也是由于通过各种途径，逐渐完成优劣强弱态势的转换。我们看到，不论诸葛亮多么神机妙算，怎样兢兢业业，殚精竭虑，鞠躬尽瘁，到头来依然是"出师未捷身先死"，落得秋风五丈原的悲局，就是因为曹魏的实力比蜀汉强大得多。在第二次世界大战中，无论日本采取何种卑鄙的偷袭手段，逞一时之快，也暂时在战术上取得了偷袭珍珠港的胜利，但由于实力不济，加之失道寡助，最终不得不投降认输。当然，实力也不是一成不变的，在一定的条件下也可以转化。毛泽东吸收了孙子兵学的精华，其军事理论的一个特色就是以弱胜强，这是军事上最难做到、又是军事家追求的最高境界。毛泽东的军事生涯始终与强敌作战，他的军事理论和实践都是以劣势装备战胜优势装备之敌人为基点的，也是我军在解放战争中赢得最后彻底胜利的法宝。从小到大，从弱到强，从胜利走向胜利。这就是强弱实力转化，但孙子没有论述到。但这并不影响孙子的伟大。

势篇第五

【篇解】

本篇是十三篇中的经典之篇，不仅提出奇正之变等思想，至今熠熠生辉，深入人心，而且语言文字也非常讲究，有很高的文学造诣。"势"是中国古代兵学理论中的一个重要范畴，就是兵势、态势，是指军队作战中所处的态势，如势不可当、势如破竹、势不两立、势在必行等等，也就是依据一定的客观条件、根据战略意图而部署兵力和掌握运用作战方式方法去造成一种客观的作战态势。此势与《计》篇中"势者因利以制权"是同一个概念，也就是说要充分发挥人的主观能动性。上篇说的形，主旨要义是论述强弱，形成"胜兵"。而要达到"胜兵"的目的，还必须形成一种无形的力量，造成一种态势。造成态势的关键是"奇""正"。所以孙子在本篇目中讲"战势不过奇正"，只要很好地运用奇正之术，并"择人而任势"，充分发挥人的主观能动性，就会造成一种"转圆石于千仞之山"的不可逆转之势。有了这种态势，就会泰山压顶、势如破竹。如何造成这样的态势呢？篇中指出要处理好三个关系：一是"奇"与"正"的关系，不仅要做到以正合以奇胜，而且要做到出奇制胜。二是"势"与"节"的关系，势要有张有弛、嘈嘈切切错杂弹，不是张而不弛、弛而不张。做到"势"险"节"短。三是"势"与

"人"的关系。既要"求之于势，不责于人"，又要"择人而任势"。由此看出，孙子在本篇论述中表现出了相当高超的朴素辩证法思想。

总之，本篇是说，形是军力，表现为未动之静；势是军力的发挥，表现为既动之威，就是将所具有的军事实力最大限度地运用起来发挥出来，使静态的力变为动态的势。

【原文】

孙子曰：凡治众如治寡①，分数是也②。斗众如斗寡③，形名是也④。三军之众，可使必受敌而无败者⑤，奇正是也⑥。兵之所加，如以碬投卵者，虚实是也。⑦

【注释】

①凡治众如治寡："众"，指兵力众多，此处是指挥众多的军队；"寡"，指兵力少，此处是指挥人数少的军队；"治"，好像理线一样使其头绪井然、一丝不乱。此句话意思是治理千军万马如同治理一伍一卒同样道理。什么道理？就是下句的"分数"。

②分数是也：是指部队的组织编制。"分"就是指挥者从每百人的士兵中选出十个小头目，让每个小头目管好十个人，依此类推。

③斗众如斗寡："斗众"，指挥众多部队与敌人作战，"斗寡"则反是。

④形名是也：如上所述，以分数指挥百万大军如臂使指，并然有序、步调一致，这就叫"形名"。此话意思是指挥千军万马作战如同指挥一伍一卒一样，得心应手，此乃是部队之指挥号令问题。

⑤三军之众，可使必受敌而无败者：是说指挥三军之众与敌人作战，在任何情况下同敌人遭遇，都不会失败。"可使必受敌而无败者"，可以解作"可使受敌而必无败者"，就是说面临任何敌情都一定不会失败的情况。

⑥奇正是也："正"，就是正兵，用于正面阻击敌人的攻击；"奇"，奇兵，用于克敌制胜的侧翼突击。"奇正"是孙子常用的两个排兵布阵的军事概念，从哲学上讲是一般与特殊的关系，具体范畴以具体情况而定。也可理解为常规为"正"，非常规为奇；守成为正，创新为奇；等等。

《孙膑兵法·奇正》云："形之应形，正也；无形而制形，奇也"。

⑦ 兵之所加，如以碬投卵者，虚实是也："兵"，此处是指我方的军事行动。"所加"，军事行动对敌人的打击。"碬"是石头。"卵"是禽蛋。禽蛋当然不堪石头的击打。这里用生动的比喻阐明"虚实"之理，强调虚实之用。"虚"是指空虚，外表有形状，内部不坚实，外强中干；"实"是内外一体，结实强固。

【名家注释选】

凡治众如治寡，分数是也

曹操注：部曲为分，什伍为数。

孟氏注：分，队伍也；数，兵之大数也。分数多少，制置先定。

王晳注：分数，谓部曲也。偏裨各有部，分与其人数，若师、旅、卒、两之属。

刘寅注：孙子言凡治众多之兵，如治寡少之兵者，分数是也。分，谓偏裨卒伍之分；数，谓十百千万之数，各有统制。而大将总其纲领，故治百万之众与治寡同。此韩信所以多多而益善也。

斗众如斗寡，形名是也

曹操注：旌旗曰形，金鼓曰名。

陈皞注：夫军士既众，分布必广。临阵对敌，递不相知，故设旌旗之形，使各认之。进退迟速，又不相闻，故设金鼓以节之。所以令之曰："闻鼓则进，闻金则止。"曹说是也。

三军之众，可使必受敌而无败者，奇正是也

曹操注：先出合战为正，后出为奇。

李筌注：当敌为正，傍出为奇。将三军，无奇兵，未可与人争利。汉吴王刘濞拥兵入大梁，吴将田伯禄说吴王曰："兵屯聚而西，无他奇道，难以立功。臣愿得五万人，别循江淮而上，收淮南、长沙，入武关，与大王会。此亦一奇也。"不从，遂为周亚夫所败。此则有正无奇。

梅尧臣注：动为奇，静为正；静以待之，动以胜之。

何氏注：兵体万变纷纭混沌，无不是正，无不是奇。若兵以义举者，正也；临敌合变者，奇也。我之正，使敌视为奇；我之奇，使敌视为正。正亦为奇，奇亦为正。大抵用兵皆有奇正。无奇正而胜者，幸胜也，浪战也。如韩信背水而陈，以兵循山，而拔赵帜，以破其国，则背水正也，循山奇也。信又盛兵临晋，而以木罂从夏阳袭安邑，而虏魏王豹，则临晋正也，夏阳奇也。由是观之，受敌无败者，奇正之谓也。

兵之所加，如以碫投卵者，虚实是也

何氏注：用兵识虚实之势，则无不胜。

施子美注：法曰：奇正者所以致敌之虚实也，则虚实者兵之势也。有可乘之势而后可以摧敌。故兵之所加，如以石投卵者以得其势也。得其势，则避实而击虚，如重压轻，抑何其易耶？若《荀子》之议兵，谓锐若莫邪之利锋当之者溃，则岂不能使之必受敌而无败乎。谓圆居而方止若盘石然，触之者角摧，况以石而压卵子乎！

【译文】

孙子说：管理兵力众多的部队和管理兵力少的小部队一样，靠的采取合理的军队组织编制。指挥大部队作战和指挥小部队作战一样，靠的是科学有序的军队指挥号令系统。军队无论在何种情况下遭遇敌人进攻而一定不会溃败，靠的是奇正战术运用变换。对敌军实施打击，如同以石击卵一样，靠的是正确运用虚实的战略原则。

【原文】

凡战者，以正合，以奇胜。①故善出奇者，无穷如天地，不竭如江河。②

【注释】

①凡战者，以正合，以奇胜："凡战"，大概作战的原则方法。"以正合，

以奇胜"，以正兵与敌人相对，吸引敌人，而以奇兵去战胜敌人。这是作战的基本战术。

②故善出奇者，无穷如天地，不竭如江河："善出奇者"，就是善于运用奇正之法作战的将军。"无穷如天地，不竭如江河"："竭"，尽、绝；"江"长江；"河"，黄河。就是说，出奇制胜之法如天地变化，亦如长江、黄河河水一样，无穷无尽。

【名家注释选】

凡战者，以正合，以奇胜

曹操注：正者当敌，奇兵从傍击不备也。

李筌注：战无其诈，难以胜敌。

梅尧臣注：用正合战，用奇制敌。

故善出奇者，无穷如天地，不竭如江河

施子美注：运谋以决胜者，贵乎造微妙之机，则托物以明意者，贵乎得幽深之象。夫幽莫幽于天，深莫深乎海，而出奇用智，运之不穷，酌之不竭。此法曰："若邃于地，若秘于天。"又曰："如江海是也。"

刘寅注：故善出奇兵者，无穷如天地之久，不竭如江海之深。既终而复始如日月循环，既死而复生如四时之往来，皆喻出奇之无穷也。

【译文】

一般的作战原则是，用平常正面的办法迎击敌人，而取胜却要靠出人意料。善于出奇制胜的人，作战指挥时奇正的运用之妙犹如天地运行那样变换无尽，如长江黄河奔流滔滔、永不枯竭。

【原文】

终而复始，日月是也①；死而复生，四时是也②。声不过五，五声之变，不可胜听也。③色不过五，五色之变，不可胜观也。④味不过五，五味之变，不可胜尝也。⑤战势不过奇正，奇正之变，不可胜穷也。⑥奇正相生，如循环之无端，孰能穷之？⑦

【注释】

①终而复始，日月是也：把"奇正"比喻成日月、四时，进一步阐明"奇正"循环无穷的道理。日升月落，终而复始，循环往复。

②死而复生，四时是也："死"，此处是"离去"的意思，指四时变化，冬去春来，夏去秋来，亘古变化，从未停止。

③声不过五，五声之变，不可胜听也："五声"，又叫"五音"。《周礼·春官宗伯第三》：文之以五声：宫、商、角、徵（zhǐ）、羽。"胜"，穷尽的意思。

④色不过五，五色之变，不可胜观也："五色"指青、黄、赤、白、黑五色，也泛指各种色彩。古代以此五者为正色。《书·益稷》："以五采彰施于五色，作服，汝明。"孙星衍注疏："五色，东方谓之青，南方谓之赤，西方谓之白，北方谓之黑，天谓之玄，地谓之黄，玄出于黑，故六者有黄无玄为五也。"所以又有东青龙，西白虎，南朱雀，北玄武的讲究。

⑤味不过五，五味之变，不可胜尝也："五味"，泛指食物或药物的酸、苦、甘、辛、咸五种滋味。用五味调出的饭菜却是千滋百味，不能尝遍。

⑥战势不过奇正，奇正之变，不可胜穷也：军队作战并非一支正兵或者一支奇兵，而是有多支正兵和奇兵，正中有奇，奇中有正，奇正相生，其变化之数正如五音、五色、五味一样变化无穷。

⑦奇正相生，如循环之无端，孰能穷之：正变奇，奇也可变正，奇生正，正生奇，奇正不是固定不变的，就如圆环一样无始无终、无穷无尽。

【名家注释选】

终而复始，日月是也；死而复生，四时是也

施子美注：夫幽莫幽于天，深莫深乎海，而出奇用智，运之不穷，酌之不竭。此法曰："若邃于地，若秘于天。"

刘寅注：既终而复始如日月循环，既死而复生如四时之往来，皆喻出奇之无穷也。

声不过五,五声之变,不可胜听也。色不过五,五色之变,不可胜观也。味不过五,五味之变,不可胜尝也

施子美注:至于如日月不可以数推,如四时不可以历计,酸苦辛咸甘味之常可得而尝,若变而用之,则不可胜尝也。青黄赤白黑色之常可得而观,若夫变而为之,则不可胜观也。宫商角徵羽声之常也,可得而听,若变而奏之,则不可胜听。

顾福棠注:引五声五色五味以喻奇正迭用之法,生生无穷令人莫窥其本末。

战势不过奇正,奇正之变,不可胜穷也

梅尧臣注:奇正之变,犹五声、五色、五味之变,无尽也。

王皙注:奇正者,用兵之钤键,制胜之枢机也。临敌运变,循环不穷,穷则败也。

施子美注:奇正者,战之常势也。可得而穷,若变而施之,则不可穷。盖用兵有术,术因势而后用;用法有机,机以变而后通。奇正者,术也,用奇正者,机也。太宗与李靖问对曰:奇正在人,变而神之,所以推乎天。又论韩擒虎曰:但知以奇为奇,以正为正,未曾知奇正相生,循环无穷也。论曹公《新书》则曰:惟孙子云:战势不过奇正,奇正之变不可胜穷。奇正相生,如循环无穷,斯得之矣。古之善言奇正者,无出于此,是道也。

奇正相生,如循环之无端,孰能穷之

王皙注:敌不能穷我也。

赵本学注:李靖曰:"敌意其奇,则以吾正击之;敌意其正,则以吾奇击之。"又曰:"一鼓则奇变而为正,再鼓则正复变而为奇,此相生之谓也。"大抵自古善出奇者,惟黄帝、太公、孙武、诸葛孔明、李靖数人而已。

【译文】

终而复始,就像日月运行,离去而又回来,也像四季更替那样周而复始。

声音不超过五个音阶，而五音组合变化可以演绎出无穷美妙的乐曲，不可尽听；颜色不过五种，而五色的变化万紫千红，不可尽观；味道不过五种，而五味的变化不可尽尝。

作战的方式不过奇、正两种，可是奇正的变化，却不可穷尽。奇正之间相依相伴、相互转化，如同顺着圆环转动，无始无终，又有谁能穷尽它呢？

【原文】

激水之疾，至于漂石者，势也。①鸷鸟之疾，至于毁折者，节也。②是故善战者，其势险，其节短③，势如彍弩，节如发机④。

纷纷纭纭，斗乱而不可乱也。⑤浑浑沌沌，形圆而不可败也。⑥乱生于治，怯生于勇，弱生于强。⑦治乱，数也；勇怯，势也；强弱，形也。⑧故善动敌者，形之，敌必从之⑨；予之，敌必取之⑩。以利动之，以卒待之。⑪

【注释】

① 激水之疾，至于漂石者，势也："激"，言疾也，快速的意思。"激水"就是将水堵聚于险要的地方，以增加水势，形成一种类似决口之水。"漂"，就是振荡、飘动的意思，如荡秋千。"势也"，此处是以客观自然的态势说明兵势。

意思是：迅猛的激流，冲击力甚至可以把巨石冲走，这就是水运动的能量——势。

② 鸷鸟之疾，至于毁折者，节也："鸷鸟"，凶悍大鸟，如鹰鹯之类。"毁折"，捕杀鸟雀；"折"就是骨折翼毁；"节"，这里用竹子的节比喻距离。凶悍大鸟捕杀鸟雀，猎物骨折翼毁，也是靠它疾速从天而降的态势。

③ 是故善战者，其势险，其节短："险"，此处的意思是在很寂静的情形下能够骤然出动，从柔弱之中能够迅速转而变刚，从屈身伏地的状态能陡然发起迅猛的攻势。"节短"，距离近的意思。

④ 势如彍弩，节如发机："彍弩"，拉满弓的弩；弩是古代用来射箭的一种兵器，是步兵有效克制骑兵的一种武器，也被称作"窝弓""十字弓"。

节如发机，意思是说：张满弓弩，弩的节虽然很短，但是弩机的发射却迅速有力。

⑤纷纷纭纭，斗乱而不可乱也："纷纷纭纭"是说杂乱。《文选·东都赋》："万骑纷纭"。"斗乱"是指在杂乱的战斗中。"不可乱"意即分数形名的组织严密，自己实施进退分合的行动井井有条，如此就不会被敌人搞乱。

⑥浑浑沌沌，形圆而不可败也："浑浑沌沌"，"浑沌"是说事物混杂不清晰。"形圆而不可败也"，尽管看上去队伍的行列杂乱无章，分不清前后左右，但实质上主将部署的阵形却能够对各方敌人应付自如，是因为运用了奇正、虚实等计谋。

⑦乱生于治，怯生于勇，弱生于强："乱"是指队伍行列乱不成体、号令法纪不能施行。"治"是对队伍加以教育训练，指挥得当、井然有序。"怯"是害怕胆怯；"勇"是不惧、勇敢；"弱"是软弱无力；"强"是威武强壮。"生"，"生成、转化"。意思是治与乱、勇与怯、强与弱是可以转化的。

毛泽东同志在《中国革命的战略问题》中指出："无论何方失败，都直接地、迅速地引起失败者方面的一种新的努力，就是企图挽救危局的努力，使自己脱出这种新出现的不利于我有利于敌的条件和形势，而重新创造出有利于我不利于敌的条件和形势去压迫对方。"毛泽东的这段话或能帮助我们深刻理解治乱、勇怯、强弱的转化问题。

⑧治乱，数也；勇怯，势也；强弱，形也："治乱，数也"，"数"就是指开篇讲的"分数"是也，指队伍的组织结构编制，意思是说要管理好队伍，就要用分数的办法；"勇怯，势也"，勇和怯就是乘势不乘势的问题，乘势则勇，不乘势则怯；"强弱，形也"，士兵经常训练，就有较强的战斗力，这叫形。

⑨故善动敌者，形之，敌必从之："动敌"，按我的意图去调动敌人。"形之，敌必从之"，用强弱之形的变化调动敌人，敌人就会被我引诱跟从。

⑩予之，敌必取之："予之"是敌人认为是有利并且想得到的东西，以引诱它，实际是"诱饵"。意思是用敌人极想得到的好处引诱它，那么就要特别了解敌人。

⑪以利动之，以卒待之：用利益调动敌人，然后用兵伏击它。

【名家注释选】

激水之疾，至于漂石者，势也。鸷鸟之疾，至于毁折者，节也

杜牧注：势者，自高注下，得险疾之势，故能漂石也。节者，节量远近则搏之，故能毁折物也。

梅尧臣注：水虽柔，势迅则漂石；鸷虽微，节劲则折物。

是故善战者，其势险，其节短

曹操、李筌注：险，犹疾也。短，近也。

梅尧臣注：险则迅，短则劲，故战之势，当险疾而短近也。

张预注：险，疾；短，近也。言善战者，先度地之远近，形之广狭，然后立陈，使部伍行列相去不远。其进击则以五十步为节，不可过远，故势迅则难御，节近则易胜。

势如彍弩，节如发机

李筌注：弩不疾，则不远；矢不近，则不中。势尚疾，节务速。

王皙（清末民初学者）注：势，部队布置之形势。节，谓行列相去之远近也。险，危也。短，近也。言善战者整队而出，前后有伏，左右有翼，其势险危而不可犯。至于两翼俱合，前后伏发，踊跃向前，一突而击，其节又短近而不可避。李卫公所谓善战者，先度地之远近，形之广狭，然后立阵，使部伍行列相去不远，正谓此也。彍，张也。弩，有床弓也。机弩牙也。机者，言机之巧也。亦门户之枢机，开合有节也。彍弩，则威武猛烈不可犯。发机，则一脱即至而不及避。

纷纷纭纭，斗乱而不可乱也。浑浑沌沌，形圆而不可败也

曹操注：旌旗乱也，示敌若乱，以金鼓齐之。车骑转而形圆者，出入有道，齐整也。

李筌注：纷纭而斗，示如可乱；建旌有部，鸣金有节，是以不可乱也。混沌，合杂也。形圆，无向背也。示敌可败而不可败者，号令齐整也。

张预注：此八阵法也。昔黄帝始立丘井之法，因以制兵。故井分四道，

八家处之。"井"字之形,开方九焉,五为陈法,四为闲地,所谓"数起于五也"。虚其中,大将居之,环其四面,诸部连绕,所谓"终于八"也。及乎变化制敌,则纷纭骤散,斗虽乱而法不乱;混沌交错,形虽圆而势不散。所谓分而成八,复而为一也。后世武侯之方陈,李靖之"六花",唐太宗之破陈乐舞,皆其遗制也。

陈启天注:纷纷纭纭,旗帜不整貌。旗帜不整,则战斗似乱矣。然以有分数形名节制其行动,又不可乱也。混混沌沌,行列不整貌。古阵法像井字形成列,合为方形,是为常则。当战斗时,以运用奇正,故阵形由方变圆,则行列不整,易为敌所乘矣。然亦以有分数形名节制其行动,又不可败也。

乱生于治,怯生于勇,弱生于强

张预注:能示敌以纷乱,必己之治也;能示敌以懦怯,必己之勇也;能示敌以羸弱,必己之强也。皆匿形以误敌。

施子美注:此言误敌之术也。示敌以乱,必己之治也,是乱自治而生;示敌以怯,必己之勇,是怯自勇而生;示敌以弱,必己之强,是弱自强而生。

刘寅注:兵治而示之乱,是乱生于治也。兵勇而示之怯,是怯生于勇也。兵强而示之弱,是弱生于强也。

治乱,数也;勇怯,势也;强弱,形也

施子美注:治而示乱,为有数也;强而示弱,为有形也;勇而示怯,为有势也。数者,部曲什伍也。势者,因敌转化也。形者,形之使从也。

赵本学注:此言治乱、勇怯、强弱之分,使人知所以示敌也。

故善动敌者,形之,敌必从之;予之,敌必取之

刘寅注:故善能动敌者,示之以形,敌必从之。或强而示以形之弱;或弱而示以形之强。以小利予敌,敌必来取之。以利动敌而诱之来,以本待敌而使之败。本,谓吾之步骑或正或奇,务在必胜。

以利动之，以卒待之

梅尧臣注：以上数事，动诱敌而从我，则以精卒待之。

何氏注：敌贪我利，则失行列；利既能动，则以所待之卒击之，无不胜也。如曹公西征马超，与超夹关为军。公急持之，而潜遣徐晃、朱灵等夜渡蒲坂津，据河西为营。公自潼关北渡，未济。超赴船急战。公放牛马以饵贼，贼乱取牛马，公得渡，循河为甬道而南。贼退距渭口，公乃多设疑兵，潜以舟载兵入渭，为浮桥，夜分兵结营于渭南。贼夜攻营，伏兵奋击，破之。

张预注：形之既从，予之又取，是能利动之而来也，则以劲卒待之。李靖以"卒"为"本"，"以本待之"者，谓正兵节制之师。

【译文】

迅猛疾速的激流，冲击力甚至可以把巨石冲走，这就是水运动的能量——势。凶猛的鸟禽，一击便可捕杀鸟雀，那是动作爆发得迅猛、准确。所以，善于指挥作战的人，他所造成的态势惊险逼人，进攻的节奏短促有力。惊险逼人的态势就像拉满的弓弩，短促有力的节奏就像击发弩机那样一触即发。

在旌旗纷纭的战场混乱作战时，奋力拼杀而自己的军队齐整不乱，在战阵迷蒙、战场迷乱的作战中，形成圆阵防御就不会失败。

战阵严整与混乱，士卒勇敢与胆怯，兵力强大与弱小不是一成不变的，是可以转化改变的。严整或混乱，取决于军队组织编制是否合理；勇敢或怯懦，取决于所造成的态势是否有利；强大或弱小，取决于双方兵力对比。

所以，善于调动敌人的指挥者，示敌人以假象，敌人必定听从调遣。用敌人极想得到的好处诱惑它，必定前来争夺。用利益去调动敌人，然后用重兵伏击敌人。

【原文】

故善战者，求之于势，不责于人，故能择人而任势。①任势者，其战人也，如转木石。②木石之性，安则静，危则动，方则止，圆则行。③故善战人之势，如转圆石于千仞之山者，势也。④

【注释】

① 故善战者，求之于势，不责于人，故能择人而任势：善于指挥作战的人，依靠的是造势争取胜利，而不太苛求于下级，他的高明之处在于巧妙调动部属去造成必胜的态势。

② 任势者，其战人也，如转木石："任势"就是造成兵势，顺势而为。"战人"是指作战的兵士，指挥兵士去作战、造势，如同转动木头、石块一样。为什么像转动木头、石块一样呢？就是将领应该对客观情况、兵士特点了如指掌，这样才能"任势"。

③ 木石之性，安则静，危则动，方则止，圆则行：木头、石块的特性是："安"是放在平静的地方；"危"是放在斜险的陡坡处；方形的木头石头就静止不动，圆形的木头石头就容易滚动。

④ 故善战人之势，如转圆石于千仞之山者，势也："如转圆石于千仞之山者"，用比喻来说明造成的态势，什么态势？指挥将士对敌作战就好像转动圆石从极高的地方滚动下来一样，势不可挡。所以，善于指挥部队造成态势的将领，就要造成像从高山上转动圆石落地一样势不可挡的态势！

【名家注释选】

故善战者，求之于势，不责于人

曹操注：求之于势者，专任权也；不责于人者，权变明也。

杜牧注：言善战者，先料兵势，然后量人之材，随短长以任之，不责成不材者也。

施子美注：善战者求其势，而善用之，而不责其士卒多寡、强弱，故能择人而用之，以任己之形势。或说择人任势，谓因人之势而任之。亦一说也。

故能择人而任势

曹操注：任自然势也。

李筌注：任势御众，当如此也。

任势者，其战人也，如转木石。木石之性，安则静，危则动，方则止，圆则行

赵本学注：此明择人任势之理也。木石之性，置之安地则静，置之危地则动；方之则止，圆之则行，自然之势也。故木石不可以言喻，惟因其性而以势使之，则运转而去。人之动静行止之性，亦犹是也。裁之以势也，惟险制之以节也，惟短则不容己之机，自在其中矣。

故善战人之势，如转圆石于千仞之山者，势也

杜牧注：转石于千仞之山，不可止遏者，在山不在石也；战人有百胜之勇，强弱一贯者，在势不在人也。杜公元凯曰："昔乐毅籍济西一战，能并强齐，今兵威已成，如破竹数节之后，迎刃而自，无复著手。此势也。势不可失。"乃东下建邺，终灭吴。此篇大抵言兵贵任势，以险迅疾速为本，故能用力少而得功多。

张预注：石转于山而不可止遏者，由势使之也；兵在于险而不可止遏者，亦势使之也。李靖曰："兵有三势：将轻敌，士乐战，志励青云，气等飘风，谓之气势；关山狭路，羊肠狗门，一夫守之，千人不过，谓之地势；因敌怠慢，劳役饥渴，前营未舍，后军半济，谓之因势。"故用兵任势，如峻坂走丸，用力至微，而成功甚博也。

【译文】

善于指挥作战的指挥官，依靠的是造势争取胜利，而不太苛求于他人、下级，他的高明之处在于巧妙调动部属去造成必胜的态势。善于造成态势的人指挥军队作战，就像转动木头、石头那样。木头、石头的特性，放在平坦的地方就静止不动，放在陡峭的斜坡就会滚动，方形的木石静止，圆形的木石才能滚动。

所以，善于指挥军队作战的人所造成的态势，就像将圆石从摩天高山的斜坡上滚下来一样迅猛，这就是所谓的"势"。

【篇结】

本篇主要论述在军事实力雄厚的基础上，发挥将帅的主观能动性，造成并利用有利的态势，出奇制胜。孙子在开篇首先提出了四个范畴，这四个范畴是作战指挥的四项重要法则：分数、形名、奇正、虚实。分数之用在于"治众寡"，即军队的组织编制；形名之用在于"斗众寡"，即军队指挥号令；奇正之效在于"三军必受敌而无败者"；虚实之效在于"兵之所加，如以碫投卵"。

因此，"奇正"就是"势"，"三军必受敌而无败"就是排兵布阵的"势"。分数、形名属于指挥体制和指挥手段，即"以正合"的方面。孙子用了整整一个段落来重点论述"奇正"，指出"战势不过奇正"，即奇正就是用兵制胜的枢机关键，说"奇正"就是"势"，"势"就是《计》篇说过的"因利而制权"。

明白了"势"，孙子进一步要求用兵作战要"势险节短"，并且创造条件使"治乱""勇怯""强弱"在作战中加以转化，做到"善动敌""任势"，最后落脚，怎样才能成为出奇制胜的"善战者"呢？

那就是："求之于势，不责于人"。

孙子将"奇正""虚实"都看作"诡道"，本篇重点论述奇正，因此将"虚实"在下篇设专篇论述。

虚实篇第六

【篇解】

唐太宗曾说："朕观诸兵书无出孙武，孙武十三篇，无出虚实"。在这里，唐太宗把"虚实"列为兵法的第一要策，由此看来，《虚实》篇是十三篇中的精髓之篇。（本篇篇题临沂银雀山汉墓竹简本作"实虚"。）

虚实是《孙子兵法》中十分重要的范畴。"虚"和"实"这两个字含义很广。从字面上说是"虚弱"与"坚实"。

"虚实"，反映在军事上，是指军事力量的强弱和态势的优劣。即指军队数量的多少，力量的强弱，多而强为实，少而弱为虚。也指作战中的虚虚实实、真真假假、示形佯动、声东击西等手段，它包括构成作战能力的各种因素。因为只有把握虚实、因敌制胜，才能化敌实为虚，化我虚为实。故孙子提出了"避实而击虚"的战略观点。孙子在《势》篇中提出："兵之所加，如以碬投卵者，虚实是也。"就是说，"虚实"是势的范畴之一，虚实对比就像是"卵"与"碬"。但在《势》篇中孙子着重论述了奇正这个重要的范畴，本篇则专篇论述虚实。奇正是用兵的基本诀窍，而虚实则是用兵的基本方法。

此篇即以避实击虚一句为主，以"致人而不致于人"一句为全篇之枢纽，就是时时刻刻必须掌握主动权。

【原文】

孙子曰：凡先处战地而待敌者佚，后处战地而趋战者劳。①故善战者，致人而不致于人。②能使敌人自至者，利之也；③能使敌人不得至者，害之也。④故敌佚能劳之，饱能饥之，安能动之。⑤

【注释】

① 凡先处战地而待敌者佚，后处战地而趋战者劳："先处战地"，先于敌人到达战争场所。"佚"同"逸"，游刃有余，就是"实"。"趋战者劳"，"趋"，疾行军，现代的急行军；"劳"是疲惫，兵困马乏，就是"虚"，就是仓促到达战地疲于应战。

② 故善战者，致人而不致于人：接上句一语道破了"虚实"的天机，这就是致人而不致于人。"致人"就是按我方意愿调动、吸引、摆布敌方，时刻掌握着战争的主动权。

③ 能使敌人自至者，利之也：这句是说，那么怎么样才会让敌人按照我方的意愿行动呢？那就是"利之"，用利益引诱它。利就是好处，是敌人想要的好处。

④ 能使敌人不得至者，害之也：上句是说调动敌人去某个地方，这句是说不让敌人去某个地方，那就是"害之"，"害之"就是不利、危险，给敌人造成忧虑。

⑤故敌佚能劳之，饱能饥之，安能动之：是说要想办法转化虚实。敌人有备安逸、军粮充足、固守自如，我方应该想办法使之疲惫、饥饿、奔波。

【名家注释选】

凡先处战地而待敌者佚，后处战地而趋战者劳

贾林注：先处形胜之地以待敌者，则有备豫，士马闲逸。

李筌注：力不足也。《太一遁甲》云："彼来攻我，则我为主，彼为客。主易客难也"。是以《太一遁甲》言其定计之义。故知劳佚事不同，先后势异。

贾林注：敌处便利，我则不往，引兵别据，示不敌其军；敌谓我无谋，必来攻袭。如此，则反令敌倦，而我不劳。

故善战者，致人而不致于人

李筌注：故能致人之劳，不致人之佚也。

梅尧臣注：能令敌来，则敌劳；我不往就，则我佚。

王晳注：致人者，以佚乘其劳；致于人者，以劳乘其佚。

邓廷罗（清代学者）注：此（节）就处地之先后，以明主客虚实之势，而惟贵于致人也。佚则为主，劳则为客。致人，谓我能致敌之来也，是我为主，恒实；不致于人，谓我不为敌所致也，是我常为主，而彼反为客，客则虚矣。李靖曰："敌实，则我以奇胜；敌虚，则我以正胜。"奇正者，所以致敌虚实也。苟知虚实而不知奇正，则又安能致人哉？

能使敌人自至者，利之也

李筌注：以利诱之，敌则自远而至也。赵将李牧诱匈奴，则其义也。

杜牧注：李牧大纵畜牧，人众满野，匈奴小入，佯北不胜，以数千人委之。单于大喜，率众来入，牧大破之，杀匈奴十万骑。单于奔走，岁余不敢犯边也。

何氏注：以利诱之而来，我佚敌劳。

张预注：所以能致敌之来者，诱之以利耳。李牧佯北以致匈奴，杨素毁车以诱突厥是也。

能使敌人不得至者，害之也

杜牧注：曹公攻河北，师次顿丘，黑山贼干毒等攻武阳。曹公乃引兵西入山，攻毒本屯，毒闻之，弃武阳还。曹公要击于内，大破之也。

陈皥注：子胥疲楚师，孙膑走魏将之类也。

杜佑注：致其所必走，攻其所必救，能守其险害之要路，敌不得自至。故王子曰："一猫当穴，万鼠不敢出；一虎当溪，万鹿不得过"。言守之上也。

王晳注：以害形之，敌患之而不至。

张预注：所以能令敌人必不得至者，害其所顾爱耳。孙膑直走大梁而解邯郸之围是也。

赵本学注：便在我，不便在敌，幸其来而固不来者，当以利陷之。便在敌，不便在我，幸其不来而固来者，当以计止之。害之之术，如袭其后捣其虚，攻其所爱是也。此二句为致人之术。

故敌佚能劳之

曹操注：以事烦之。

李筌注：攻其不意，使敌疲于奔命。

梅尧臣注：挠之使不得休息。

张预注：为多方以误之之术，使其不得休息。或曰："彼若先处战地以待我，则是彼佚也，我不可趋而与之战。我既不往，彼必自来，即是变佚为劳也"。

饱能饥之

曹操注：绝粮道以饥之。

陈皥注：饥敌之术，在临事应机。

梅尧臣注：要其粮，使不得馈。

王晳注：谓敌足食，我能使之饥乏耳。曹公曰："绝其粮道"，晳谓火积亦是也。

张预注：我先举兵，则我为客，彼为主。为客，则食不足；为主，则饱有余。若夺其蓄积，掠其田野，因粮于彼，馆谷于敌，则我反饱，彼反饥矣，则是变客为主也。不必焚其积蓄，废其农时，然后能饥敌矣。或彼为客，则绝其粮道，广武君欲请奇兵以遮绝韩信军后是也。

安能动之

曹操注：攻其所必爱，出其所必趋，则使敌不得不相救也。

李筌注：出其所必趋，击其所不意，攻其所必爱，使不得不救也。

何氏注：攻其所爱，岂能安视而不动哉？

张预注：彼方安守，以为自固之术，不欲速战，则当攻其所必救，使不得已而须出。奥骈坚壁，秦伯挑其裨将，遂皆出战是也。

【译文】

孙子说：凡先占据作战之地，等待敌人前来的一方就从容主动，凡急忙赶到战场仓促应战的一方就疲劳被动。所以善于用兵的人，总是能够调动敌人而不被敌人所调动。

能使调动敌人自动来到预定战场，是用好处引诱的结果；能使敌人不能到达想去的地方，是给它制造重重困难、危险阻挠它的结果。

所以敌人从容有备，就要设法让其奔波疲劳；敌人粮食充足，就要设法让它饥饿；敌人按兵不动，就要设法调动它。

【原文】

出其所不趋，趋其所不意。①行千里而不劳者，行于无人之地也。②攻而必取者，攻其所不守也③；守而必固者，守其所不攻也④。故善攻者，敌不知其所守⑤；善守者，敌不知其所攻⑥。微乎微乎，至于无形；神乎神乎，至于无声，故能为敌之司命。⑦

【注释】

① 出其所不趋，趋其所不意：在《计》篇里孙子提到"出其不意，攻其无备"的理念，在此具体化。"出"，出兵打击，趋，疾行、奔赴。"其所不趋"，敌人无法急救的地方。"趋其所不意"，出击敌人没有想到防守的地方。

② 行千里而不劳者，行于无人之地也："劳"不单单指疲劳，还含有"仓促，惶惶"之意。因为行千里之地，身体疲劳是肯定的，但是行军从容不迫，也叫不"劳"。

③ 攻而必取者，攻其所不守也：是说我方要进攻就一定会拿下的地方，是因为敌人没有设防守备。

④ 守而必固者，守其所不攻也：前一句讲攻，这一句讲守，说防守做到牢不可破，是因为我严阵以待、壁垒森严、毫无漏洞。"不攻"，不给敌人进攻的破绽。

⑤ 故善攻者，敌不知其所守："故善攻者"是指进攻一定会得手者，为什么？是因为敌人不知道我方在何处、何时进攻，敌人就不知道在什么地方、什么时候防守。

⑥ 善守者，敌不知其所攻："敌不知其所攻"，敌人找不到进攻的时间、地点，就是固若金汤、没有破绽。

⑦ 微乎微乎，至于无形；神乎神乎，至于无声，故能为敌之司命："微乎微乎"，微妙呀，妙哉，聪明的将领使自己的军队深藏不露，令人难以想象、难以捉摸。"神乎神乎"，神妙呀，神奇，"至于无声"，聪明的将领使自己的军队悄无声息，"无形"又"无声"。带兵作战达到了精妙绝伦、神出鬼没的地步，所以变成了掌管敌人生死的主宰。

【名家注释选】

出其所不趋，趋其所不意。

曹操注：使敌不得相往而救之也

何氏注：令敌须应我。

行千里而不劳者，行于无人之地也。

曹操注：出空击虚，避其所守，击其不意。

李筌注：出敌无备，从孤击虚，何人之有？

陈皞注：夫言空虚者，非止为敌人不备也。但备之不严，守之不固，将弱兵乱，粮少势孤，我整军临之，彼必望风自溃。是我不劳苦，如形无人之地。

梅尧臣注：出所不意。

张预注：掩其空虚，攻其无备，虽千里之征，人不疲劳。若邓艾伐蜀，由阴平之径，行无人之地七百余里是也。

攻而必取者，攻其所不守也

李筌注：无虞易取。

杜牧注：警其东，击其西；诱其前，袭其后。后汉张步都，剧使弟蓝守西安，又令别将守临淄，去临淄四十里，耿弇引军营其间。弇视西安城小而坚，蓝兵又精；临淄名虽大，其实易攻。弇令军吏治军具，后五日攻西安，纵生口令归。蓝闻之，昼夜守城。至期，夜半，蓝勒诸将蓐食，及明，至临淄城下。护军荀梁等争之，以为宜速攻西安。弇曰："西安闻吾欲攻，日夜为备。临淄出其不意，至必惊扰，吾攻之，一日必拔。拔临淄，西安势孤。所谓击一两得。"尽如其策。后汉末，朱隽击黄巾贼帅韩忠于宛。隽作长围，起土山，以临其城内。因鸣鼓攻其西南，贼悉众赴之，隽自将精兵五千，掩其西北，乘城而入。

陈皞注：国家征上党，王宰知刘稹恃天井之险，不为固守之计。宰悉力攻夺而后守，稹失其险，终陷其巢穴也。

梅尧臣注：言击其南，实攻其北。

王晳注：攻其虚也。谓将不能，兵不精，垒不坚，备不严，救不及，食不足，心不一尔。

张预注：善攻者动于九天之上，使敌人莫之能备；莫之能备，则吾之所攻者，乃敌之所不守也。耿弇之克临淄，朱隽之讨黄巾，但其一端耳。

守而必固者，守其所不攻也

杜牧注：不攻尚守，何况其所攻乎！汉太尉周亚夫击七国于昌邑也，贼奔壁东南陬，亚夫使备其西北。俄而贼精卒攻西北，不得入，因遁走，追破之。

陈皞注：无虑敌不攻，虑我不守。无所不攻，无所不守，乃用兵之计备也。

张预注：善守者藏于九天之下，使敌人莫之能测；莫之能测，则吾之所守者，乃敌人所不攻也。周亚夫击东南而备西北，亦是其一端也。

故善攻者，敌不知其所守；善守者，敌不知其所攻

李筌注：善攻者，器械多也；东魏高欢攻邺是也。善守，谨备也；周韦孝宽守晋州是也。

杜牧注：攻取备御之情不泄也。

贾林注：教令行，人心附，备守坚固，微隐无形，敌人犹豫，智无所措也。

梅尧臣注：善攻者，待敌有可胜之隙，速而攻之，则使其不能守也。善守者，常为不可胜，则使其不能攻也，云不知者，攻守之计不知所出耳。

张预注：夫守则不足，攻则有余。所谓不足者，非力弱也，盖示敌以不足，则敌必来攻，此是敌不知其所攻也。所谓有余者，非力强也，盖示敌以有余，则敌必自守，此是敌不知其所守也。情不外泄，积乎攻守者也。

微乎微乎，至于无形；神乎神乎，至于无声，故能为敌之司命

李筌注：言二遁用兵之奇正，攻守微妙，不可形于言说也。微妙神乎，敌之死生，悬形于我，故曰司命。

杜牧注：微者，静也，神者，动也。静者守，动者攻，敌之死生，悉悬于我，故如天之司命。

杜佑注：言其微妙所不可见也。言变化之形，倏忽若神，故能料敌生死，若天之司命也。

梅尧臣注：无形，则微密不可得而窥；无声，则神速不可得而知。

张预注：攻守之术，微妙神密，至于无形之可睹，无声之可闻，故敌人死生之命，皆主于我也。

施子美注：善守者隐其迹，微之又微，人不可得而见，故至于无形。善攻者秘其谋，神之又神，人不可得而闻，故至于无声。司命者，制其命也。言敌之生死，实制于我，所以能制之者，皆无形声之所致也。

【译文】

发动攻击要选择敌人无法驰援的地方，出击奔袭要选择敌人意料不到的地方。行军千里而军队从容不迫，是因为行军的地方没有敌人设防。

发动进攻必能获胜，是因为攻击之处是敌人疏于防守或防守不严的地方；防守必然能稳固，是因为扼守的是我壁垒森严、敌人难以进攻的地方。所以善于进攻的人，能使敌人不知何时何法何地守备；善于防御的人，能使敌人不知怎样进攻。微妙啊，微妙得毫无踪迹。神奇啊，神奇得悄无声息，所以聪明高深的将领能成为敌人命运的主宰。

【原文】

进而不可御者，冲其虚也①；退而不可追者，速而不可及也②。故我欲战，敌虽高垒深沟，不得不与我战者，攻其所必救也③；我不欲战，画地而守之，敌不得与我战者，乖其所之也④。

【注释】

① 进而不可御者，冲其虚也："进"是进攻；"不可御"是不能控制、不可阻挡的意思；"冲"，冲击、疾击。我方进攻敌人没有办法阻挡，是因为攻击其虚弱之处。

② 退而不可追者，速而不可及也："退"指我方的退守，"不可追"，敌人无法、不能追及，为什么呢？是由于我方神速有序有备退守，敌人追不到、不及追，也不能追。

③ 故我欲战，敌虽高垒深沟不得不与我战者，攻其所必救也："必救"指要害之处。意思是说，当敌人虽然严防死守不想与我交战，但我方却想与

敌人开战，怎么办？就攻打它必救之地。就像毛泽东同志在第四次渡过赤水佯攻贵阳那样，就巧妙地调动了云南敌人来援救。

④ 我不欲战，画地而守之，敌不得与我战者，乖其所之也："乖其所之也"，"乖"，不顺、相反、背离；"之"，去往。我不想敌人决战，就坚决防守，但敌人没有办法与我交战，是因为我调动敌人改变了行军线路。

【名家注释选】

进而不可御者，冲其虚也；退而不可追者，速而不可及也

曹操注：卒往进攻其虚懈，退又疾也。

杜牧注：既攻其虚，敌必败；败丧之后，安能追我？我故得以疾退也。

梅尧臣注：进乘其虚，则莫我御；退因其弊，则莫我追。

张预注：对垒相持之际，见彼之虚隙，则急进而捣之，敌岂能御我也？获利而退，则速还壁以自守，敌岂能追我也？兵之情主速，风来电往，敌不能制。

故我欲战，敌虽高垒深沟，不得不与我战者，攻其所必救也

曹操、李筌注：绝其粮道，守其归路，攻其君主也。

杜牧注：我为主，敌为客，则绝其粮草，守其归路。若我为客，敌为主，则攻其君主。司马宣王攻辽东，直指襄平是也。

王晳注：曹公曰："绝粮道，守归路，攻君主也。"晳谓敌若坚守，但能攻其所必救，则与我战矣。若耿弇攻巨里以致费邑，亦是也。

我不欲战，画地而守之

曹操注：军不欲烦也。

李筌注：拒境自守也。若入敌境，则用《天一遁甲》真人闭六戊之法，以刀画地为营也。

孟氏注：以物画地为守，喻其易也。盖我能庆敌人之心，不敢至也。

敌不得与我战者，乖其所之也

曹操注：乖，戾也；戾其道，示以利害，使敌疑也。

李筌注：乖，异也。设奇异而疑之，是以敌不可得与我战。汉上谷太守李广纵马卸鞍，疑也。

贾林注：置疑兵于敌恶之所，屯营于形胜之地，虽未修垒堑，敌人不敢来攻我也。

梅尧臣注：画地，喻易也。乖其道而示以利，使其疑而不敢进也。

邓廷罗注：乖其所之者，曹操曰："乖戾其道，示以利害，使敌疑而误，其用兵也。"唐太宗曰："守之法，要在示敌以不足；攻之法，要在示敌以有余。示敌以不足，则敌必来攻，是敌不知其所攻也。示敌以有余，则敌必自守，是敌不知其所守也。"李靖曰："攻是守之机，守是攻之策，知攻守之为一法，则同归于胜而已。"敌不得与我战者，《司马法》曰：纵绥不及，谓敌有人焉。出而交馁，退而不逐，盖各防其失也。

【译文】

我方进攻而使敌人不可阻挡，是攻击敌人麻痹懈怠、防守空虚的地方；我方撤退而让敌人无法追击，是因为行动迅速有序而让它追赶不及。所以我军要交战，敌人虽然高垒深沟、严防死守，也不得不出来与我作战，是因为我们进攻了敌人必须救援的要害之地；我军不想交战，尽管只是据地防守，敌人也无法来同我交战，是因为调动敌人改变了攻击方向。

【原文】

故形人而我无形，则我专而敌分。①我专为一，敌分为十②，是以十攻其一也，则我众而敌寡③。能以众击寡者，则吾之所与战者，约矣。④吾所与战之地不可知；不可知，则敌所备者多。⑤敌所备者多，则吾与所战者寡矣。⑥

故备前则后寡，备后则前寡⑦，备左则右寡，备右则左寡⑧。无所不备，则无所不寡。⑨寡者，备人者也；众者，使人备己者也。⑩

【注释】

① 故形人而我无形，则我专而敌分："形人"，通过侦察、调动、计谋等让敌人显形；"我无形"，我方则要深藏不露，不暴露自己的行动踪迹，那么就可以做到"我方集中兵力，而敌人则分散兵力"。

② 我专为一，敌分为十："一"，集中兵力为一体；"十"，分散兵力于多处。专，兵力专一。分，分散。由于敌人目标暴露，我方可以集中优势兵力各个击破。毛泽东同志有"伤其十指不如断其一指"的论断，就是集中兵力消灭敌人有生力量。

③ 是以十攻其一也，则我众而敌寡：因为我专而敌分，则我方兵力就相对多，而敌人就相对少。

④ 能以众击寡者，则吾之所与战者，约矣："约"，少，困屈。我方能相对的以多打少，所以我就主动与敌人交战，敌人就困屈。

⑤ 吾所与战之地不可知；不可知，则敌所备者多：我方进攻敌人的地方敌人不清楚，敌人摸不着头脑就处处设防。

⑥ 敌所备者多，则吾与所战者寡矣：敌人四面八方设防，我方攻击敌人的地方守备兵力就相对少。

⑦ 故备前则后寡，备后则前寡：所以敌人重点防备前面则后面兵力就少；重点设防后面，那么前面就相对兵力少。

⑧ 备左则右寡，备右则左寡：敌人重点防备右边则左边兵力就少；重点设防右边，那么左边就相对兵力少。

⑨ 无所不备，则无所不寡：如果敌人到处设防，兵力分散，防守兵力就撒了芝麻盐，所以到处都薄弱。解放战争初期，蒋介石的军队虽然多，但因为战线太长，因此兵力相对分散。

⑩ 寡者，备人者也；众者，使人备己者也："寡者，备人者也"，由于敌人处处设防、处处备守，所以兵力就相对少；而由于敌人处处守备分散了兵力，所以相对而言，我方兵力就多。就是说，我方兵力多，不一定是总量多，主要是因为调动敌人分散了兵力，我方是相对的多。

【名家注释选】

故形人而我无形，则我专而敌分

杜佑注：我专一而敌分散。

梅尧臣注：他人有形，我形不见，故敌分兵以备我。

张预注：吾之正，使敌视以为奇；吾之奇，使敌视以为正，形人者也。以奇为正，以正为奇，变化纷纭，使之莫测，无形者也。敌形既见，我乃合众以临之；我形不彰，彼必分势以防备。

顾福堂（清代学者）注：形者，虚实之形也。如上文故敌佚能劳之，饱能饥之，安能动之，即所谓形人之法也。出其所必趋，趋其所不意，行千里而不劳，行于无人之地，即所谓我无形也。尤极之曰：敌不欲战，攻其所必救，我不欲战则乖其所之。此则实者使之虚，虚者使之实，亦不外形人而我无形也。故形既见，我乃合众以临之，故曰专。我形不见，敌必处处设兵以防我，故曰分。

我专为一，敌分为十，是以十攻其一也

杜佑注：我料见敌形，审其虚实，故所备者少，专为一屯。以我之专，击彼之散卒，为十共击一也。

梅尧臣注：离一为十，我常以十分击一分。

施子美注：吾之形之者，将以诱之，而吾实未始有形也。如此则我专敌分，我专为一，是我误以多方，实欲一方取之也，故为一。敌分为十，敌为我误，则多方以备我，故为十，是以我之十分而攻彼之一分也。如此则我常众，敌常寡，是我所欲战之人守约而不烦矣，岂不易胜乎？

则我众而敌寡

杜佑注：我专为一，故众；敌分为十，故寡。

张预注：见敌虚实，不劳多备，故专为一屯。彼则不然，不见我形，故分为十处。是以我之十分，击敌之一分也。故我不得不众，敌不得不寡。

能以众击寡者，则吾之所与战者，约矣

杜佑注：言约少而易胜。

梅尧臣注：以专击分，则我所敌少也。

王晳注：多为之形，使敌备之，其实攻者则无形也，故我专敌分矣。专则众，分则寡，十攻一者，大约言耳。

张预注：夫势聚则强，兵散则弱。以众强之势，击寡弱之兵，则众力少而成功多矣。

吾所与战之地不可知

杜佑注：言举动微密，情不可见，使彼知所出而不知吾所举，知所举而不知吾所集。

张预注：无形势故也。

不可知，则敌所备者多

梅尧臣曰：敌不知，则处处为备。

敌所备者多，则吾与所战者寡矣

曹操注：形藏敌疑，则分离其众备我也。言少而易击也。

王晳注：与敌必战之地，不可使敌知之；知则并力得拒于我。曹公曰："形藏则敌疑"。

张预注：不能测吾车果何出，骑果何来，徒果何从，故分离其众，所在辄为备，遂致众散而弱，势分而衰；是以吾所与接战之处，以大众临孤军也。

故备前则后寡，备后则前寡，备左则右寡，备右则左寡。无所不备，则无所不寡

杜佑注：言敌之所备者多，则士卒无不分散而少。

梅尧臣注：所备皆寡也。

寡者，备人者也；众者，使人备己者也

曹操注：上所谓形藏敌疑，则分离其众，以备我也。

李筌注：陈兵之地，不可令敌人知之；彼疑，则谓众离而备我也。

孟氏注：备人则我散，备我则彼分。

杜佑注：敌分散而少者，皆先备人也；敌所以备己多者，由我专而众故也，

张预注：左右前后，无处不为备，则无处不兵寡也。所以寡者，为兵分而广备于人也；所以众者，为势专而使人备己也。

【译文】

要千方百计使敌人暴露出行迹和意图，而设法隐藏自己的行迹和意图，就可以集中兵力而使敌人却不得不分散兵力。我军兵力集中于一处，敌人兵力分散在多处，这样我方就能以数倍于敌人的兵力去攻击敌人，造成我众敌寡的有利态势。只要能够做到以众击寡，那么每次与我方交战的敌人兵力就有限了。我们所要进攻的地点敌人越无法预知，那么敌人所需要防守的地点就越多；敌人设防的地方越多，我们要进攻点敌人就越有限。

这样一来，敌人重点防备了前面，后面的兵力就少；重点防备了后面，前面的兵力就薄弱；重点防备了左边，右边的兵力就少；重点防备了右边，左边的兵力就薄弱；如果处处防备，则处处兵力薄弱。之所以兵力薄弱，是因为处处分兵防备；我方兵力之所以相对充足，是调动敌人处处防备自己的结果。

【原文】

故知战之地，知战之日，则可千里而会战。①不知战地，不知战日，则左不能救右，右不能救左，前不能救后，后不能救前，②而况远者数十里，近者数里乎？③

以吾度之，越人之兵虽多，④亦奚益于胜败哉？⑤故曰：胜可为也。⑥敌虽多，可使无斗。⑦

【注释】

① 故知战之地，知战之日，则可千里而会战："知"是早谋划就绪，胸有成竹。意思是早谋划好了开战的地点、时间，即使远赴千里之外也可去作战。

② 不知战地，不知战日，则左不能救右，右不能救左，前不能救后，后不能救前：对开战的时间、地点混沌不清、盲目应战的一方，就会前后左右不能相互援助。

③ 而况远者数十里，近者数里乎：更何况各路军队远的相隔数十里，近的也有数里呢？

④ 以吾度之，越人之兵虽多："度"，分析、预测。此处关键是对"越"字的理解。过去一般认为"越"就是越国人，实则大谬也。因为这篇到此，讲的全是兵力的离合分散，怎么会突然冒出一个越国人呢？原来此处的越字正是分散、离散、不集中的意思。由于越字关系着对全篇的理解，故此多费点笔墨。

"越人之兵虽多"一句中的"越"为什么作"分散""离散"之解释呢？

《淮南子·主术训》里说："精神劳则越，耳目淫则竭。"意思是用脑多了，精神劳累了，精力就会分散，过度沉湎于声色就会精神萎靡。《左传·昭公四年》申丰曰："今藏川池之水，弃而不用，则风不越而杀。"意思是现在藏于深山穷谷之中的冰不被使用，那么阴阳失序，风不散去而草木凋零。这里的"越"为"消散""散开"的意思。

联系《孙子兵法·虚实》篇的上下文来看，"越"字在此应是"分散""不集中"的意思。《孙子兵法》在"越"字的前面一段就是专讲军队的分散与集中的，孙子接下来说："以吾度之，越人之兵虽多，亦奚益于胜败哉？"就是说：分散、不集中的一方的军队，虽然人数众多，对胜利又有什么益处呢！

⑤ 亦奚益于胜败哉："奚"，何。就是兵力分散的一方虽然兵力总量多，但由于分散不集中，致使相对而言某一地点来说兵力为"寡"，因此"虽多无益"。

⑥ 故曰：胜可为也："为"，谋划、争取、谋定。胜利是可以谋定的。

⑦敌虽多，可使无斗："斗"，此指战斗力。敌人虽然总量多，但由于处处设防而分散，所以可以使他们失去战斗力。

【名家注释选】

故知战之地，知战之日，则可千里而会战

曹操注：以度量知空虚会战之日。

杜佑注：夫善战者，必知战之日，知战之地。度道设期，分军杂卒，远者先进，近者后发，千里之会，同时而合，若会都市。其会地之日，无令敌知，知之则所备处少，不知则所备处多。备寡则专，备多则分，分则力散，专则力全。

梅尧臣注：若能度必战之地，必战之日，虽千里之远，可克期而与战。

王晳注：必先知地利敌情，然后以兵法之度量，计其远近，知其空虚，审敌趣应之所及战期也。如是，则虽千里可会战而破敌矣。故曹公曰"以度量知空虚会战之日"者是也。

张预注：凡举兵伐敌，所战之地，必先知之。师至之日，能使敌人如期而来，以与我战。知战地日，则所备者专，所守者固，虽千里之远可以赴战。若蹇叔知晋人御师必于殽，是知战地也；陈汤料乌孙围兵五日必解，是知战日也。又若孙膑耍庞涓于马陵，度日暮必至是也。

不知战地，不知战日，则左不能救右，右不能救左，前不能救后，后不能救前，而况远者数十里，近者数里乎？

杜牧注：《管子》曰："计未定而出兵，则战而自毁也"。

杜佑注：敌已先据形势之地，己方趋利欲战，则左右前后疑惑，进退不能相救，况十数里之间也？

梅尧臣注：不能救者，寡也。左右前后尚不能救，况远乎？

张预注：不知敌人何地会兵，何日接战，则所备者不专，所守者不固，忽遇劲敌，则仓遽而与之战，左右前后犹不能相援，又况首尾相去之辽乎？

以吾度之，越人之兵虽多，亦奚益于胜败哉？

李筌注：越，过也。不知战地及战日，兵虽过人，安能知其胜败乎？

贾林注：不知战地，不知战日，士众虽多，不能制胜败之政，亦何益也？

故曰：胜可为也

杜牧注：为胜在我，故言可为也。

孟氏注：若使敌不知战地期日，我之必胜可常有也。

张预注：为胜在我故也。《形》篇云："胜可知而不可为。"今言胜可为者，何也？盖《形》篇论攻守之势，言敌若有备，则不可必为也。今则主以越兵而言，度越人必不能知所战之地日，故云"可为"也。

敌虽多，可使无斗

杜牧注：以下四事度量之，敌兵虽众，使其不能与我斗胜也。

贾林注：敌虽众多，不知己之兵情，常使急自备，不暇谋斗。

梅尧臣注：苟能寡，何有斗？

王皙注：多益不救，奚所恃而斗？

张预注：分散其势，不得齐力同进，则焉能与我争？

【译文】

所以如能预知谋定交战的地点、时间，即使远赴千里也可与敌人交战。不能预知谋定交战的地点、时间，盲目应战，那军队就会左不能救援右，右不能救援左，前救援不了后，后救援不了前，更不用说远在数十里、近在数里范围内的自己的军队怎么能够做到去救援处于作战的队伍呢？

依我的分析测度，兵力总量虽多，但由于分散不集中，这对赢得战争胜利又有什么益处呢？所以说，胜利是可以谋定造成的。敌军总量虽多，可以分散它，使它失去应有的战斗能力。

【原文】

故策之而知得失之计①，作之而知动静之理②，形之而知死生之地③，角之而知有余不足之处④。故形兵之极，至于无形⑤；无形则深间不能窥，智者不能谋⑥。因形而错胜于众，众不能知⑦；人皆知我所以胜之形，而莫知吾所以制胜之形⑧。故其战胜不复，而应形于无穷。⑨

【注释】

① 故策之而知得失之计："策"，分析、判断、计算；"知得失之计"，敌人作战的优劣长短。

② 作之而知动静之理："作"，挑逗调动，"之"，敌方；"知动静之理"，了解知晓敌人的行动根据，观察其动静规律。

③ 形之而知死生之地："形之"，主动示形暴露于敌人，"知死生之地"，以观察敌人的反应，了解敌人的关键敏感点、核心利益处。

④ 角之而知有余不足之处："角"，角逐、较量、对阵。"知有余不足之处"，观察了解敌人的兵力部署强弱、防守虚实之处。

⑤ 故形兵之极，至于无形："形兵"，指部队部署过程中以伪装、佯动等手段欺骗敌人。示形敌人最精妙绝伦的时候，正如天马行空、毫无踪迹。

⑥ 无形则深间不能窥，智者不能谋："深间"，高明的间谍；"智者"智慧高明的将领；"窥"，刺探。因为我方的军形千变万化、达到了炉火纯青的地步，即使是高明的间谍也难于刺探我方真形，高明的将领也难以预料我方的真正意图。

⑦ 因形而错胜于众，众不能知："因"，由，依据。"错"，同"措"，放置的意思。通过示形的方法把胜利摆在众人面前。

⑧ 人皆知我所以胜之形，而莫知吾所以制胜之形：是说常人只了解我方胜利的原则方法，但却不能深刻理解我方取得胜利的根本策略，就是说知其然不知其所以然。俗话说，会看的看门道，不会看的看热闹。

⑨ 故其战胜不复，而应形于无穷："战胜不复"，战胜的原则、方法、策略等，是千变万化、灵活多样的，不会有"重复"，为什么呢？因为"应形于无穷"，每次的原则、方法、策略都是根据实际情况而定的，没有一成

不变的方法、策略。

【名家注释选】

故策之而知得失之计

贾林注：樽俎帷幄之间，以策筹之，我得彼失之计皆先知也。

杜佑注：策度敌情，观其所施，计数可知。

梅尧臣注：彼得失之计，我以算策而知。

王皙注：策其敌情，以见得失之数。

张预注：筹策敌情，知其计之得失，若薛公料黥布之三计是也。

作之而知动静之理

陈皞注：作，为也。为之利害，使敌赴之，则知进退之理也。

贾林注：善觇候者，必知其动静之理。

杜佑注：喜怒动作，观其举止，则情理可得。故知动静权变，为其胜负也。

梅尧臣注：彼动静之理，因我所发而见。

张预注：发作久之，观其喜怒，则动静之理可得而知也。若晋文公拘宛春以怒楚将子玉，子玉遂乘晋军，是其躁动也。诸葛亮遗巾帼妇人之饰，以怒司马宣王，宣王终不出战，此是其安静也。

形之而知死生之地

李筌注：夫破陈设奇，或偃旗鼓，形之以弱；或虚列灶火幡帜，形之以强。投之以死，致之以生，是以死生因地而成也。韩信下井陉，刘裕过大岘，则其义也。

杜牧注：死生之地，盖战地也。投之死地必生，置之生地必死。言我多方误挠敌人，以观其应我之形，然后随而制之，则死生之地可知也。

陈皞注：敌人既有动静，则我得见其形。有谋者所处之地必生，无谋者所投之地必死也。

张预注：形之以弱，则彼必进；形之以强，则彼必退。因其进退之际，则知彼所据之地死与生也。上文云，"善动敌者，形之，敌必从之"是也。死地，谓倾覆之地；生地，谓便利之地。

角之而知有余不足之处

杜牧注：角，量也。言以我之有余，角量敌人之有余；以我之不足，角量敌人之不足。管子曰："善攻者，料众以攻众，料食以攻食；食不存不攻，备不存不攻。"司马宣王伐辽东，司马陈珪曰："昔攻上庸，八部并进，昼夜不息，故能一旬之半，拔坚城，斩孟达；今者远来，而更安缓，愚窃惑焉。"王曰："孟达众少，而食支一年，吾将四倍于达，而粮不淹一月。以一月图一年，安可不速？以四击一，正命半解，犹当为之。是以不计死伤，与粮竞也。今贼众我寡，贼饥我饱，雨水乃尔，功力不设，贼粮垂尽，当示无能以安之。"既而雨止，昼夜攻之，竟平辽东。

王晢注：角，谓相角也。角彼我之力，则知有余不足之处，然后可以谋攻守之利也。此而上亦所以量敌知战。

张预注：有余，强也；不足，弱也。角量敌形，知彼强弱之所。唐太宗曰："凡临陈，常以吾强对敌弱，常以吾弱对敌强。"苟非角量，安得知之？

故形兵之极，至于无形；无形则深间不能窥，智者不能谋

李筌注：形敌之妙，入于无形，间不可窥，智不可谋，是谓形也。

杜牧注：此言用兵之道，至于臻极，不过于无形。无形，则虽有间者深来窥我，不能知我之虚实。强弱不泄于外，虽有智能之士，亦不能谋我也。

梅尧臣注：兵本有形；虚实不露，是以无形，此极致也。虽使间者以情钓，智者以谋料，可得乎？

王晢注：制兵形于无形，是谓极致，孰能窥而谋之哉？

张预注：始以虚实形敌，敌不能测，故其极致，卒归于无形。既无形可睹，无迹可求，则间者不能窥其隙，智者无以运其计。

因形而错胜于众，众不能知

曹操注；因敌形而立胜。

李筌注：错，置也。设形险之势，因士卒之勇，而取胜焉。军事尚密，非众人之所知也。

杜牧注：窥形可置胜败，非智者不能，固非众人所能得知也。

梅尧臣注：众知我能置矣，不知因敌之形。

张预注：因敌变动之形以置胜，非众人所能也。

人皆知我所以胜之形，而莫知吾所以制胜之形

曹操注：不以一形之胜万形。或曰："不备知也。制胜者，人皆知吾所以胜，莫知吾因敌形制胜也。"

李筌注：战胜，人知之；制胜之法幽密，人莫知。

陈皞注：人但知我胜敌之善，不能知我因敌之败形。

王晳注：若韩信背水拔帜是也。人但见水上军殊死战，不可败，及赵军惊乱遁走，不知吾能制使之然者以何道也。

张预注：立胜之迹，人皆知之，但莫测吾因敌形而制此胜也。

故其战胜不复，而应形于无穷

曹操注：不重复动而应之也。

李筌注：不复前谋以取胜，随宜制变也。

杜牧注：敌每有形，我则始能随而应之以取胜。

贾林注：应敌形而制胜，乃无穷。

梅尧臣注：不执故态，应形有机。

张预注：已胜之后，不复更用前谋，但随敌之形而应之，出奇无穷也。

【译文】

所以要通过运筹分析判断，以求明了敌人作战计划的优劣长短；通过挑动敌人，了解敌人活动规律；通过示形诱敌，摸清敌人的关键敏感点、核心利益处；通过战斗侦察，探明敌人兵力部署虚实强弱。佯动示形运用到精妙绝伦的时候，就如天马行空、不露痕迹。即使高明的间谍也窥探不到实情，这样，就是再高明的敌方将领，也难以预料我方的真正意图。

把根据敌情变化而采取灵活机动战法，当胜利的成果摆在众人面前时，众人也难以看透其中的奥妙。众人表面上知道我所采取的克敌制胜的方法，而不知道我何以根据敌情变化做出判断而选择运用这些方法出奇制胜的。所以胜敌的方法千变万化、不能简单重复，而是根据实际的情况灵活运用，变化无穷。

【原文】

夫兵形象水，水之形，避高而趋下①；兵之形，避实而击虚②。水因地而制流，兵因敌而制胜。③故兵无常势，水无常形④；能因敌变化而取胜者，谓之神⑤。

故五行无常胜⑥，四时无常位⑦，日有短长，月有死生⑧。

【注释】

① 夫兵形象水，水之形，避高而趋下："兵形象水"，就是作战的原则策略，就像水一样没有固定不变的形状。"水之形"，水的流动趋向。水的本性就是从高处往低处流。

② 兵之形，避实而击虚："兵之形"，用兵作战的方式、方法、原则、规律。正如水没有固定不变的形状一样，用兵的形状也不会一成不变的，用兵的本质规律就是避强击弱。

③ 水因地而制流，兵因敌而制胜："制胜"，制服对方以取胜。地域的高低决定制约着水流动的方向，根据敌人的情况采取克敌制胜的策略方法。

④ 故兵无常势，水无常形：所以用兵作战没有固定不变的形状，就像水没有固定不变的形状一样。

⑤ 能因敌变化而取胜者，谓之神："神"就是神奇，智慧之祖。能够根据敌人的实际情况而采取不同的策略方法获取胜利的将领就是智慧神奇的人。

⑥ 故五行无常胜："五行"，木、火、土、金、水，古代人认为这五种物质是生成万物的基本元素，它们之间是相克相生的。相克是指：金克木、木克土、土克水、水克火、火克金，这是相胜；而它们也相生，木生火、火

生土、土生金、金生水、水生木。五行相克相生，没有哪一个能够独胜。

　　⑦ 四时无常位："四时"就是春夏秋冬四季，四季依次更迭，没有一个季节固定不变。

　　⑧ 日有短长，月有死生："日"，太阳，指白天；"死生"，出没。每月的初一是月亮的"朔"，月亮出来；每月的三十日是月亮的"晦"，月亮隐去。就是说白天有长短，月亮有出没。

【名家注释选】

夫兵形象水

孟氏注：兵之形势如水流，迟速之势无常也。

水之形，避高而趋下；兵之形，避实而击虚

梅尧臣注：利也。

张预注：水趋下则顺，兵击虚则利。

水因地而制流

杜牧注：因地之下。

梅尧臣注：顺高下也。

张预注：方圆斜直，因地而成形。

兵因敌而制胜

李筌注：不因敌之势，吾何以制哉？夫轻兵不能持久，守之必败；重兵挑之必出。怒兵辱之，强兵缓之，将骄宜卑之，将贪宜利之，将疑宜反间之，故因敌而制胜。

杜佑注：言水因地之倾侧而制其流，兵因敌之亏阙而取其胜也。

故兵无常势

梅尧臣注：应敌为势。

张预注：敌有变动，故无常势。

水无常形

梅尧臣注：因地为形。

张预注：地有高下，故无常形。

能因敌变化而取胜者，谓之神

曹操注：势盛必衰，形露必败，故能因敌变化，取胜若神。

杜牧注：兵之势，因敌乃见；势不在我，故无常势。如水之形，因地乃有；形不在水，故无常形。水因地之下，则可漂石；兵因敌之应，则可变化如神者也。

王晳注：兵有常理，而无常势；水有常性，而无常形。兵有常理者，击虚是也；无常势者，因敌以应之也。水有常性者，就下是也；无常形者，因地以制之也。夫兵势有变，则虽败卒尚复可使击胜兵，况精锐乎？

故五行无常胜

杜佑注：五行更王。

王晳注：迭相克也。

四时无常位

杜佑注：四时迭用。

王晳注：迭相代也。

日有短长，月有死生

曹操注：兵无常势，盈缩随敌。

王晳注：皆喻兵之变化，非一道也。

张预注：言五行之休王，四时之代谢，日月之盈昃，皆如兵势之无定也。

【译文】

用兵的规律如同流水的特性，水的本性是避开高处而流向低处；作战的规律是避开敌人的优长而进攻敌人的弱点。水因地势的高低而决定其流向，用兵作战则要根据敌情的变化而采取不同策略打法。

所以说用兵作战没有固定的模式，就像水没有固定不变的形态一样。能够根据敌情变化采取不同策略方法获胜，就可叫用兵如神。用兵规律就像五行相生相克那样没固定常胜、交替变化的四季没有哪个季节能固定不移，犹如昼有短长，月有出没。

【篇结】

本篇的主旨就是论述军事上如何避实击虚的作战规律问题。只要细读本篇，就会发现其内在的严密逻辑和层次，作者论述严谨，条理分明，层层递进，给人美的享受和智慧启迪。《势》篇开篇段落中，孙子提出了分数、形名、奇正、虚实，认为这些是形成有利态势的作战指挥手段。孙子把"虚实"作为"势"的重要的部分在此设专篇进行论述。

孙子开篇就提出一个众人周知的简单经验和道理：先到达战场的就占据主动，后到达战场的就处于被动，进而提出一个也不很高明的方法：通过利与害两种方法诱导敌人来到战场或者阻止敌人不能来到战场。仅仅这两句开头语，孙子便随之得出一个惊世骇俗的高论："致人而不致于人"，寥寥数语便揭示了战争的深奥规律——牢牢掌握主动权！让人有醍醐灌顶、大彻大悟的感觉。

如何才能做到"致人而不致于人"呢？孙子接着说："出其所不趋，趋其所不意。"这和那些常规的战法大相径庭，让那些习惯于常规战法的人感到意外，以至于现代战争条件下仍然没有顿悟到孙子的真谛。两伊战争中伊朗的坦克原地不动当炮车用，十五六岁伊朗少年军组成的敢死队冲入伊拉克军队布设的雷区，都是出人意料之举。而孙子是怎样告诉我们如何去造成敌人的"虚"呢？孙子从战争的基本形态——攻和守出发，讲述了要攻其所不守，守其所不攻。这样就可以做到攻必取，守必固，战必胜。

军争篇第七

【篇解】

军争主旨是讲两军对垒、交兵作战、力争取胜。"军争"靠什么去争胜呢？靠的是土地、军粮以及诸多的条件。在本篇中，孙子论述了与敌人争夺制胜的条件和先机，从而掌握战争主动权的一般法则，也就是"常法"。怎么去掌握战争的主动权呢？主将首先要有忧患思维，充分考虑到困难、不足、危害，然后权衡利害，如此才能做到"以患为利"。其二是深入了解客观情况，尤其是对方的情况，诸如诸侯之谋、地形之利等。其三是要充分运用智谋，坚持"兵以诈立"的原则，制造假象迷惑敌人，做好保密隐蔽等。其四是提倡军队的进退、攻守都要有明确的要求和标识。其五，为保证掌握战争的主动权，军队在行动过程中，要综合贯彻"治变""治力""治心""治气"的基本作战原则用兵方法。

毛泽东同志曾指出："战争就是两军指挥员以军力财力等物质基础做地盘，互争优势和主动的主观能动性的竞赛。"（《毛泽东选集》合订本，第458页）因此说，本篇孙子主要论述的是军队机动、运动和军队士气管理的通则。

【原文】

孙子曰：凡用兵之法：将受命于君，合军聚众，交和而舍，莫难于军争。①军争之难者，以迂为直，以患为利。②故迂其途而诱之以利，后人发，先人至，此知迂直之计者也。③

【注释】

① 凡用兵之法：将受命于君，合军聚众，交和而舍，莫难于军争："将受命于君"，是说主将接受了君主的命令，准备开战。"合军聚众"，调动组织军队、聚集训练民众。"交和而舍"，"和"是指军门，"舍"是指驻扎，就是说两军对垒、相互对峙。"军争"，争取获胜的有利条件和先机。

② 军争之难者，以迂为直，以患为利：争取获胜的有利条件和先机难在哪里呢？难就难在"以迂为直，以患为利"。"迂"，迂回曲折，"为"，变化、修为。简单地说就是将迂回的道路变成通达的近路，把不利的因素变为有利的因素。此句是本篇目的关键词，但如何理解呢？怎么能使迂变为直，把患变为利？直与利，是大目标，是追求，是结果，但过程却是曲折的、复杂的、多变的。我们都在电视上看过航拍的大江大河的照片，从未见到哪一条江河是直线流动的，但九曲弯弯，奔流到海的目标始终未变。这可能帮助我们理解以迂为直吧。

③ 故迂其途而诱之以利，后人发，先人至，此知迂直之计者也：前一句是从我方来说，这一句是从敌方来说的。也就是要用利益好处引诱敌人，让他们的行军线路迂回曲折，这样我方才能够做到晚于敌人出发，但能够先于敌人到达战场。

【名家注释选】

凡用兵之法：将受命于君

李筌注：受君命也。遵庙胜之算，恭行天罚。

张预注：受君命，伐叛逆。

合军聚众

曹操注：聚国人，结行伍，选部曲，起营为军陈。

梅尧臣注：聚国之众，合以为军。

王晳注：大国三军，总三万七千五百人；若悉举其赋，则总七万五千人，此所谓合军聚众。

张预注：合国人以为军，聚兵众以为陈。

交和而舍

曹操注：军门为和门，左右门为旗门，以车为营曰辕门，以人为营曰人门，两军相对为交和。

李筌注：交间和杂也。合军之后，强弱、勇怯，长短、向背，间杂而仵之，力相兼，后合诸营垒，与敌争之。

张预注：军门为和门，言与敌对垒而舍，其门相交对也。或曰："与上下交相和睦，然后可以出兵为营舍。"故《吴子》曰："不和于国，不可以出军；不和于军，不可以出陈。"

莫难于军争

曹操曰注：从始受命，至于交和，军争难也。

杜牧注：于争利害，难也。

张预注：与人相对而争利，天下之至难也。

军争之难者，以迂为直，以患为利

曹操注：示以远，速其道里，先敌至也。

陈皞注：言合军聚众，交和而舍，皆有旧制，惟军争最难也。苟不知以迂为直，以患为利者，即不能与敌争也。

贾林注：全军而行，争于便利之地，而先据之，若不得其地，则输敌之胜，最其难也。

张预注：变迂曲为近直，转患害为便利，此军争之难也。

故迂其途，而诱之以利，后人发，先人至，此知迂直之计者也

曹操注：迂其途者，示之远也。后人发，先人至者，明于度数，先知远近之计也。

李筌注：故迂其途，示不速进，后人发，先人至也。用兵若此，以患为利者。

张预注：形势之地，争得则胜。凡欲近争便地，先引兵远去，复以小利啖敌，使彼不意我进，又贪我利，故我得以后发而先至。此所谓"以迂为直，以患为利也"。

【译文】

孙子说：用兵作战的一般法则，主将接受国君的命令，动员征集民众，

组成军队出征到与敌人两军对阵，没有比与敌争夺制胜条件和先机之利、掌握战争主动权更为困难的了。争夺先机之利最困难的是要变迂远为近直，把不利转变成有利。所以，要用利益好处引诱敌人，让他们的行军线路迂回曲折，这样我方才能够做到晚于敌人出发，而先于敌人到达战场。这就是真正懂得和掌握运用变迂为直的策略原则了。

【原文】

故军争为利，军争为危。①举军而争利则不及，委军而争利则辎重捐。②是故卷甲而趋，日夜不处，倍道兼行③，百里而争利，则擒三将军④，劲者先，疲者后，其法十一而至⑤；五十里而争利，则蹶上将军，其法半至⑥；三十里而争利，则三分之二至⑦。是故军无辎重则亡，无粮食则亡，无委积则亡。⑧

【注释】

① 故军争为利，军争为危："为"，有的意思。《孟子·滕文公上》云："夫滕，壤地褊小，将为君子焉，将为野人焉"，此处的"为"就是有的意思。此句意思是军争是有利益的，但也有其害的一面。

② 举军而争利则不及，委军而争利则辎重捐：如果让军队带着辎重粮草等装备奔赴战略要地，则会行动迟缓，就不能够在敌人到达之前控制战略要地。如在红军长征初期就和大搬家一样，把"坛坛罐罐"都带着，致使行动迟缓、屡失战机。"举军"，全军、悉数；"委军"，抛弃丢下辎重粮草等装备，轻装上阵，奔赴战略要地，那么辎重粮草等装备就损失了。"委"，丢弃，"捐"，损失。

③ 是故卷甲而趋，日夜不处，倍道兼行："卷甲"，卷起旗帜，脱掉盔甲，放入行李中，称为卷甲；"处"，休息、停顿。"兼行"，加速赶路，两天能赶到的路程一天赶到的意思。

④ 百里而争利，则擒三将军："三将军"，三军之将。意思是说如果远涉百里去作战，争取有利要地，则有可能三军之将被生俘，即全军覆没。

⑤ 劲者先，疲者后，其法十一而至："劲者"是指身体强壮者；"疲者"

是指身体羸弱者。"其法十一而至",十分之一的人到达。是说如果远涉百里争利，由于倍道兼程的急行军，可能只会有十分之一的士兵到达预定的地点。

⑥五十里而争利，则蹶上将军，其法半至：如果远涉五十里去争利，将有百分之五十的士兵到达，这样有可能损失先锋大将；"蹶"，生擒或者被围困，遭受挫折而败退。

⑦三十里而争利，则三分之二至：如果是到三十里之外去争利，则可能有三分之二的士兵能到达。

⑧是故军无辎重则亡，无粮食则亡，无委积则亡："辎重"，随军的车辆、器具、牲畜；"粮食"，军粮；"委积"，军需储备。军队如果"三无"（无辎重无粮食无委积），就会失败。

【名家注释选】

故军争为利，军争为危

曹操注：善者则以利，不善者则以危。

李筌注：夫军者，将善则利，不善则危。

贾林注：我军先至，得其便利之地，则为利，彼敌先据其地，我三军之众驰往争之，则敌佚我劳，危之道也。

何氏注：此又言出军行师，驱三军之众，与敌人相角逐，以争一日之胜，得之则为利，失之则为危，不可轻举。

张预注：智者争之则为利，庸人争之则为危；明者知迂直，愚者昧之故也。

举军而争利则不及

李筌注：辎重行迟。

杜佑注：迟不及也。举军悉行，争赴其利，则道路悉不相逮。

梅尧臣注：举军中所有而行，则迟缓。

王皙注：以辎重故。

张预注：竭军而行，则行缓而不能及利。

委军而争利则辎重捐

曹操注：置辎重，则恐捐弃也。

杜牧注：举一军之物行，则重滞迟缓，不及于利；委弃辎重，轻兵前追，则恐辎重因此弃捐也。

梅尧臣注：委军中所有而行，则辎重弃。

张预注：委置重滞，轻兵独进，则恐辎重为敌所掠，故弃捐也。

是故卷甲而趋，日夜不处

曹操注：不得休息，罢也。

倍道兼行，百里而争利，则擒三将军

杜佑注：若不虑上二事，欲从速疾，卷甲束仗，潜军夜行；若敌知其情，邀而击之，则三军之将为敌所擒也。若秦伯袭郑，三帅皆获是也。

劲者先，疲者后，其法十一而至

曹操注：百里而争利，非也；三将军皆以为擒。

贾林注：路远人疲，奔驰力尽，如此则我劳敌佚，被击何疑。百里争利，慎勿为也。

梅尧臣注：军日行三十里而舍。今乃昼夜不休行百里，故三将军为其擒也。何则？涉途既远，劲者少，罢者多，十中得一至耳。三将军者，三军之帅也。

何氏注：言三将出奇求利，委军众辎重，卷甲务速；若昼夜百里不息，则劲者能十至其一。我劳敌佚，敌众我寡，击之未必胜也；败则三将俱擒，以此见武之深戒也。

五十里而争利，则蹶上将军，其法半至

曹操注：蹶，犹挫也。

李筌注：百里则十人一人至，五十里十人五人至，挫军之威，不至擒也。言道近不至疲。

王皙注：罢劳之患，减于太半，止挫败而已。

三十里而争利，则三分之二至

曹操注：道近，至者多，故无死败也。

杜佑注：道近，则至者多，故无死败。古者用师，日行三十里，步骑相须；今徒而趋利，三分之二至。

王皙注：计彼我之势，宜须争者，或亦当然。虽三分二至，盖其精锐者之力未至劳乏，不可决以为败，故不云其法也。

张预注：路近不疲，至者大半，不失行列之政，不绝人马之力，庶几可以争胜。上三事皆谓举军而争利也。

是故军无辎重则亡，无粮食则亡，无委积则亡

曹操注：无此三者，亡之道也。

杜牧注：辎重者，器械及军士衣装；委积者，财货也。

梅尧臣注：三者不可无，是不可委军而争利也。

张预注：无辎重，则器用不供；无粮食，则军饷不足；无委积，则财货不充，皆亡覆之道。此三者，谓委军而争利也。

【译文】

所以，争取先机制胜之利有其有利的一面，同时也有危害的一面。若驱全军之众带着所有装备辎重去与敌争夺战略要地，那就不能按预定时间到达目的地。如果遗弃装备辎重去争利，装备辎重就会受到损失。所以，若是轻装上阵急速进军，日夜不停，加倍行程，奔走百里与敌争利，那三军将领都有可能被生擒，而且强壮的士卒先赶到，身体羸弱者士卒掉队落伍，其结果只会有十分之一的兵力到达；奔走五十里去与敌争利，则先锋大将可能会遭遇挫折，一般情况下只有半数的兵力能到达；即使走三十里与敌争利，其结果也只能有三分之二的人到达。要知道，军队没有辎重装备就不能生存，没有粮秣接济也不能生存，没有物资补充同样不能生存。

【原文】

故不知诸侯之谋者，不能豫交①；不知山林、险阻、沮泽之形者，不能行军②；不用乡导者，不能得地利③。故兵以诈立，以利动，以分合为变者也。④故其疾如风，其徐如林，侵掠如火，不动如山，难知如阴，动如雷震。⑤掠乡分众，廓地分利，悬权而动。⑥先知迂直之计者胜，此军争之法也。⑦

【注释】

① 故不知诸侯之谋者，不能豫交："豫"，预先。不了解诸侯国的谋略、计策，就不能事先结交。

② 不知山林、险阻、沮泽之形者，不能行军："山林"，山是高阳之地，林是树林聚集之地；"险阻"，险是高低悬殊之地，阻是峡谷激流边沿之处；"沮泽"，沮是沼泽地带，泽是积水之地。不能从不熟悉的地形上行军。

③ 不用乡导者，不能得地利："乡导"，熟悉本地地势地形情况的向导。越境作战不用向导，就不会得地形之助。

④ 故兵以诈立，以利动，以分合为变者也："以诈立"，诡谲欺骗。用兵作战靠的是诡谲欺骗；"以利动"，以利益为行动标准；"分合"，兵力集中与分散。在《计》篇中，孙子就提出了"兵者，诡道"的思想，在此又进一步深入阐述。

⑤ 故其疾如风，其徐如林，侵掠如火，不动如山，难知如阴，动如雷震：这六句是集中论述奇正分合的精妙绝伦之处。"其疾如风"是说行军疾进，如风一样快速；"其徐如林"是说行军缓慢时，如树林一样稳健有序，"徐"，缓慢稳健；"侵掠如火"是说进攻敌人要像熊熊烈火一样势不可挡；"不动如山"，守备待敌要稳如泰山、毫不动摇；"难知如阴"是说军队隐蔽时要像阴云密布一样见不到日月星辰；"动如雷震"是说军队行动时要像雷霆万钧一样迅雷不及掩耳。

⑥ 掠乡分众，廓地分利，悬权而动："掠乡分众"，兵分数路以侵掠敌国的乡邑，"掠乡"是侵略掠夺他国之地；"廓地分利"，开拓疆土分兵攻占有利的地方，"廓地"，开拓疆土；"悬权而动"，权衡敌我形势，相机而动。

⑦ 先知迂直之计者胜，此军争之法也：率先掌握迂直计谋的将领就会获得胜利，这就是军争的法则、规律。"先知"，率先掌握。

【名家注释选】

故不知诸侯之谋者，不能豫交

曹操注：不知敌情谋者，不能结交也。

杜牧注：豫，先知；交，交兵也。言诸侯之谋，先须知之，然后可交兵合战；若不知其谋，固不可与交兵也。

张预注：先知诸侯之实情，然后可与结交；不知其谋，则恐翻覆为患。其邻国为援，亦军争之事，故下文云"先至而得天下之众者，为衢地"是也。

不知山林、险阻、沮泽之形者，不能行军

曹操注：高而崇者为山，众树所聚者为林，坑堑者为险，一高一下者为阻，水草渐洳者为沮，众水所归而不流者为泽。不先知军之所据及山川之形者，则不能行师也。

张预注：高而崇者为山，众木聚者为林。坑坎者为险，一高一下者为阻，水草渐洳者为沮，众水所归而不流者为泽。凡此地形，悉能知之，然后可与人争利而行军。

不用乡导者，不能得地利

李筌注：入敌境，恐山川隘狭，地土泥泞，井泉不利，使人导之以得地利。《易》曰："即鹿无虞"，则其义也。

陈皞注：凡此地利，非用乡人为导引，则不能知地利也。

杜佑注：不任彼乡人而导军者，则不能得道路之便利也。

张预注：山川之夷险，道路之迂直，必用乡人引而导之，乃可知其所利而争胜。吴伐鲁，鄙人导之以克武城是也。

故兵以诈立

杜牧注：诈敌人，使不知我本情，然后能立胜也。

梅尧臣注：非诡道不能立事。

张预注：以变诈为本，使敌不知吾奇正所在，则我可为立。

以利动

梅尧臣注：非利不可动。

何氏注：量敌可击，则击。

张预注：间利乃动，不妄发也。《传》曰："三军以利动。"

以分合为变者也

曹操注：兵一分一合，以敌为变也。

杜牧注：分合者，或合或分，以惑敌人；观其应我之形，然后能变化以取胜也。

孟氏注：兵法诡诈，以利动敌心；或合或离，为变化之术。

张预注：或分散其形，或合聚其势，皆因敌动静而为变化也。或曰：变谓奇正相变，使敌莫测。故《卫公兵法》云："兵散则以合为奇，兵合则以散为奇。三令五申，三散三合，复归于正焉。"

故其疾如风

李筌注：进退也。其来无迹，其退至疾也。

张预注：其来疾暴，所向皆靡。

其徐如林

李筌注：整陈而行。

梅尧臣注：如林之森然不乱也。

王晳注：齐肃也。

张预注：徐，舒也。舒缓而行，若林木之森森然，谓未见利也。《尉缭子》曰"重者如山如林，轻者如炮如燔"也。

侵掠如火

贾林注：侵略敌国，若火燎原，不可往复。

张预注：《诗》云："如火烈烈，莫我敢遏。"言势如猛火之炽，谁敢御我！

不动如山

贾林注：未见便利，敌诱诳我，我因不动，如山之安。

何氏注：止如山之镇静。

张预注：所以持重也。《荀子·议兵》篇云："圆居而方正，则若磐石然，触之者角摧。"言不动之时，若山石之不可移，犯之者其角立毁。

难知如阴

李筌注：其势不测如阴，不能睹万象。

王晳注：形藏也。

动如雷震

贾林注：其动也，疾不及应。故太公曰："疾雷不及掩耳"。

王晳注：不虞而至。

张预注：如迅雷忽击，不知所避。故太公曰："疾雷不及掩耳，迅电不及瞬目。"

掠乡分众

杜牧注：敌之乡邑聚落，无有守兵，六畜财谷，易于剽掠，则须分番次第，使众人皆得往也，不可独有住所。如此，则大小强弱，皆欲与敌争利也。

陈皞注：夫乡邑村落，因非一处，察其无备，分兵掠之。

何氏注：得掠物，得与众分。

廓地分利

李筌注：得敌地，必分守利害。

王晳注：廓视敌形，以据便利，勿使敌专也。

张预注：开廓平易之地，必分兵守利，不使敌人得之。或云："得地则分赏有功者。"今观上下之文，恐非谓此也。

悬权而动

曹操注：量敌而动也。

李筌注：权，量称也。敌轻重与吾有铢镒之别，则动。夫先动为客，后动为主，客难而主易。《太一遁甲》定计之算，明动易也。

杜牧注：如衡悬权，称量已定，然后动也。

张预注：如悬权于衡，量知轻重然后动也。《尉缭子》曰："权敌审将而后举"。言权量敌之轻重，审察将之贤愚，然后举也。

先知迂直之计者胜，此军争之法也

杜牧注：言军争者，先须计远近迂直，然后可以为胜。其计量之审，如悬权于衡，不失锱铢，然后可以动而取胜。此乃军争胜之法也。

王晳注：量敌审轻重而动，又知迂直必胜之道也。

张预注：凡与人争利，必先量道路之迂直，审察而后动，则无劳顿寒馁之患，而且进退迟速，不失其机，故胜也。

【译文】

所以，不了解列国诸侯的战略意图，不能与它结交；不熟悉山林、险阻和沼泽等地理情况，不能行军；不用熟悉当地情况的向导，就不能得地形之利。

所以，用兵作战是以诡诈多变取胜，根据是否有利为行动原则，并根据具体情况的变化灵活掌握兵力分散或集中的原则。所以，军队机动时，如狂风般迅速；行军时，如森林般寂静；攻城略地时，如烈火燎原般猛烈；防御时，如大山般岿然不动；隐蔽待敌，如乌云蔽日；大军冲锋，如雷霆万钧。

兵分数路以侵掠敌国的乡邑，开拓疆土分兵攻占有利的地方，权衡敌我形势，相机而动。率先掌握运用变迁为直策略的就能胜利，这就是争夺先机之利所要遵循的原则、规律。

【原文】

《军政》曰："言不相闻，故为金鼓；①视不相见，故为旌旗②"。夫金鼓旌旗者，所以一人之耳目也。③人既专一，则勇者不得独进，怯者不得独退，此用众之法也。④故夜战多火鼓，昼战多旌旗，所以变人之耳目也。⑤

【注释】

①《军政》曰："言不相闻，故为金鼓"：《军政》是古代的兵书，现在已经佚失。"金鼓"，就是鼓与钟，在古代作战"闻鼓声而进，闻金声而退"（《荀子·议兵》），所以有一鼓作气的成语，也有鸣金收兵的成语。是说作战时将领用语言指挥军队，士兵听不到，就用鼓与钟来传递号令。

②视不相见，故为旌旗："旌旗"是旗帜的总称。用手势指挥作战，士兵也看不到，就挥动旗帜来指挥军队。

③夫金鼓旌旗者，所以一人之耳目也："一人之耳目"，统一士兵的视听，以达到行动一致的目的。

④人既专一，则勇者不得独进，怯者不得独退，此用众之法也："专一"，同一，一致。既然队伍行动一致了，则勇敢的士兵也不会单独前进，怯懦的士兵也不能单独后退，这就是指挥众多的部队作战的一般法则。

⑤故夜战多火鼓，昼战多旌旗，所以变人之耳目也："火鼓"，上面是金鼓，此处又出现"火鼓"，意思是夜里作战多用火把、金鼓指挥军队。"变"，适应。意思是：所以说如果是夜间作战就往往用火把、金鼓指挥，白天作战往往用旌旗指挥，这是为了适应士兵的视听习惯。

【名家注释选】

《军政》曰：言不相闻，故为金鼓

梅尧臣注：军之旧典。

王晳注：古军书。

杜佑注：金，钲铎也。听其音也，以为耳候。

王晳注：鼓鼙、钲铎之属。坐作、进退，疾徐、疏数，皆有其节。

视不相见，故为旌旗

杜佑注：瞻其指麾，以为目候。

夫金鼓旌旗者，所以一人之耳目也

李筌注：鼓进铎退，旌赏而旗罚；耳听金鼓，目视旌旗，故不乱也。勇怯不能进退者，由旗鼓正也。

张预注：夫用兵既众，占地必广，首尾相辽，耳目不接。故设金鼓之声，使之相闻；立旌旗之形，使之相见，视听均齐，则虽百万之众，进退如一矣。故曰："斗众如斗寡，形名是也。"

人既专一，则勇者不得独进，怯者不得独退，此用众之法也

杜佑注：旌以令出，旗以应号。盖旗者，即今之信旗也。《军法》曰："当进不进，当退不退者，斩之。"吴起与秦人战，战未合，有一夫不胜其勇，前获双首而返，吴起斩之。军吏进谏曰："此材士也，不可斩。"吴起曰："信材士，非令也。"乃斩之。

梅尧臣注：一人之耳目者，谓使人之视听齐一而不乱也。鼓之则进，金之则止，麾右则右，麾左则左，不可以勇怯而独先也。

张预注：士卒专心一意，惟在于金鼓旌旗之号令。当进则进，当退则退，一有违者必戮。故曰：令不进而进，与令不退而退，厥罪惟均。《尉缭子》曰："鼓鸣旗麾，先登者，未尝非多力国士也，将者之过也。"言不可赏先登获俊者，恐进退不一耳。

故夜战多火鼓，昼战多旌旗，所以变人之耳目也

李筌注：火鼓，夜之所视听；旌旗，昼之所指挥。

梅尧臣注：多者，欲以变惑敌人耳目。

张预注：凡与敌战，夜则火鼓不息，昼则旌旗相续，所以变乱敌人之耳目，使不知其所以备我之计。越伐吴，夹水而陈。越为左右句卒，使夜或左或右，鼓噪而进。吴师分以御之，遂为越所败。是惑以火鼓也。晋伐齐，使司马斥山泽之险，虽所不至，必旆而疏陈之。齐侯畏而脱归，是惑以旌旗也。

【译文】

古代兵书《军政》有言：因为战斗中用语言指挥士兵听不见，所以就设置了金鼓；用动作手势指挥士兵则看不见，所以就设置了旌旗。有了统一的指挥号令金鼓旌旗，三军将士便能统一了视听。统一了号令，勇敢的士兵就不会单独前进，怯懦的士兵也不能单独后退，这就是指挥大部队作战的法则。所以，夜间指挥作战多用火把、鼓，白日指挥作战多用旌旗，其目的是通过统一将士的视听来统一他们的行动。

【原文】

故三军可夺气，将军可夺心。①是故朝气锐，昼气惰，暮气归。②故善用兵者，避其锐气，击其惰归，此治气者也。③以治待乱，以静待哗，此治心者也。④以近待远，以佚待劳，以饱待饥，此治力者也。⑤无邀正正之旗，勿击堂堂之陈，此治变者也。⑥

【注释】

①故三军可夺气，将军可夺心："夺气"，挫伤士兵的锐气；"夺心"，动摇将军的决心。用兵作战可先挫伤敌兵的锐气，动摇敌人将领的决心。

②是故朝气锐，昼气惰，暮气归：按字面理解是早晨的时候士气高涨，中午时则有些懈怠，到了晚上则将士思归、斗志消失；但此处"朝昼暮"非特指早午晚，而是推而广之，"朝"可理解为开始，"昼"可理解为中间，"暮"可理解为最后。锐气就是朝气、盛气；惰，懈怠；"归"将士思归、士气低落。我们常用的成语一鼓作气就是这个意思。毛泽东同志在《中国革命战争的战略问题》中指出："孙子说的避其锐气，击其惰归，就是指的使敌

疲劳沮丧，以求减杀其优势"。

③故善用兵者，避其锐气，击其惰归，此治气者也：所以善于指挥作战的将领应该避开敌人的锐气，选择敌人士气懈怠低落的时候去进击。"治气"，研究掌握士气变化的规律。

④以治待乱，以静待哗，此治心者也："治"，严整有序、严阵以待，待什么？等待敌人的混乱；"静"，静气、冷静、沉静；"哗"，骚动不安。"治心"，掌握利用士兵心理变化的法则。以自己的严整对待敌人混乱，以自己的冷静对待敌人的骚动不安，这是研究掌握了攻心的法则。

⑤以近待远，以佚待劳，以饱待饥，此治力者也：意思是以近距离的行军到达战地以等待长途跋涉来的敌人，以自己从容休整来等待疲劳不堪的敌人，以自己军队的粮草充裕、士兵的温饱来等待饥饿不堪的敌人，这就是掌握了与敌人斗军力的法则。"治力"，掌握军队战斗力变化的法则。

⑥无邀正正之旗，勿击堂堂之陈，此治变者也："邀"，拦截打击，"正正"，严整；"堂堂"，阵容壮大、实力雄厚；陈，阵也。此处"堂堂正正"指正大、威严。是说不要去拦截打击旗帜整齐有序、部署严整的队伍，不要去攻击实力雄厚、阵容严整的敌人，这是掌握了灵活机动作战的法则。

【名家注释选】

故三军可夺气

李筌注：夺气，夺其锐勇。齐伐鲁，战于长勺。齐人一鼓，公将战。曹刿曰："未可。"齐人三鼓，刿曰："可矣。"乃战。齐师败绩。公问其故，刿曰："夫战，勇气也。一鼓作气，再而衰，三而竭。彼竭我盈，故克之。"夺三军之气也。

何氏注：《淮南子》曰："将充勇而轻敌，卒果敢而乐战，三军之众，百万之师，志厉青云，气如飘风，声如雷霆，诚积踰而威加敌人，此谓气势。"《吴子》曰："三军之众，百万之师，张设轻重，在于一人，是谓气机。"故夺气者有所待，有所乘，则可矣。

张预注：气者，战之所恃也。夫含生禀血，鼓作斗争，虽死不省者，气使然也。故用兵之法，若激其士卒，令上下同怒，则其锋不可当。故敌人新来而气锐，则且以不战挫之，伺其衰倦而后击，故彼之锐气可夺也。《尉缭子》谓"气实则斗，气夺则走"者，此之谓也。曹刿言"一鼓作气"者，谓初来之气盛也；"再而衰，三而竭"者，谓陈久而人倦也。又，李靖曰："守者，不止完其壁，坚守其陈而已，必也守吾气而有待焉。"所谓守其气者，常养吾之气，使锐盛而不衰，然后彼之气可得而夺也。

将军可夺心

李筌注：怒之令愤，挠之令乱，间之令疏，卑之令骄，则彼之心可夺也。

何氏注：先须己心能固，然后可以夺敌将之心。故《传》曰"先人有夺人之心"，《司马法》曰"本心固，新气胜"者是也。

张预注：心者，将之所主也。夫治乱、勇怯，皆主于心。故善制敌者，挠之而使乱，激之而使惑，迫之而使惧。故彼之心谋可以夺也。《传》曰："先人有夺人之心"，谓夺其本心之计也。又，李靖曰："攻者不止攻其城，击其陈而已，必有攻其心之术焉。"所谓攻其心者，常养吾之心，使安闲而不乱，然后彼之心可得而夺也。

是故朝气锐

陈皞注：初来之气，气方盛锐，勿与之争也。

孟氏注：《司马法》曰："新气胜旧气。"新气即朝气也。

王晳注：士众凡初举，气锐也。

昼气惰

王晳注：渐久少怠。

暮气归

孟氏注：朝气，初气也；昼气，再作之气也；暮气，衰竭之气也。

梅尧臣曰：朝，言其始也；昼，言其中也；暮，言其终也。谓兵始而锐，久则惰而思归，故可击。

王晳注：怠久意归，无复战理。

故善用兵者，避其锐气，击其惰归，此治气者也

李筌注：气者，军之气勇。

杜佑注：避其精锐之气，击其懈惰、欲归，此理气者也。

梅尧臣注：气盛勿击，衰懈易败。

张预注：朝喻始，昼喻中，暮喻末，非以早晚为辞也。凡人之气，初来新至则勇锐，陈久人倦则衰。故善用兵者，当其锐盛则坚守以避之；待其惰归，则出兵以击之。此所谓善治己之气，以夺人之气者也。前赵将游子远败伊余羌，唐武德中太宗之破窦建德，皆用此术。

以治待乱，以静待哗，此治心者也

杜牧注：《司马法》曰："本心固。"言料敌致胜，本心已定，但当调治之，使安静坚固，不为事挠，不为利惑，候敌之乱，伺敌之哗，则出兵攻之矣。

陈皞注：政令不一，赏罚不明，谓之乱。旌旗错杂，行伍嚣，谓之哗。审敌如是，则出攻之。

贾林注：以我之整治，待敌之挠乱；以我之清净，待敌之喧哗，此治心者也。故《太公》曰"事莫大于必克，用莫大于玄默"也。

张预注：治以待乱，静以待哗，安以待躁，忍以待忿，严以待懈，此所谓善治己之心，以夺人之心者也。

以近待远，以佚待劳，以饱待饥，此治力者也

杜佑注：以我之近，待彼之远；以我之闲佚，待彼之疲劳；以我之充饱，待彼之饥虚。此理人力者也。

王晳注：以余制不足，善治力也。

张预注：近以待远，佚以待劳，饱以待饥，诱以待来，重以待轻，此所谓善治己之力以困人之力者也。

无邀正正之旗，勿击堂堂之陈，此治变者也

曹操注：正正，齐也；堂堂，大也。

李筌注：正正者，齐整也；堂堂者，部分也。

杜牧注：堂堂者，无惧也。兵者，随敌而变；敌有如此，则勿击之，是能治变也。后汉曹公围邺，袁尚来救，公曰："倘若从大道来，当避之；若循西山来，此成擒耳。"尚果循西山来，逆击，大破之也。

张预注：正正，谓形名齐整也；堂堂，谓行陈广大也。敌人如此，岂可轻战？《军政》曰："见可而进，知难而退。"又曰："强而避之。"言须识变通。此所谓善治变化之道以应敌人者也。

【译文】

对于敌人的军队可以挫伤它的锐气，对于敌人的将帅可以动摇他的意志和决心。军队初战时士气旺盛高涨，继而会慢慢懈怠，最后就会疲敝衰竭。所以，善于用兵打仗的人，总是避开敌人初来时的刚锐盛气，待其士气懈怠和衰竭之时再行攻击。这是掌握军队士气变化的法则。用自己军队的严整对待敌人的混乱，用自己军队的沉着冷静对待敌人的轻躁，这是掌握了攻心的法则。让自己军队接近战场以对待敌人远道而来，让自己军队安逸休整以对待敌人的奔走劳顿，以自己军队温饱以对待敌人的饥饿，这是掌握军队斗力的法则。不去阻击拦截旗帜齐整、部署周密的敌人，不去攻击阵势堂堂、实力强大的敌人，这是掌握灵活机动变化的法则。

【原文】

故用兵之法：高陵勿向①，背丘勿逆②，佯北勿从③，锐卒勿攻④，饵兵勿食⑤，归师勿遏⑥，围师必阙⑦，穷寇勿迫⑧。此用兵之法也。

【注释】

①高陵勿向："高陵"，有利高地；"向"，仰攻。不要去仰攻占领有利高地的敌人。

②背丘勿逆："背丘"，背靠高地，或者倚托山丘之地；"逆"，迎击。

不要去迎击背靠山丘的敌人。

③佯北勿从："佯北"，假装败逃；"从"，追击。就是说不要去追击假装败逃的敌人。

④锐卒勿攻："锐卒"，士气高涨的士兵。不要去进攻士气高涨的敌人。

⑤饵兵勿食："饵兵"，诱兵，以利引诱的队伍。不要试图消灭当作诱饵的敌人。

⑥归师勿遏："归师"，向自己的营地撤退的军队；"遏"，阻止、拦击。不要去阻止拦击向自己营地撤退的敌人。

⑦围师必阙："阙"，缺口。包围敌人要留下一个缺口，就是网开一面，让敌人能够逃生。

⑧穷寇勿迫："穷寇"，走投无路、陷入困境的敌人；"迫"硬逼。不要硬逼走投无路、陷入困境的敌人。

【名家注释选】

故用兵之法：高陵勿向，背丘勿逆

杜牧注：向者，仰也。背者，倚也。逆者，迎也。言敌在高处，不可仰攻；敌倚丘山下来求战，不可逆之。此言自下趋高者力乏，自高趋下者势顺也，故不可向迎。

孟氏注：敌背丘陵为陈，无有后患，则当引军平地，勿迎击之。

梅尧臣曰："高陵勿向"者，敌处其高，不可仰击；"背丘勿逆"者，敌自高而来，不可逆战，势不便也。

张预注：敌处高为陈，不可仰攻，人马之驰逐，弧矢之施发，皆不便也。故诸葛亮曰："山陵之战，不仰其高。敌从高而来，不可迎之，势不顺也；引至平地，然后合战。"

佯北勿从

贾林注：敌未衰，忽然奔北，必有奇伏要击我兵，谨勒将士，勿令逐追。

杜佑注：北，奔走也。敌方战，气势未衰，便奔走而陈兵者，必有奇伏，勿深入从之。故《太公》曰："夫出甲陈兵，纵卒乱行者，欲以为变也。"

张预注：敌人奔北，必审真伪。若旗鼓齐应，号令如一，纷纷纭纭，虽退走，非败也，必有奇也，不可从之。若旗靡辙乱，人嚣马骇，此真败却也。

锐卒勿攻

李筌曰：避强气也。

陈皞曰：此说是避敌所长，非锐卒勿攻之旨也。盖言士卒轻锐，且勿攻之；待其懈惰，然后击之。所谓千里远斗，其锋莫当，盖近之尔。

张预注：敌若乘锐而来，其锋不可当，宜少避之，以伺疲挫。晋楚相持，楚晨压晋军而陈，军吏患之。栾书曰："楚师轻窕，固垒以待之，三日必退，退而击之，必获胜焉。"又，唐太宗征薛仁杲，贼兵锋甚锐，数来挑战，诸将咸请战，太宗曰："当且壁垒以折之，待其气衰，可一战而破也。"果然。

饵兵勿食

梅尧臣注：鱼贪饵而亡，兵贪饵而败。敌以兵来钓我，我不可从。

王晳注：饵我以利，必有奇伏。

张预注：《三略》曰："香饵之下，必有悬鱼。"言鱼贪饵则为钓者所得，兵贪利则为敌人所败。夫饵兵，非止置毒于饮食，但以利留敌，皆为饵也。若曹公以畜产饵马超、以辎重饵袁绍，李矩以牛马饵石勒之类，皆是也。

归师勿遏

李筌注：士卒思归，志不可遏也。

孟氏注：人怀归心，必能死战，则不可止而击也。

围师必阙

曹操注：《司马法》曰："围其三面，阙其一面，所以示生路也。"

李筌注：夫围敌，必空其一面，示不固也。若四面围之，敌必坚守不拔也。项羽坑外黄，魏武围壶关，即其义也。

杜佑注：若围敌平陆之地，必空一面，以示其虚，欲使战守不固，而有去留之心。若敌临危据险，强救在表，当坚固守之，未必阙也。此用兵之法。

穷寇勿迫

陈皞注：鸟穷则搏，兽穷则噬也。

张预注：敌若焚舟破釜，来决一战，则不可逼迫，盖兽穷则搏也。晋师败齐于鞌，齐侯请盟，晋人不许，齐侯曰："请收合余烬，背城借一。"晋人惧而与之盟。吴夫概王谓"困兽犹斗"，汉赵充国言："缓之则走不顾，急之则还致死"，盖亦近之。

【译文】

所以，用兵作战的法则是：敌军占领高地，不要去仰攻；敌军背靠山地丘陵，不要正面迎击；敌假装败退，不要追击；敌军士气旺盛，不要进攻；敌若用饵兵引诱我，不要试图消灭；敌若退兵回营，不可正面拦截；包围敌人需虚留缺口、网开一面；敌陷入绝境，不要过分逼迫。这都是用兵的法则。

【篇结】

孙子从本篇开始具体涉及许多作战指挥和军队管理方面的战术问题。而前六篇则主要论述的是战略问题，前六篇的内在逻辑可以作这样的理解：在《计》篇当中，主要是分析、庙算、比较，就是运筹、计算战争可以或者不可以打的问题。接下来《作战》篇说战争可以打或者说非打不可的情况下，如何准备人力、物力、财力的问题。《谋攻》篇则论述在做好准备的基础上，一旦开战，最好是全胜，达到全国全军等目的，就是"不战而屈人之兵"。当然不战而屈人之兵是最好的，但战争不可能完全按照自己的意愿进行，如果达不到不战屈人之兵，需要双方兵戎相见的情况下，《形》篇论述了运用谋略巧妙的排兵而阵，达到胜于无形的状态。要达到这样的效果，《势》篇则是说还必须造成有利的态势，以达到出奇制胜的效果。接下来在《虚实》篇中就论述两军对垒，应该避实击虚，做到致人而不致于人。总之，前六篇论述的都是战略的问题。但是按照孙子的逻辑，光有好的战略还不够，还必须有精到的战术，才能立于不败之地。因此从本篇开始以下的五篇则主要论述战术问题，而最后两篇则是讲具体的方式方法。

本篇主要论述了两方面问题：一是两军奔赴战场相争求胜的手段和目的，二是就此提出了一系列战场临战指挥原则。

孙子认为作战中最大的难题是军争，而军争中最大的两个难题，同时也是两个解决的根本方法就是——"以迂为直，以患为利"，意谓与敌人相争最难把握的指挥艺术，是如何将迂回曲折的途径变为近直的最佳效果，化不利为有利，这就是战略设计和作战指挥要放在第一位的两个问题。

既然"以迂为直，以患为利"是交战双方都积极争取的。那么怎么可以实现它呢：孙子说："故迂其途，而诱之以利，后人发，先人至，此知迂直之计也。"这是强调通过谋略，使敌我态势、力量发生改变，战场主动权发生转移，利于己方。其实，这仍然是孙子避实击虚的具体方法展现，仍然是《虚实》篇的延伸。孙子云："先知迂直之计者胜，此军争之法也。"

其次，全文六段文字的后三段构成了所论述的第二个方面。在前面各篇中，孙子都强调实力和力量优势对于战争胜负的决定作用，但这还不是孙子战略思想体系的全部，除了力量优势，战场指挥、战场组织也是制胜的关键因素。在各种指挥原则中，孙子罗列各种战场情况下的指挥原则和处置手段，称之为"用兵之法"。此外，最值得注意的是孙子提出的"治气，治心，治力，治变"这四个紧密联系的因素，即使对于现代战争也具有重大的现实意义。根据敌人将帅的心理和意志品质状况施计用谋，善于掌握和运用士气变化发挥战斗力，通过疲敌之计造成彼竭我盈、以逸待劳，瓦解敌人意志，不与强敌正面交锋，善于机变，创造有利战机，等等。这"四治"是关于将士心理、士卒士气、战斗意志、战机把握的军队管理、控制的方法。孙子称之为"善用兵"之法，透露出了军队指挥管理的秘籍。

九变篇第八

【篇解】

《九变》篇主要讲作战中识别利用地形以及因情况而变化的相机处置问题。篇名"九变"之"九"是虚指，不是实数，言其多也。"变"是不拘泥于常规常法，做到相机行事、因情而变。本篇在十三篇中篇幅最短，集中体现了随机应变、灵活多样、不拘常规的作战指导思想。孙子首先强调了通于"九变"的重要性，指出通于"九变"的将领才算是"知兵"，而要做到知兵，就必须从事物的正反两个方面去分析问题，即所谓"智者之虑，必杂于利害"，并以利益作为考虑问题的标准和目的。孙子还主张将帅要依据五种不同的地形条件灵活指挥，遵循随机应变的原则辩证地对待利害，积极防患于未然，并特别强调了将帅要克服避免五种性格缺陷。

【原文】

孙子曰：凡用兵之法，将受命于君，合军聚众①，圮地无舍②，衢地交合③，绝地无留④，围地则谋⑤，死地则战⑥。涂有所不由⑦，军有所不击⑧，城有所不攻⑨，地有所不争⑩，君命有所不受⑪。

【注释】

①将受命于君，合军聚众：重复上一篇的文字，可以理解为调兵遣将、征集民众、准备物资。

②圮地无舍：圮，音pǐ，塌坏，倒塌，"圮地"，有山林、险阻、沼泽等地方。"舍"，驻扎宿营。难以通行的地方不要驻扎。

③衢地交合："衢地"，四通八达的地方；"交合"，与相邻的国交好。

④绝地无留："绝地"是指交通困难、缺水少粮、生存困难的地方。"无留"，不要停留、驻扎。

⑤围地则谋："围地，"四面险阻、进退困难，易于被包围之地，形象地说好似小盆地。"则谋"，图谋快离开。

⑥ 死地则战："死地"，进退维谷，速战则存、久战则亡之地。唯有力战才能逃脱。

⑦ 涂有所不由："涂"同"途"，道路；"由"，通行，必由之路的由。

⑧ 军有所不击："军"，敌军；"不击"，不攻击。

⑨ 城有所不攻："城"，城池；"不攻"，不攻取。

⑩ 地有所不争："地"，版图；"不争"，不占领。

⑪ 君命有所不受：即使君主的命令不符合实际或者军队的情况，也不能盲目执行。

【名家注释选】

凡用兵之法，将受命于君，合军聚众

施子美注：兵有奇正，正兵受之于君，奇兵将所自出。受命于君，合军聚众，成师而出，此正兵也。至于"圮地无舍"以下乃奇兵所寓，必极其变而用之，非君命之所不拘，此将所自出之奇也。

圮地无舍

李筌注：地下曰圮，行必水淹也。

陈皞注：圮，低下也。孔明谓之地狱。狱者，中下，西面高也。

张预注：山林、险阻、沮泽，凡难行之道，为圮地。以其无所依，故不可舍止。

衢地交合

曹操注：结诸侯也。

李筌注：四通曰衢，结诸侯之交地也。

梅尧臣注：夫四通之地，与旁国想通，当结其交也。

绝地无留

李筌注：地无泉井、畜牧、采樵之处，为绝地，不可留也。

张预注：去国越境而师者，绝地也。危绝之地，过于重地，故不可淹留久止也。

施子美注：绝地则无所通之地也，其地进不可进，退不可退，易为人所乘，故不可留。

围地则谋

贾林注：居四险之中，曰围地，敌可往来，我难出入。居此地者，可预设奇谋，使敌不为我患，乃可济也。

施子美注：围地者，可以围人之地也。地虽可以围人，然必有谋乃可以胜之，故围地则当谋。

死地则战

李筌注：置兵于必死之地，人自为私斗，韩信破赵，此是也。

涂有所不由

贾林注：由，从也。途且不利，虽近不从。

张预注：险厄之地，车不得方轨，骑不得成列，故不可由也；不得已而行之，必为权变。韩信知陈馀不用李左车之计，乃敢入井陉口是也。

军有所不击

曹操注：军虽可击，以地险难久，留之失前利，若得之，则利薄。困穷之兵，必死战也。

张预注：纵之而无所损，克之而无所利，则不须击也。又若我弱彼强，我曲彼直，亦不可击。如晋楚相持，士会曰："楚人德刑、政事、典礼不易，不可敌也，不为是征。"义相近也。

城有所不攻

曹操注：城小而坚，粮饶不可攻也。操所以置华、费而深入徐州，得十四县也。

王皙注：城非控要，虽可攻，然惧于钝兵挫锐，或非坚实，而得士死力；又克虽有期，而救兵至，吾虽得之，利不胜其所害也。

地有所不争

曹操注：小利之地，方争得而失之，则不争也。

杜牧注：言得之难守，失之无害。伍子胥谏夫差曰："今我伐齐，获其地，犹石田也。"东晋陶侃镇武昌，议者以武昌北岸有邾城，宜分兵镇之，侃每不答，而言者不已。侃乃渡水猎，引诸将佐语之曰："我所以设险而御寇，正以长江耳。邾城在江北，内无所倚，外接群夷；夷中利深，晋人贪利，夷不堪命，必引寇虏，乃致祸之由，非御寇也。且今纵有兵守之，亦无益于江南；若羯虏有可乘之会，此又非所资也。"后庾亮戍之，果大败。

君命有所不受

曹操注：苟便于事，不拘于君命也。

杜牧注：《尉缭子》曰："兵者，凶器也；争者，逆德也；将者，死官也。无天于上，无地于下，无敌于前，无主于后。"

【译文】

孙子说：大凡用兵的法则，主将接受国君的命令，调兵遣将、组织军队，出征时遇到圮地不可宿营。在多国交界四通八达的衢地，要结交诸侯。在无法生存的绝地不可停留，在易被包围的围地要巧设计谋尽快脱离。陷入死地，只有血拼出一条生路。

有些道路不须经过，有的敌军不要攻打，有些城邑不要攻夺，有些地方不要占领，即使国君的命令也不要盲目执行。

【原文】

故将通于九变之地利者，知用兵矣①；将不通于九变之利者，虽知地形，不能得地利矣②。治兵不知九变之术，虽知五利，不能得人之用矣。③

是故智者之虑，必杂于利害。④杂于利，而务可信也⑤；杂于害，而患可解也⑥。

【注释】

① 故将通于九变之地利者，知用兵矣："通"，通晓、精通、掌握之意；"九变"，作战中的各种地形及情况变化。将帅要从大局上、宏观上把握地形之利、情形之变，才算是通晓用兵作战的原则。

② 将不通于九变之利者，虽知地形，不能得地利矣："地形"，地理形势，如山水、险平、曲直等。是说如果不能从宏观上把握地形之利益，就是知晓地形也不能得地利。

③ 治兵不知九变之术，虽知五利，不能得人之用矣："治兵"，带兵打仗，"五利"指前面"涂有所不由"至"君命有所不受"等五事之利。

④ 是故智者之虑，必杂于利害："是故智者之虑"，聪明的将帅考虑什么问题呢？利与害。"杂"，混合，此处指比较、综合、兼顾。

⑤ 杂于利，而务可信也："务可信也"，"务"是指事情、任务，此处指作战事宜；"信"是指伸展、展开，此处指完成任务。就是说唯有考虑到利的一方面，才能激励将士去拼命完成战斗任务。

⑥ 杂于害，而患可解也："杂"，混合、掺杂、兼有，此处是统筹考虑之意。是说唯有统筹考虑到不利的一方面，才能防患于未然。"解"，消除。

【名家注释选】

故将通于九变之地利者，知用兵矣

杜佑注：九事之变，皆临时制宜，不由常道，故言变也。

张预注：更变常道而得其利者，知用兵之道矣。

将不通于九变之地利者，虽知地形，不能得地利矣

贾林注：虽知地形，心无通变，岂惟不得其利，亦恐反受害也。将贵适变也。

梅尧臣注：知地不知变，安得地之利？

治兵不知九变之术，虽知五利，不能得人之用矣

梅尧臣注：知利不知变，安得人而用？

是故智者之虑，必杂于利害

曹操注：在利思害，在害思利，当难行权也。

张预注：智者虑事，虽处利地，必思所以害；虽处害地，必思所以利。此亦通变之谓也。

杂于利，而务可信也

杜牧注：信，申也。言我欲取利于敌，不可但见取敌之利，先须以敌人害我之事参杂而计量之，然后我所务之利，乃可申行也。

张预注：以所害而参所利，可以伸己之事。郑师克蔡，国人皆喜，惟子产惧，曰："小国无文德而有武功，祸莫大焉。"后楚果伐郑。此是在利思害也。

杂于害，而患可解也

曹操注：既参于利，则亦计于害，虽有患可解也。

张预注：以所利而参所害怕，可以解己之难。张方入洛阳，连战皆败。或劝方宵遁，方曰："兵之利钝是常，贵因败以为成耳。"夜，潜近逼敌，遂致克捷。此是在害思利也。

【译文】

所以将帅如果能够宏观上精通作战各种机变的利弊，就算是懂得用兵之道。将帅如果不从大局上精通各种机变的利弊，即使了解地形，也不能得地形之利。指挥军队而不知各种机变的方法，虽然知道地形五利，也不能充分发挥军队的作用。

所以，聪明的将帅考虑问题，必须兼顾到利害两个方面，在不利的条件下要看到有利的因素，事情就可以顺利地进行；在顺利的条件下要看到不利的因素，祸患才能够预先消除。

【原文】

是故屈诸侯者以害，役诸侯者以业，趋诸侯者以利。①故用兵之法，无恃其不来，恃吾有以待也②；无恃其不攻，恃吾有所不可攻也③。

故将有五危：必死，可杀也④；必生，可虏也⑤；忿速，可侮也⑥；廉洁，可辱也⑦；爱民，可烦也⑧。凡此五者，将之过也，用兵之灾也。⑨覆军杀将，必以五危，不可不察也。⑩

【注释】

① 是故屈诸侯者以害，役诸侯者以业，趋诸侯者以利："诸侯"，此处指敌国、敌方；上文中的利害是从我方来分析的，此处的"害"指敌方的有失有患而言；"业"指危机的事情；"趋"，使之归附；"利"，利益、好处。就是说用敌国的"核心利益"说事从而让它屈服，用敌方不得不做的事情去役使它，拿出好处利益诱使敌方归附。

② 故用兵之法，无恃其不来，恃吾有以待也："恃"，依仗、指望，是说不要指望敌人不来攻打，要依仗我方时刻有准备而防患于未然。

③ 无恃其不攻，恃吾有所不可攻也：是说不要指望敌人不进攻，要依仗我方戒备森严、无隙可乘。

④ 故将有五危：必死，可杀也："五危"，五个方面的危害、致命弱点。下面具体说每一种弱点。"必死"，固执己见、有勇无谋，死拼硬打。固执己见、死拼硬打的结果是"可杀"，就是可能被虏杀。即今天说的精神可嘉，后果堪忧。

⑤ 必生，可虏也：一味贪生怕死，可能被俘虏。

⑥ 忿速，可侮也："忿速"指主帅暴躁偏激。意思是说如果主帅易怒偏激，逞怒轻战，则有可能受掳杀之侮。

⑦ 廉洁，可辱也："廉洁"，洁身自好、自矜名节，就可能自取其辱。

⑧ 爱民，可烦也：仁爱百姓过度，则会被烦忧。

⑨ 凡此五者，将之过也，用兵之灾也：以上五个方面都是将帅的不对，也是用兵作战的灾祸。

⑩ 覆军杀将，必以五危，不可不察也："覆军"，全军覆没；"杀将"，将帅被俘杀。本来以上五个方面（"必死、必生、忿速、廉洁、爱民"）尤其是后面两项，也是将帅的优点，但孙子在此是说，如果过度了，就走向反面

了。所以说如果战争失利，全军覆没，将帅被杀掳，一定是因为将领的这五个方面的弱点，一定要认真慎重地对待。直到今天我们也有"慈不掌兵"的说法。

【名家注释选】

是故屈诸侯者以害

李筌注：害其政也。

贾林注：为害之计，理非一途，或诱其贤智，令彼无臣；或遗以奸人，破其政令；或为巧诈，间其君臣；或遗工巧，使其人疲财耗；或馈淫乐，变其风俗；或与美人，惑乱其心。此数事，若能潜运阴谋，密行不泄，皆能害人，使之屈折也。

梅尧臣注：制之以害，则屈也。

役诸侯者以业

曹操注：业，事也。使其烦劳，若彼入我出，彼出我入也。

杜佑注：能以事劳役诸侯之人，令不得安佚，韩人令秦凿渠之类是也。或以奇技艺业，淫巧功能，令其耽之心目，内役诸侯，若此而劳。

趋诸侯者以利

李筌注：诱之以利。

张预注：动之以小利，使之必趋。

故用兵之法，无恃其不来，恃吾有以待也

梅尧臣注：所恃者，不懈也。

无恃其不攻，恃吾有所不可攻也

杜佑注：安则思危，存则思亡，常有备。

张预注：言须思患而预防之。《传》曰："不备不虞，不可以师。"

故将有五危

李筌、张预注：下五事也。

必死，可杀也

李筌注：勇而无谋也。

杜牧注：将愚而勇者，患也。黄石公曰："勇者好行其志，愚首不顾其死。"《吴子》曰："凡人之论将，常观于勇；勇之于将，乃数分之一耳。夫勇者必轻合，轻合而不知利，未可将也。"

张预注：勇而无虑，必欲死斗，不可与力争，当以奇伏诱致而杀之。故《司马法》曰："上死不胜。"言将无策略，止能以死先士卒，则不胜也。

必生，可虏也

曹操注：见利畏怯不进也。

杜牧注：晋将刘裕溯江追桓玄，战于峥嵘洲。于时，义军数千，玄兵甚盛；而玄惧有败衄，常漾轻舸于舫侧，故其众莫有斗心。义军乘风纵火，尽锐争先，玄众是以大败也。

孟氏注：将之怯弱，志必生返，意不亲战，士卒不精，上下犹豫，可急而取之。《新训》曰："为将怯懦，见利而不能进。"《太公》曰："失利后时，反受其殃。"

忿速，可侮也

李筌注：疾急之人，性刚而可侮致也。太宗杀宋老生而平霍邑。

杜牧注：忿者，刚怒也；速者，褊急也，性不厚重也。若敌人如此，可以凌侮，使之轻进而败之也。十六国姚襄攻黄落，前秦苻生遣苻黄眉、邓羌讨之。襄深沟高垒，固守不战。邓羌说黄眉曰："襄性刚狠，易以刚动；若长驱鼓行，直压其垒，必忿而出师，可一战而擒也。"黄眉从之。襄怒，出战，黄眉等斩之。

廉洁，可辱也

曹操注：廉洁之人，可污辱致之也。

张预注：清洁爱民之士，可垢辱以挠之，必可致也。

爱民，可烦也

杜牧注：言仁人爱人者，惟恐杀伤，不能舍短从长，弃彼取此，不度远近，不量事力，凡为我攻，则必来救，如此可以烦之，令其劳顿，而后取之也。

张预注：民虽可爱，当审利害；若无微不救，无远不援，则出其所必趋，使烦而困也。

凡此五者，将之过也，用兵之灾也

张预注：庸常之将，守一而不知变，故取则于己，为凶于兵。智者则不然，虽勇而不必死，虽怯而不必生，虽刚而不必侮，虽廉而不可辱，虽仁而不可烦也。

覆军杀将，必以五危，不可不察也

贾林注：此五种之人，不可任为大将，用兵必败也。

梅尧臣注：当慎重焉。

【译文】

要让诸侯国屈服，就要危及它要害的"核心利益"；想要控制役使诸侯，要制造危机去扰乱它；要使诸侯归顺就要用好处去引诱。用兵的法则是不要寄希望于敌人不来，而要依靠自己做好了充分的准备；不要指望敌人不进攻，要依仗我方戒备森严、无隙可乘。

将帅有五种致命危险：只是知道奋力死战、有勇无谋的，就会被诱杀；贪生怕死、临阵畏缩的，容易被敌人逼迫而屈服成为俘虏；急躁易怒、轻启战端的，就会受到敌人奸计愚弄；过于贪恋名节的难免经不起敌人羞辱；一味爱民而不分轻重缓急就会陷于敌人制造的烦扰。以上五条都是将帅的过失，也是用兵的灾难，部队全军覆没，将帅遭敌擒杀，都是因为这五种致命弱点造成的，这不可不引起充分注意。

【篇结】

本篇文章结构与上篇类似。上半篇论述用兵之法，下半篇论述为将之道，而为将之道只论述了机动灵活、随机应变，以及防患于未然，这是作者旨在突出强调这一重要方面。孙子论及战场指挥，不仅仅是论述一些方法原则，此外必论及战场上的人——将帅和士兵，战争不只是力量的对抗和实力的较量，而且还是人的实践活动，是靠人的头脑发挥作用而实现力量的发挥和作用。因此，孙子把将帅的主观能动性予以科学发挥作为执行命令的最佳选择。将帅可根据实际情况需要，有弹性地改变对战役和战术层面的命令。"君命有所不受"与其他选项是一样的，都只是限于战术层面，因为古代战争，越境千里，情况复杂，联络不畅，孙子据此提出了"九变"，为将帅争取战场上的指挥权，这与《谋攻》篇中批评国君"为患于军"的三种情况是一致的。同时，孙子还论述了将帅在战略决策中保持头脑清醒至关重要，"五危"讲的就是将帅的情商问题，孙子告诫将帅要避免"五危"，否则就会招致危险的后果。

行军篇第九

【篇解】

篇名"行军"的"行"读 háng，指行列、行阵，今天我们说的"行伍生涯"的"行"即此意。"军"是军队驻扎，因此"行军"是指行军布阵、驻扎宿营。

孙子在《军争》论述的是军争的利害，《九变》则是在申明了利害后要求将帅精通用兵作战的机变，在此基础上便可以行军布阵、驻扎宿营了，这是此三篇的内在关系。

本篇主要论述了在出征作战过程中，如何选择营地驻扎，也就是"处军"；同时也论述了如何观察敌情，也就是"相敌"。实际上是围绕着"知彼知己"展开论述，重点是论述知彼。"处军"在便于作战和便于军队生活的地方，远离不利的地方宿营，并具体提出了 4 类 12 条原则；"相敌"就是必须对敌人各种情况进行周密细致的观察，从现象洞察本质然后作出科学准确的判断。在本篇中孙子列举了 32 种相敌之法，在今天看来不一定用得上，但是当时经验的集大成，更对我们今天思考问题提供了一种缜密的方法论。在管理士兵时，主将只有在取得士兵的信任后，才能综合运用赏罚，并在本篇中提出了"令之以文，齐之以武"治军理念，文武兼用、宽严并济、刚柔相得的思想至今仍然闪烁着智慧的光芒。

【原文】

孙子曰：凡处军、相敌①；绝山依谷，视生处高，战隆无登，此处山之军也②。绝水必远水；客绝水而来，勿迎之于水内，令半济而击之，利③；欲战者，无附于水而迎客，视生处高，无迎水流，此处水上之军也④。绝斥泽，惟亟去无留。⑤若交军于斥泽之中，必依水草而背众树，此处斥泽之军也。⑥平陆处易，而右背高，前死后生，此处平陆之军也。⑦凡此四军之利，黄帝之所以胜四帝也。⑧

【注释】

①凡处军、相敌："处"，处置、安置；"相"，观察、判断。"处军"是在作战过程中处置军队、布阵与宿营等问题的一般原则与方法。"相敌"，是观察与判断敌情。

②绝山依谷，视生处高，战隆无登，此处山之军也："绝山依谷"，部队横穿大山时要选择有水草可以保证人马生活的山谷而行进，"绝"，横穿、横渡。"视生处高"，军队驻扎要选择向阳、开阔、地势高的地方。"生"，阳也。"战隆无登"，"隆"，高地。不要登孤立的高地。以上三条是在山地驻扎的原则。

③绝水必远水；客绝水而来，勿迎之于水内，令半济而击之，利："绝水必远水"，"绝水"，横渡江河。军队渡过江河后不能靠近江河而安营扎寨。"客绝水而来，勿迎之于水内，令半济而击之，利"，敌人渡河来作战，不要

在水面上迎击他们，最好是等他们有一部分渡过河后，另一部分还在渡河时打击他们，这样就有利。"济"，渡河。"半济"，一部分渡过，另一部分在渡，还有部分未渡。另一理解是军队渡河至河中。

④ 欲战者，无附于水而迎客，视生处高，无迎水流，此处水上之军也："欲战者，无附于水而迎客"，在将要打击敌人的时候，不要在靠近江河的岸边驻军打击他们。"附"，附近、靠近；"迎客"，迎击敌人。"视生处高，无迎水流"，应该是把军队驻扎在河之上游，不能顺着江河驻扎在下游，这样可以放水攻击敌人，同时也能预防敌人放水灌淹我军。以上从"绝水必远水"到"无迎水流"，这四条是军队行至江河地形时的布阵驻扎方法与原则。

⑤ 绝斥泽，惟亟去无留："斥泽"，盐碱、沼泽地带；"亟"，极速。通过盐碱沼泽地带后，要极速离开。

⑥ 若交军于斥泽之中，必依水草而背众树，此处斥泽之军也："交军"，指双方交战。万一敌我相遇于盐碱沼泽地带，一定要依托有水草而且背面靠树林的地方驻扎、布阵。以上两条是在盐碱沼泽地带驻扎布阵的原则。

⑦ 平陆处易，而右背高，前死后生，此处平陆之军也："平陆处易"，在开阔的地带在驻军，应选择平坦之处宿营。"平陆"，平原、开阔之处；"易"，平地、平坦；"右背高"，主力侧翼部队，古代右为上。意思是说如果在平坦开阔的地带驻扎，则应该将主力侧翼安置在后边有高丘的地方。"前死后生"，《淮南子·地形训》云："高者为生，下者为死"，就里的"死生"是"低与高"的意思。这三条是驻扎平原陆地的原则方法。

⑧ 凡此四军之利，黄帝之所以胜四帝也："四军之利"指以上论述的处山、水、泽、原的四种驻扎布阵原则方法，是黄帝打败其他部族的战略战术原则。

【名家注释选】

孙子曰：凡处军、相敌

王晳注：处军凡有四，相敌凡三十有一。

张预注：自"绝山依谷"至"伏奸之所处"，则处军之事也；自"敌近而静"至"必谨察之"，则相敌之事也。相，犹察也，料也。

赵本学注：言行军之事，在于安处我军，相视敌情二者而已。

邓廷罗注：处军，谓安处我军也。相敌，谓相视敌情也。

陆懋德注：《玉篇》曰："处，居也。"《尔雅》曰："相，视也。"

绝山依谷

曹操注：近水草，利便也，

杜牧注：绝，过也；依，近也。言行军经过山险，须近谷而有水草之利也。

贾林注：两军相当敌，宜择利而动。绝山，跨山；依谷，傍谷也。跨山无后患，依谷有水草也。

张预注：绝，犹越也。凡行军越过山险，必依附溪谷而居，一则利水草，一则负险固。后汉武都羌为寇，马援讨之。羌在山上，援据便地，夺其水草，不与战。羌穷困悉降。羌不知依谷之利也。

视生处高

李筌注：向阳曰生，在山曰高。生、高之地可居也。

贾林注：居阳曰生，视生为无蔽冒之物也，处军当在高。

杜佑注：高，阳也。视谓目前生地。处军当在高。

邓廷罗注：视生，取其向阳也；处高，取其顺势也。

战隆无登

曹操注：无迎高也。

李筌注：敌自高而下，我无登而取之。

杜牧注：隆，高也。言敌人在高，我不可自下往高，迎敌人而接战也。

此处山之军也

梅尧臣注：处山当知此三者。

张预注：凡高而崇者，皆谓之山。处山拒敌，以上三事为法。

绝水必远水

曹操、李筌注：引敌使渡。

梅尧臣注：前为水所隔，则远水以引敌。

张预注：凡行军过水，欲舍止者，必去水稍远，一则引敌使渡，一则进退无碍。郭淮远水为陈，刘备悟之而不渡是也。

客绝水而来，勿迎之于水内，令半济而击之，利

李筌注：韩信杀龙且其败于潍水，夫概败楚子于清发是也。

杜牧注：楚汉相持，项羽自击彭越，令其大司马曹咎守成皋。汉军挑战，咎涉汜水战。汉军候半涉，击，大破之。

王晳注："内"当作"汭"。迎于水汭，则敌不敢济；远则趋利不及，当得其宜也。

张预注：敌若引兵渡水来战，不可迎之于水边，俟其半济，行列未定，首尾不接，击之必胜。公孙瓒败黄巾贼于东光，薛万均破窦建德于范阳，皆用此术也。

施子美注：敌若绝水而来，不可迎于水内，恐其无全胜也。令半渡而击之，乃可获利。

欲战者，无附于水而迎客

李筌注：附水迎客，敌不得渡而与我战。

杜牧注：言我欲用战，不可近水迎战，恐敌人疑我不渡也。义与上同，但客主词异耳。

杜佑注：附，近也。近水待敌，不得渡也。

张预注：我欲必战，勿近水迎敌，恐其不得渡；我不欲战，则阻水拒之，使不能济。晋将阳处父与楚将子上夹泜水而军。阳子退舍，欲使楚人渡；子上亦退舍，欲令晋师渡。遂皆不战而归。

视生处高

曹操注：水上亦当处其高也；前向水，后当依而处之。

梅尧臣注：水上亦据高而向阳。

何氏注：视生向阳，远视也。军处高，远见敌势，则敌人不得潜来出我不意也。

张预注：或岸边为陈，或水上泊舟，皆须面阳而居高。

无迎水流

李筌注：恐溉我也。智伯灌赵襄子，光武溃王寻，迎水处高乃败之。

杜牧注：水流就下，不可于卑下处军也，恐敌人开决灌浸我也。上文云"视生处高"也。诸葛武侯曰："水上之陈，不逆其流。"此言我军舟船亦不可泊于下流，言敌人得以乘流而薄我也。

贾林注：水流之地，可以溉吾军，可以流毒药。迎，逆也。一云："逆流而营军，兵家所忌。"

梅尧臣注：无军下流，防其决灌。舳舻之战，逆亦非便。

王皙注：当乘上流。魏曹仁征吴，欲攻濡须洲中。蒋济曰："贼据西岸，列船上流，而兵入洲中，是谓自内地狱，危亡之道也。"仁不从而败。

张预注：卑地勿居，恐决水溉我。舟战亦不可处下流，以彼沿我溯战不便也。兼虑敌人投毒于上流。楚令尹拒吴，卜战不吉。司马子鱼曰："我得上流，何故不吉？"遂决战，果胜。是军须居上流也。

此处水上之军也

梅尧臣注：处水上，当知此五者。

张预注：凡近水为陈，皆谓水上之军。水上拒敌，以上五事为法。

绝斥泽，惟亟去无留

陈皞注：斥，咸卤之地，水草恶，渐洳不可处军。《新训》曰"地固斥泽，不生五谷"者是也。

贾林注：咸卤之地，多无水草，不可久留。

梅尧臣注：斥，远也。旷荡难守，故不可留。

张预注：《刑法志》云："山川沈斥。"颜师古注云："沈，深水之下；斥，咸卤之地。"然则斥泽谓瘠卤渐洳之所也。以其地气湿润，水草薄恶，故宜急过。

> 若交军于斥泽之中，必依水草而背众树，

曹操注：不得已与敌会于斥泽中。

李筌注：急过不得，战必依水背树。夫有水树，其地无陷溺也。

杜牧注：斥卤之地，草木不生，谓之飞锋。言于此忽遇敌，即须择有水草林木而止之。

杜佑注：一本作"背众木"，言不得已与敌战，而会斥泽之中，当背稠树以为固守，盖地利，兵之助也。

张预注：不得已而会兵于此地，必依近水草，以便樵汲；背倚林木，以为险阻。

> 此处斥泽之军也

梅尧臣注：处斥泽，当知此二者。

张预注：处斥泽之地，以上二事为法。

> 平陆处易

曹操注：车骑之利也。

杜牧注：言于平陆，必择就其中坦易平稳之处以处军，使我车骑得以驰逐。

张预注：平原广野，车骑之地，必择其坦易无坎陷之之处以居军，所依利于驰突也。

> 而右背高，前死后生

曹操注：战便也。

李筌注：夫人利用，皆便于右，是以背之。前死，致敌之地；后生，我自处。

杜牧注：《太公》曰："军必左川泽而右丘陵。"死者，下也；生者，高

也。下不可以御高，故战便于军马也。

贾林注：岗阜曰生，战地曰死。后岗阜，处军稳；前临地，用兵便；高在右，回转顺也。

此处平陆之军也

梅尧臣注：处平陆，当之此二者。

张预注：居平陆之地，以上二事为法。

凡此四军之利

李筌注：四者，山、水、斥泽、平陆也。

张预注：山、水、斥泽、平陆之四军也。诸葛亮曰："山路之战，不升其高；水上之战，不逆其流；草上之战，不涉其深；平地之战，不逆其虚。此兵之利也。"

黄帝之所以胜四帝也

曹操注：黄帝始立，四方诸侯无不称帝，以此四地胜之也。

李筌注：黄帝始受兵法于风后，而灭四方，故曰胜四帝也。

张预注：黄帝始立，四方诸侯亦称帝，以此四地胜之。按《史记·黄帝纪》云："于炎帝战于阪泉，于蚩尤战于涿鹿，北逐荤粥。"又太公《六韬》言："黄帝七十战而定天下。"此即是有四方诸侯战也。兵家之法，皆始于帝，故云然也。

【译文】

孙子说：在各种不同地形上处置驻扎军队和观察判断敌情时，应该注意：通过山地，必须靠近有水草的山谷，驻扎居高向阳的地方，敌人占领高地，不要仰攻，这是军队在山地部署宿营的原则。横渡江河，应远离开江河驻扎，敌人渡水来战，不要在江河中迎击，要等它渡过一部分时再去攻击，这样有利于取胜。如果要同敌人开战，不要紧靠水边布兵列阵，要居上游，不要在下游迎着水流而战。这是军队在江河地带部署机动的原则。通过盐碱沼泽地带，要迅速离开，不要逗留。如果同敌军相遇于盐碱沼泽地带，那就必须靠近水草而背靠树林，这是军队在盐碱沼泽地带上的处置原则。在平原地带要占领开阔地域，主力侧翼要依托高地，前低后高，这是军队在平原地带上的处置原则。以上军队驻扎部署四种原则的好处，就是黄帝之所以能战胜其他四方部族的原因。

【原文】

凡军好高而恶下，贵阳而贱阴，养生而处实。①军无百疾，是谓必胜。②丘陵堤防，必处其阳而右背之。此兵之利，地之助也。③上雨，水沫至，欲涉者，待其定也。④

凡地有绝涧、天井、天牢、天罗、天陷、天隙，必亟去之，勿近也。⑤吾远之，敌近之；吾迎之，敌背之。⑥

军行有险阻、潢井、葭苇、山林、翳荟者，必谨复索之⑦，此伏奸之所处也⑧。

【注释】

① 凡军好高而恶下，贵阳而贱阴，养生而处实："好高"，喜欢高地开阔处；"恶下"，避开低地闭塞处；"贵阳"，以左前阳为贵；"贱阴"，以右背阴为贱；"养生"，依水草而驻，保证人马充足供应；"处实"，粮草厚实便宜之处。

② 军无百疾，是谓必胜：如上所述，如果按照上述的原则驻扎宿营，军队就不会发生疫情。"必胜"，必胜之道，就是取胜的必要条件。

③ 丘陵堤防，必处其阳而右背之。此兵之利，地之助也："丘陵堤防，必处其阳而右背之"，凡是驻扎在丘陵和大河堤防的地势下，一定要向阳而安营并且使主力部队依靠这个有利地形。"此兵之利，地之助也"，以上这些有利的作战原则与方法，是充分利用有利的地形作辅助条件的。

④ 上雨，水沫至，欲涉者，待其定也：上游下大雨，河流湍急就会产生泡沫，这是水流泛滥迹象，军队想要渡河，一定要等水流稳定后再进行。

⑤ 凡地有绝涧、天井、天牢、天罗、天陷、天隙，必亟去之，勿近也：

"绝涧"，两岸陡峭，水流湍急的险恶地形。"天井"，形似深井，四周高中间注的地形。"天牢"，容易进去难以出来的地形。"天罗"，草木蒙密，荆棘丛生的地形。"天陷"，地势低洼，车马难以通行的地形。"天隙"，两旁悬崖峭壁中央道路狭窄的地形。"必亟去之，勿近也"，遇到上述地形一定要极速离开，千万不要靠近它。

⑥ 吾远之，敌近之；吾迎之，敌背之：上述危险的地形，我方要尽量远离它，而可诱使敌人靠近它；我方在布阵时可以面对它，而让敌人背靠它。

⑦ 军行有险阻、潢井、葭苇、山林、翳荟者，必谨复索之："险阻"，悬崖隔阻的地方。"潢井"，低洼容易积水的地带。"葭苇"，意思是芦苇，泛指水草丛生的地方。"山林"，高山森林之地。"翳荟"，草木茂盛、可为障蔽之地。"必谨复索之"，一定小心仔细地侦探和搜寻。

⑧ 此伏奸之所处也：指以上各种地形往往是敌人设置埋伏、隐藏奸细的地方。

【名家注释选】

凡军好高而恶下

梅尧臣注：高则爽垲，所以安和，亦以便势；下则卑湿，所以生疾，亦以难战。

张预注：居高则便于觇望，利于驰逐；处下则难以为固，易以生疾。

贵阳而贱阴

梅尧臣曰：处阳则明顺，处阴则晦逆。

王皙曰：久处阴湿之地，则生忧疾，且弊军器也。

张预曰：东南为阳，西北为阴。

养生而处实

曹操注：恃满实也。养生向水草，可放牧养畜乘。实，犹高也。

梅尧臣注：养生便水草，处实利粮道。

王皙注：阴湿谓水草粮糒之属，处实者，倚固之谓，张预注：养生，谓就善水草放牧也，处实，谓倚隆高之地以居也。

军无百疾，是谓必胜

李筌注：夫人处卑下必疠疾，惟高阳之地可居也。

杜牧注：生者阳也；实者高也。言养之于高阳，则无卑湿阴翳，故百疾不生，然后必可胜也。

梅尧臣注：能知上三者，则势胜可必，疾气不生。

张预注：居高面阳，养生处厚，可以必胜；地气干燥，故疾疠不作。

丘陵堤防，必处其阳，而右背之

杜牧注：凡遇丘陵堤防之地，常居其东南也。

梅尧臣注：虽非至高，亦当前向明而右依实。

张预注：面阳所以贵明显，背高所以为险固。

此兵之利，地之助也

梅尧臣注：兵所利者，得形势以为助。

张预注：用兵之利，得地之助。

上雨，水沫至，欲涉者，待其定也

曹操注：恐半涉而水遽涨也。

杜佑注：恐半涉而水遽涨。上雨，水当清，而反浊沫至，此敌人上遏水之占也，欲以中绝军。凡地有水欲涨，沫先至，皆为绝军，当待其定也。

张预注：渡未及毕济，而大水忽至也。沫谓水上泡沤。

凡地有绝涧、天井、天牢、天罗、天陷、天隙

梅尧臣注：绝涧：前后险峻，水横其中。

天井：四面峻坂，涧壑所归。

天牢：三面环绝，易入难出。

天罗：草木蒙密，锋镝莫施。

天陷：卑下污泞，车骑不通。

天隙，两山相向，洞道狭恶。

曹操注：山深水大者，为绝涧，四方高、中央下为天井，深山所过若蒙笼者为天牢，可以罗绝人者为天罗，地形陷者为天陷，山涧道迫狭，地形深数尺、长数丈者为天隙。

杜牧注：《军谶》曰："地形坳下，大水所及，谓之天井。山涧迫狭，可以绝人，谓之天牢。涧水澄阔，不测浅深，道路泥泞，人马不通，谓之天陷。地多沟坑，坎陷、木石，谓之天隙。林木隐蔽，葭苇深远，谓之天罗。"

必亟去之，勿近也

梅尧臣注：六害尚不可近，况可留乎？

王晳注：晳谓"绝涧"当作"绝天涧"，脱"天"字耳。此六者，皆自然之形也。牢，谓如狱牢，罗，谓如网罗也，陷，谓沟坑淤泞之属，隙，谓木石若隙罅之地。行军过此勿近，不然，则脱有不虞，智力无所施也。

张预曰：溪谷深峻，莫可过者为绝涧；外高中下，众水所归者为天井；山险环绕，所入者隘为天牢；林木纵横，葭苇隐蔽者为天罗；陂池泥泞，渐车凝骑者为天陷；道路迫狭，地多坑坎者为天隙，凡遇此地，宜远过不可近之。

赵本学注：涧，山麓之断处；绝，如绝山绝水之绝。四高中下，势如凹屈者，为天井，言其如坐井底也。山林环绕，易入而难出者，为天牢，言其如禁狱中也。草木蒙密，锋镝莫施者，为天罗，言其如罹罗网也。坡陀泥泞，车骑灭没者，为天陷，言其如坠陷阱也。道路迫狭，地多坑坎者，为天隙，言其如入鼠穴也。绝涧之地，其恶形有此五等，近之皆有奇祸。

吾远之，敌近之；吾迎之，敌背之

曹操注：用兵常远六害，今敌近背之，则我利敌凶。

李筌注：善用兵者，致敌之受害之地也。

杜牧注：迎，向也；背，倚也。言遇此六害之地，吾远之向之，则进止自由；敌人近之依之，则举动有阻。故我利而敌凶也。

军行有险阻、潢井、葭苇、山林、翳荟者必谨复索之，此伏奸之所处也

曹操注：险者，一高一下之地；阻者，多水也；潢者，池也；井者，下也；葭苇者，众草所聚；山林者，众木所居也；翳荟者，可屏蔽之处也。此以上论地形也。以下相敌情也。

梅尧臣注：险阻，隘也，山林之所产；潢井，下也，葭苇之所生。皆翳荟足以蒙蔽。当掩搜，恐有伏兵。

张预注：险阻，丘阜之地，多生山林；潢井，下也，卑下之处多产葭苇。皆翳荟可以蒙蔽。必降所之，恐兵伏其中。又虑奸细潜隐，觇我虚实，听我号令，"伏""奸"当为两事。

【译文】

一般情况下驻军，总是选择干爽的高地，避开潮湿的洼地。重视向阳之处，避开阴暗之地。靠近水草地区，军用所需充足，将士不生瘟疫，这样就有了胜利的保证。在丘陵堤防地带，必须占领朝阳的一面，让翼侧主力部队背靠着它。这些对于用兵作战有利的方面，是充分利用地形作为辅助条件的。

上游大雨，洪水突至，水流湍急而生泡沫，这是洪水要发的征兆，要想渡河，一定要等到水流稍平稳之后再通过。通过悬崖峭壁、水流其间的"天涧"，四周险峻、中间低洼的"天井"，险隘环绕、易进难出的"天牢"，荆棘丛生、草木茂密、绝难通行的"天罗"，地势低洼、泥泞易陷的"天陷"，山涧道路狭小、崎岖不平的"天隙"这六种地形，必须迅速离开，不要接近。这六种地形，要让我军远离它，而让敌军靠近它。要让我军正面朝向它，而让敌人背靠它。军队遇到两旁有险峻的隘路、湖沼、水网、芦苇、山林和草木茂盛的地方，必须谨慎反复搜索，这里都可能隐藏伏兵和奸细。

【原文】

敌近而静者，恃其险也①；远而挑战者，欲人之进也②。其所居易者，利也。③众树动者，来也④；众草多障者，疑也⑤。鸟起者，伏也；兽骇者，覆也。⑥尘高而锐者，车来也⑦；卑而广者，徒来也；散而条达者，樵采

也⑧；少而往来者，营军也⑨。

【注释】

① 敌近而静者，恃其险也：敌人迫近我方而不露声色，是因为依仗险要地形。

② 远而挑战者，欲人之进也：敌人驻扎地离我方很远，但却来挑战，是来引诱我军出战。

③ 其所居易者，利也：敌人驻扎在平旷之地，一定是有他们的好处和想法。

④ 众树动者，来也：远见很多树木在晃动，一定是敌人隐藏而来。

⑤ 众草多障者，疑也：杂草丛生之地有许多的障碍物，是敌人布下的迷阵。

⑥ 鸟起者，伏也；兽骇者，覆也：林中的鸟儿突然起飞，一定是敌人布下伏兵引起的；野兽受惊而奔跑，一定是敌人大举来袭。"覆也"，覆盖、覆没，这里指大举进攻。

⑦ 尘高而锐者，车来也：远看尘土飞扬而且尘土尖直样子的，是敌人战车奔驰而来。

⑧ 卑而广者，徒来也；散而条达者，樵采也：尘土低而散漫开来，是敌人步兵来犯，"卑"，低下；"徒"，步兵。"散而条达者，樵采也"。"条达"，纵横，是说尘土散乱飞扬，是敌人正在砍伐运送木柴。

⑨ 少而往来者，营军也：尘土稀少又时起时落，是敌人在安营扎寨。

【名家注释选】

敌近而静者，恃其险也

梅尧臣注：近而不动，倚险故也。

王皙注：恃险故不恐也。

远而挑战者，欲人之进也

杜牧注：若近以挑战，则有相薄之事，恐我不进，故远也。

陈皞注：敌人相近而不挑战，恃其守险也。若远而挑战者，欲诱我使进，然后乘利而奋击也。

张预注：两军相近而终不动者，倚恃险固也；两军相远而数挑战者，欲诱我之进也。《尉缭子》曰："分险者无战心。"言敌人先分得险地，则我勿与之战也。又曰："挑战者，无全气。"言相去远，则挑战，而延诱我进，即不可以全气击之，与此法同也。

其所居易者，利也

杜牧注：言敌不居险阻，而居平易，必有以便利于事也。

贾林注：敌之所居地多便利，故挑我，使前就己之便，战则易获其利，慎勿从之也。

张预注：敌人舍险而居易者，必有利也。或曰："敌欲人之进，故处于平易，以示利而诱我也。"

众树动者，来也

曹操注：斩伐树木，除道进来，故动。

张预注：凡军必遣善视者登高觇敌，若见林木动摇者，是斩木除道而来也。或曰："不止除道，亦将为兵器曰也。若晋人伐木益兵是也。"

众草多障者，疑也

杜牧注：言敌人或营垒未成，或拔军潜去，恐我来追，或为掩袭，故结草使往往相聚，如有人伏藏之状，使我疑而不敢进也。

贾林注：结草多为障蔽者，欲使我疑之，于中兵必不实，欲别为攻袭，宜审备之。

张预注：或敌欲追我，多为障蔽，设留形而遁，以避其追。或欲袭我，丛聚草木，以为人屯，使我备东而击西。皆所以为疑也。

鸟起者，伏也

曹操注：鸟起其上，下有伏兵。

杜佑注：下有伏兵往藏，触鸟而惊起也。

张预注：鸟适平飞，至彼忽高起者，下有伏兵也。

兽骇者，覆也

李筌注：不意而至曰覆。

杜牧注：凡敌欲覆我，必由他道险阻林木之中，故驱起伏兽骇逸也。覆者，来袭我也。

陈皞注：覆者，谓隐于林木之内，潜来掩我。候两军战酣，或出其左右，或出其前后，若惊骇伏兽也。

尘高而锐者，车来也

杜佑注：车马行疾，尘相冲，故高也。

梅尧臣注：蹄轮势重，尘必高锐。

张预注：车马行疾而势重，又辙迹相次而进，故尘埃高起而锐直也。凡军行，须有探候之人在前，若见敌尘，必驰报主将。如潘党望晋尘，使聘而告是也。

卑而广者，徒来也

杜牧注：步人行迟，可以并列，故尘低而阔也。

王晳注：车马起尘猛，步人则差缓也。

张预注：徒步行缓而迹轻，又行列疏远，故尘低而来。

散而条达者，樵采也

李筌注：烟尘之候。晋师伐齐，曳柴从之。齐人登山，望而畏其众，乃夜遁。薪来即其义也。

杜牧注：樵采者，各随所向，故尘埃散衍。条达，纵横断绝貌也。

张预注：分遣厮役，随处樵采，故尘埃散乱而成隧道。

少而往来者，营军也

杜佑注：欲立营垒，以轻兵往来为斥候，故尘少也。

梅尧臣注：轻兵定营，往来尘少。

张预注：凡分栅营者，必遣轻骑四面近视其地，欲周知险易，广狭之形，故尘微而来。

【译文】

敌人逼近而不动，是依仗它占据着险要地形。敌人离我很远前来挑战，是引诱我出战，也是因为敌人占领了有利地形，便于进退。看到树林摇曳摇动，有敌人隐蔽前来。草丛中有许多障碍物，是敌人布下的迷阵。群鸟惊飞，是下面埋有伏兵。野兽惊骇奔散，是敌人大举突袭的征兆。扬起的尘土高高直上，是敌人的战车开来。大片尘土低沉悬浮，是敌人的步兵开来。尘土散漫飞落，是敌人正在砍柴伐木。尘土稀少而时起时落，是敌人正在安营扎营。

【原文】

辞卑而益备者，进也①；辞强而进驱者，退也②。轻车先出，居其侧者，陈也③；无约而请和者，谋也④；奔走而陈兵车者，期也⑤；半进半退者，诱也⑥。杖而立者，饥也⑦；汲役先饮者，渴也⑧；见利而不进者，劳也⑨。鸟集者，虚也⑩；夜呼者，恐也⑪；军扰者，将不重也⑫；旌旗动者，乱也⑬；吏怒者，倦也⑭。

【注释】

① 辞卑而益备者，进也：敌人派来的使者言辞谦卑却在加强备战，说明敌人准备进攻。"卑"，低下，谦卑；"益"，更加。

② 辞强而进驱者，退也：敌人派来的使者言辞强硬又故意摆出进攻的样子的，正是准备撤退。"进驱"，逼近。

③ 轻车先出，居其侧者，陈也：敌人部署轻车先出动两翼，是为了掩护部队布阵列势。"陈"同"阵"。

④ 无约而请和者，谋也：事先没有约定条件而请求讲和的是敌人的阴谋诡计。"约"，约定，盟约。

⑤ 奔走而陈兵车者，期也：敌人频繁调动换防进行排兵布阵，是急于期待与我开战。"期"，约时交战。

⑥ 半进半退者，诱也：敌人既进又退，是引诱我开战。

⑦ 杖而立者，饥也：敌军依着兵器而站立，是饥饿的表现。

⑧ 汲役先饮者，渴也：取水的士兵得水先饮用，说明敌军缺水。"汲役"，取水的士兵。

⑨ 见利而不进者，劳也：敌人见有利可图却举兵不前，是因为他们过于劳累。

⑩ 鸟集者，虚也：敌军驻扎地鸟群聚集，说明敌人军营已经空虚。

⑪ 夜呼者，恐也：听到敌军兵士夜间呼叫，说明敌人惶恐不安。

⑫ 军扰者，将不重也：军队不守纪律，有扰乱的士兵或骚扰乡里，说明敌人主将缺乏威信、治军不严。"重"，威重。

⑬ 旌旗动者，乱也：敌人旗帜乱动，说明敌人军心不稳、阵脚已乱。

⑭ 吏怒者，倦也：敌人军官容易上火发怒，说明敌人已经倦怠。

【名家注释选】

辞卑而益备者，进也

曹操注：其使来卑辞，使间视之，敌人增备也。

梅尧臣注：欲进者，外则卑辞，内则益备，款我也。

辞强而进驱者，退也

杜佑注：诡诈驱驰，示无所畏，是知欲退也。

梅尧臣注：欲退者，使既词壮，兵又强进，胁我也。

张预注：使来辞壮，军又前进，威胁我而求退也。秦行人夜戒晋师曰："两军之士，皆为憖也；来日请相见。"晋臾骈曰："使者目动而言肆，惧我也。"秦果宵遁。

轻车先出居其侧者，陈也

曹操注：陈兵欲战也。

杜牧注：出轻车，先定战陈疆界也。

张预注：轻车，战车也。出军其旁，陈兵欲战也。按鱼丽之陈，先偏后伍，言以车居前，以伍次之。然则是欲战者，车先出其侧也。

无约而请和者，谋也

李筌曰：无质盟之约请和者，必有谋于人。田单诈骑劫，纪信诳项羽，即其义也。

杜佑注：未有要约而使来请和，有间谋也。

王晳注：无故骤请和者，宜防他谋也。

奔走而陈兵车者，期也

李筌注：战有期，及将用，是以奔走之。

贾林注：寻常之期，不合奔走，必有远兵相应；有晷刻之期，必欲合势同来攻我，宜速备之。

张预注：立旗为表，与民期于下，故奔走以赴之。《周礼》曰"车骤徒趋，及表乃止"是也。

半进半退者，诱也

杜牧注：伪为杂乱不整之状，诱我使进也。

梅尧臣注：进退不一，欲以诱我。

王晳注：诡乱形也。

张预注：诈为乱形，是诱我也。若吴子以囚徒示不整，以诱楚师之类也。

杖杖而立者，饥也

杜牧注：不食必困，故杖也。

梅尧臣注：倚兵而立者，足见饥弊之色。

张预注：凡人不食则困，故倚兵器而立。三军饮食，上下同时，故一人饥，则三军然。

汲而先饮者，渴也

李筌注：汲未至先饮者，士卒之渴。

杜牧注：命之汲水，未汲而先取者，渴也。睹一人，三军可知也。

王晳注：以此见其众行驱饥渴也。

见利而不进者，劳也

杜佑注：士疲倦也。敌人来，见我利而不能击进者，疲劳也。

梅尧臣注：人其困乏，何利之趋！

张预注：士卒疲劳，不可使战，故虽见利，将不敢进也。

鸟集者，虚也

李筌注：城上有鸟，师其遁也。

杜佑注：设留形而遁。齐与晋相持，叔向曰："乌鸟之声乐，齐师其遁。"后周齐王宪伐高齐，将班师，乃以柏叶为幕，烧粪壤去。高齐视之，二日乃知其空营，追之不及。此乃设留形而遁走也。

陈皞注：此言敌人若去，营幕必空，禽鸟既无畏，乃鸣集其上，楚子元伐郑，将奔，谍者告曰："楚幕有乌。"乃止。则知其设留形而遁也。此篇盖孙子辨敌之情伪也。

夜呼者，恐也

曹操注：军士夜呼，将不勇也。

李筌注：士卒怯而将懦，故惊恐相呼。

杜牧注：恐惧不安，故夜呼以自壮也。

张预注：三军以将为主。将无胆勇，不能安众，故士卒恐惧而夜呼。若晋军终夜有声是也。

军扰者，将不重也

李筌注：将无威重则军扰。

杜牧注：言进退举止，轻佻率易，无威重，军士亦扰乱也。

陈皞注：将法令不严，威容不重，士困以扰乱也。

张预注：军中多惊扰者，将不持重也。张辽屯长社，夜，军中忽乱，一军尽扰，辽谓左右勿动，是必有造变者，欲以动乱人耳。乃令军士安坐，辽中陈而立，有顷即定。此则能持重也。

旌旗动者，乱也

杜牧注：鲁庄公败齐于长勺，曹刿请逐之。公曰："若何？"对曰："视其辙乱而旗靡，故逐之。"

杜佑注：旌旗谬动，抵东触西倾倚者，乱也。

梅尧臣注：旌旗辄动，偃亚不次，无纪律也。

张预注：旌旗所以齐众也，而动摇无定，是部伍杂乱也。

吏怒者，倦也

杜牧注：众悉倦弊，故吏不畏而忿怒也。

梅尧臣注：吏士倦烦，怒不畏避也。

张预注：政令不一，则人情倦，故吏多怒也。晋楚相攻，晋裨将赵旃、魏锜怒而欲败晋军，皆奉命于楚。郤克曰"二憾往矣，弗备必败"是也。

【译文】

敌人派来的使者话语谦卑，却又在加紧战备，这表明敌人要进攻了。派来的使者措辞强硬而军队又做出进攻样子的，正是准备撤退。轻车先部署在两侧的，是在掩护主力布阵。敌人无故前来讲和，必有阴谋，敌人忙着摆开兵车列阵，是企图与我决战。敌人半进半退，是企图引诱我军。敌兵倚着兵器站立，是饥饿的表现。取水的士兵自己先喝，是缺水的表现。敌人见利而不前取，是疲劳的表现。敌人营地上鸟群集聚，表明下面是空营。敌兵夜间惊叫，是军心恐慌的表现。敌营秩序混乱、骚扰乡里的，是敌将没有威望、治军不严的表现。旗帜摇动不整齐的，是敌人队伍已经混乱。敌军官吏烦躁易怒的，是士卒疲劳倦怠的表现。

【原文】

粟马肉食，军无悬瓶，不返其舍者，穷寇也。①谆谆翕翕，徐与言人者，失众也②；数赏者，窘也；数罚者，困也③；先暴而后畏其众者，不精之至也④。来委谢者，欲休息也。⑤兵怒而相迎，久而不合，又不相去，必谨察之。⑥

【注释】

① 粟马肉食，军无悬瓶，不返其舍者，穷寇也："粟马"，用粮食喂马；"肉食"，杀牲口吃肉；"瓶"，音 fǒu，同"缶"，口小腹大的盛水瓦罐、陶制炊具；"不返其舍"，无心返回宿营地。意思是说敌人用粮食喂马，杀掉牲口吃肉，军中没有悬挂的炊具，部队无心返回营地，表明敌人已经走投无路，是"穷寇"，所以会拼死以战。

② 谆谆翕翕，徐与言人者，失众也："谆谆翕翕"，恳切和顺的样子，"翕翕"，音 xī xī，和顺。"失众"，失去人心。是说主将与部属说话态度和顺恳切，低声下气，表明将领已经失去人心。

③ 数赏者，窘也；数罚者，困也："窘""困"，穷困、处境艰难。意思是不断地奖赏与惩罚士兵，表明敌人已经陷入困境。

④ 先暴而后畏其众者，不精之至也："暴"，暴躁。指将领对待士卒先是严厉粗暴，后又恐怕士兵反抗，这是不精通治军的结果。"精"，精明；"至"，极点。

⑤ 来委谢者，欲休息也："来委谢"，敌人派使者来馈赠礼物、道歉谈和。"委"，委质，古人相见，馈赠礼物称委质；"欲休息"，想要休战。

⑥ 兵怒而相迎，久而不合，又不相去，必谨察之：敌人怒气冲冲前来迎战，但却迟迟不短兵相接，也不撤离，这里面肯定有诈，一定要小心仔细地侦察敌人的动态。

【名家注释选】

粟马肉食，军无悬瓴，不返其舍者，穷寇也

杜牧注：粟马，言以粮谷秣马也。肉食者，杀牛马飨士也。军无悬瓴者，悉破之，示不复炊也。不返其舍者，昼夜结部伍也。如此皆是穷寇，必欲决一战尔。"瓴"，炊器也。

梅尧臣注：给粮以秣乎马，杀畜以飨乎士，弃瓴不复炊，暴露不返舍，是欲决战而求胜也。

张预注：捐粮谷以秣马，杀牛畜以飨士，破釜及瓴，不复炊爨；暴露兵众，不复返舍，兹穷寇也。孟明焚舟，楚军破釜之类是也。

谆谆翕翕，徐与人言者，失众也

李筌注：谆谆翕翕，窃语貌。士卒之心恐上，则私语而言，是失众也。

杜牧注：谆谆者，乏气声促也；翕翕者，颠倒失次貌。如此者，忧在内，是自失其众心也。

贾林注：谆谆，窃议貌；翕翕，不安貌；徐与人言，递相问貌。如此者，必散失部曲也。

张预注：谆谆，语也；翕翕，聚也；徐，缓也。言士卒相聚私语。

数赏者，窘也

杜牧注：势力穷窘，恐众为叛，数赏以悦之。

孟氏注：军实窘也。恐士卒心怠，故别行小惠也。

数罚者，困也

杜牧注：人力困弊，不畏刑罚，故数罚以惧之。

梅尧臣注：人弊不堪命，屡罚以立威。

张预注：力困则难用，故频罚以畏众。

先暴而后畏其众者，不精之至也

李筌注：先轻后畏，是勇而无刚者，不精之甚也。

贾林注：教令不能分明，士卒又非精练，如此之将，先欲强暴伐人，众悖则惧也，至懦之极也。

梅尧臣注：先行乎严暴，后畏其众离，训罚不精之极也。

张预注：先轻敌，后畏人。或曰："先刻暴御下，后畏众叛己，是用威行爱不精之甚。"故上文以数赏、数罚而言者。

来委谢者，欲休息也

李筌注：徐前而疾后，曰委谢。

杜牧注：所以委质来谢，此乃势已穷，或有他故，必欲休息也。

张预注：以所亲爱委质来谢，是势力穷极，欲休兵息战也。

兵怒而相迎，久而不合，又不相去，必谨察之

李筌注：是军必有奇伏，须谨察之。

杜牧注：盛怒出陈，久不交刃，复不解去，有所恃也；当谨伺察之。恐有奇伏旁起也。

梅尧臣注：怒而来逆我，久而不接战，且又不解去，必有奇伏以待我。此以上论敌情。

【译文】

用粮食喂马，杀牲口吃肉，收拾起炊具无心返回营舍，是准备拼命突围。态度和顺、低声下气同士卒讲话，是敌将失去众人信任。不断犒赏士卒，说明敌军无计可施。不断惩罚部属的，是敌人处境困难。先态度生硬、粗暴无礼对待下属后又害怕反抗的，是最不精明的将领。派来使者送礼言好的，是敌人想休兵罢战。敌人怒气冲天来与我对阵，但不交锋也不撤退，必须小心观察它的企图，以防有诈。

【原文】

兵非益多也，惟无武进①，足以并力、料敌、取人而已②。夫惟无虑而易敌者，必擒于人。③卒未亲附而罚之，则不服，不服则难用也。④卒已亲

附而罚不行，则不可用也。⑤故令之以文，齐之以武，是谓必取。⑥令素行以教其民，则民服⑦；令素不行以教其民，则民不服⑧。令素行者，与众相得也。⑨

【注释】

①兵非益多也，惟无武进：兵员并不是越多越好，只要不是依仗武力轻率冒进；"惟无武进"，只要不刚武轻进。

②足以并力、料敌、取人而已：接上句的意思，说兵力不是越多越好，那么什么情况算好？兵员足以集中力量、能正确判断敌情取得胜利为标准。"并力"，集中兵力；"料敌"，正确分析判断敌情；"取人"，战胜敌人。

③夫惟无虑而易敌者，必擒于人：只有那些没深思熟虑而又轻敌的将领，一定会被敌人俘虏。"惟"，单凭、只有；"无虑"，没有仔细考虑，没有深谋远虑；"易敌"，轻敌，把战胜敌人看得太容易。

④卒未亲附而罚之，则不服，不服则难用也："亲附"，拥戴、归服；"罚"，处罚。是说士卒还没有拥戴归顺就实行处罚，他们内心就不服，不服则难以指挥。

⑤卒已亲附而罚不行，则不可用也：反过来，士卒已经拥戴归服，但却不能严格法纪实行赏罚，部队也难以指挥。

⑥故令之以文，齐之以武，是谓必取：所以说优秀的将领要用政治的、思想的方法使士卒信服拥戴，还要用严格的法纪来约束管制部属，这样用兵作战就会取得胜利。"文"，政治、思想、道义；"武"指军纪、军法、处置。

⑦令素行以教其民，则民服：平素有法可依、执法必严，用公平正义的法令管理民众，则民众就顺服。"令"，军令、军纪；"素"，平时、平常；"民"，此处指兵卒。

⑧令素不行以教其民，则民不服：平时有法不依、执法必严，用感情随意管理兵众，则兵众就不顺服。

⑨令素行者，与众相得也：只有法纪、法令平素执行得好，公平合理，将帅与部卒之间才会信任、关系亲密。"相得"，相互契合、亲近密切。

【名家注释选】

兵非益多也

贾林注：不贵众击寡，所贵寡击众。

王晳注：晳谓权力均足矣，不以多为益

张预注：兵非增多于敌，谓权力均也。

惟无武进

贾林注：武不足专进，专进则暴。

王晳注：不可但恃武也，当以计智料敌而行。

张预注：武，刚也。未能用刚武以轻进，谓未见利也。

足以并力、料敌、取人而已

李筌注：兵众武，用力均，惟得人者胜也。

杜牧注：言我与敌人兵力皆均，惟未能用武前进者，盖未得见其人也。但能于厮养之中，拣择其材，亦足并力、料敌而取胜，不假求于他也。

梅尧臣注：武，继也。兵虽不足以继进，足以并给役厮养之力，量敌而取胜也。

夫惟无虑而易敌者，必擒于人

杜牧注：无有深谋远虑，但恃一夫之勇，轻易不顾者，必为敌人所擒也。

陈皞注：惟，犹独也。此言殊无远虑，但轻敌者，必为其所擒，不独言其勇也。《左传》曰："蜂虿有毒，而况国乎？"则小敌亦不可轻。

王晳注：唯不能料敌，但以武进，则必为敌所擒，明患不在于不多也。

张预注：不能料人，反轻敌以武进，必为人所擒也，齐、晋相攻，齐侯曰："吾姑灭此而朝食。"不介马而驰之，为晋所败是也。

卒未亲附而罚之，则不服；不服，则难用也

梅尧臣注：传上世德以至之，恩以亲之；恩德未敷，罚则不服，故怨而难使。

张预注：骤居将帅之位，恩信未加于民，而遽以刑法齐之，则怒恚(huì)而难用。故田穰苴曰："臣素卑贱，士卒未附，百姓不信。"又，伍参曰"晋之从政者新，未能行令"是也。

卒已亲附而罚不行，则不可用也
曹操注：恩信已洽，若无刑罚，则骄惰难用也。
梅尧臣注：恩德既洽，刑罚不行，则骄不可用。
张预注：恩信素洽，士心已附，刑罚宽缓，则骄不可用也。

故令之以文，齐之以武
曹操注：文，仁也；武，法也。
李筌注：文，仁恩；武，威罚。
杜牧注：晏子举司马穰苴"文能附众，武能威敌"也。

是谓必取
杜牧注：文武既行，必也取胜。
梅尧臣注：令以仁恩，齐以威刑，恩威并著，则能必胜。

令素行，以教其民，则民服
梅尧臣注：素，旧也。威令旧立，教乃听服。
张预注：将令素行，其民已信，教而用之，人人听服。

令不素行以教其民，则民不服
王皙注：民不素教，难卒为用。
何氏注：人既失训，安得服教？

令素行者，与众相得也
杜牧注：素，先也。言为将居常无事之时，须恩信威令先著于人，然后对敌之时，行令立法，人人信伏。韩信曰："我非素得拊循士大夫，所谓驱市人而战也。所以使之背水，令其人人自战。"以其非素受恩信，威令之从也。

张预注：上以信使民，民以信服上，是上下相得也。《尉缭子》曰："令之之法，小过无更，小疑无申。"言号令一出，不可反易。自非大过、大疑，则不须更改申明，所以使民信也。诸葛亮与魏军战，以寡对众，卒有当代者，不留而遣之。曰："信不可失。"于是人人愿留一战，遂大败魏兵是也。

【译文】

用兵作战并不是兵力数量越多越好，只要不轻敌冒进，以集中兵力、判明敌情、取得胜利为标准。那种既无深谋远虑而又轻敌的人，必定会被敌人所俘虏。

士卒还没有亲近依附就执行惩罚，那么他们会内心不服，内心不服就很难指挥。已经亲近归附，如果不能严格公正执行军纪军法，那也不能用他们作战。所以要用宽怀仁厚的手段教育影响他们，用严格军纪军法约束管理他们，这样用兵作战就会取得胜利。平素法纪法规执行得好，公平正义，将帅与部卒之间才会信任、关系亲密。平素有法不依、执法不严，则民众就不顺服；只有法纪、法令平素执行得好，公平合理，将帅与部卒之间才会信任、关系亲密、相得益彰。

【篇结】

本篇中，孙子论述了在不同地形上行军作战和敌情判断的要领。孙子对行军、作战、驻扎、判断敌情、统领军队提出了一些具体的原则方法。孙子开篇就直奔主题，寥寥数字便高度精练地点出全篇要旨，那就是"处军、相敌"。继而进一步提出了四项"处军、相敌"的作战指挥方法。

前两篇中，孙子都是先提出"军争""九变"的指挥方法之后，接着提出管理军队的方法，这体现了孙子重视发挥将帅主观能动性的一贯的系统方法论。本篇孙子秉承其一贯思想，论述"处军、相敌"方法后转而说"兵非益多，惟无武进"，"惟无虑而易敌者，必擒于人"。意在告诫将帅不要冒险，没有智谋而又轻敌则要被敌人消灭。这是孙子对其《九变》中提到的"将不通于九变之利者，虽知地形，不能得地利也。治兵不知九变之术，虽知五利，不能得人之利也"的进一步具体论述。通过孙子的这一著述风格，体现出孙子对治军规律的深刻认识。孙子在文中提出了著名的"令之以文，齐之以武"的"是为必取"治军法则，这是我们认识孙子治军论的基线和主轴。

地形篇第十

【篇解】

地形就是地理形状，山川水泽原等。任何战争都离不开地形条件，就是现代的空战，也要上观天，下观地。故孟子有"天时不如地利"之说。本篇主要是论述在不同的地形条件下将帅要懂得如何依据地形条件指挥军队作战问题。孙子认为，地形是作战的重要辅助条件，将帅应该十分重视利用有利地形，行军作战避免不利地形，并具体指出了六种地形的用兵原则。将帅还要做到知彼知己，正确判断敌情，攻伐进取要以国家利益为重，要有担当精神，不能过多考虑个人得失，要爱护士兵并严格要求。主将果能通晓用兵策略，又善于利用地利条件，那么就无往而不胜。

本篇要义，乃论战斗开始时必须先知之四大要领。第一大要领为知地；第二大要领为知己；第三大要领为知彼；第四大要领为知天。四者俱知，乃可得胜，乃可全胜。故篇末结论云："知彼知己，胜乃不殆。知天知地，胜乃可全。"

【原文】

孙子曰：地形有通者，有挂者，有支者，有隘者，有险者，有远者。①我可以往，彼可以来，曰通。②通形者，先居高阳，利粮道，以战则利。③可以往，难以返，曰挂④。挂形者，敌无备，出而胜之。敌若有备，出而不胜，难以返，不利。⑤我出而不利，彼出而不利，曰支。⑥支形者，敌虽利我，我无出也。引而去之，令敌半出而击之，利。⑦隘形者，我先居之，必盈之以待敌。⑧若敌先居之，盈而勿从，不盈而从之。⑨险形者，我先居之，必居高阳以待敌。⑩若敌先居之，引而去之，勿从也。⑪远形者，势均，难以挑战，战而不利。⑫凡此六者，地之道也。将之至任，不可不察也。⑬

【注释】

① 地形有通者，有挂者，有支者，有隘者，有险者，有远者：作战的地形大概有六种，它们是：通、挂、支、隘、险、远。

② 我可以往，彼可以来，曰通："通"，通达。就是敌我双方均可方便通行的地形，也就是交通顺达之地。

③ 通形者，先居高阳，利粮道，以战则利：在"通"这种地形作战，应该首先占据高处向阳的地方，扼守有利于运送粮草的地形，凭此作战就会有利。"居"，占领；"高阳"，地势高且向阳处。

④ 可以往，难以返，曰挂："挂"，悬挂，前平后险。进去容易，出来困难的地形叫挂，如物品挂在那里一样，所以称挂。

⑤ 挂形者，敌无备，出而胜之。敌若有备，出而不胜，难以返，不利：如果在"挂"的地形作战，敌人若无防备，突然袭击可以战胜敌人，但如果敌人有准备，出击作战不会取得胜利，难以全身而退。

⑥ 我出而不利，彼出而不利，曰支：敌我双方都可以凭借地形而对峙、哪方出击都不利取胜的地方叫"支"。"支"，支撑、支持。

⑦ 支形者，敌虽利我，我无出也。引而去之，令敌半出而击之，利：在"支"这种地形作战，敌人用利益引诱我们，我方也不要出战；应该千方百计引诱他们离开"支"地，等他们部分军队离开"支"这样的地形后，再行进攻，这样就会能利。"引而去之"，率兵佯装退去。"引"，引导、率领；"半出"，出来一部分。

⑧ 隘形者，我先居之，必盈之以待敌：在"隘"这种地形作战，我方应该先扼守关口，充分准备以等待敌人。"隘"，两山夹峙的隘道、关口，利守难攻，所谓一夫当关，万夫莫开。"盈"，充满，此处指充分准备。

⑨ 若敌先居之，盈而勿从，不盈而从之：如果敌人先占据这种"隘"的地形，如果他有充分准备就不要攻打，敌人虽然占据了地形，但没有充分准备也难以攻打它。"从"，此处是进击开战的意思。

⑩ 险形者，我先居之，必居高阳以待敌：遇到"险"这种地形时我方要先手占领，一定占据高处并向阳之地以等待敌人。"险"，山峻谷深、险阻难行、进退困难的地形。

⑪ 若敌先居之，引而去之，勿从也：如果敌人先我方占据险要地形，就率兵离开，不要与它们开战。

⑫ 远形者，势均，难以挑战，战而不利："远"这种地形就是双方地利相等、机会各半，都难以向对方挑战，谁先挑战谁不利。"远"是六种地形之一，不是现代"遥远"的意思，应该是指地利对敌我双方半斤八两、不相上下的地形。

⑬ 凡此六者，地之道也。将之至任，不可不察也：以上六种地形的优长，是作战利用地形所应该遵循的重要原则。"将之至任，不可不察也"，可理解为将帅担负着至关重要的责任，对以上六种地形的利弊，应该认真仔细地研究侦察。"至"，重大。

【名家注释选】

地形有通者

梅尧臣注：道路交达。

有挂者

梅尧臣注：网络之地，往必挂缀。

有支者

梅尧臣注：相持之地。

有隘者

梅尧臣注：两山通谷之间。

有险者

梅尧臣注：山川丘陵者。

有远者

梅尧臣注：平陆也。

曹操注：此六者，地之形也。

杜佑注：此六地之名，教民居之，得便利则胜也。

张预注：地形有此六者之别也。

我可以往，彼可以来，曰通

杜佑注：谓俱在平陆，往来通利也。

通形者，先居高阳，利粮道，以战则利

杜牧注：通者，四战之地，须先居高阳之处，勿使敌人先得，而我后至也。利粮道者，每于津阨或敌人要冲，则筑垒或作甬道以护之。

梅尧臣注：先居高阳，利粮通阨；敌人来至，我战则利。

可以往，难以返，曰挂

杜佑注：挂者，牵挂也。

李筌注：往不宜返曰挂。

挂形者，敌无备，出而胜之，敌若有备，出而不胜，难以返，不利

杜牧注：挂者，险阻之地，与敌共有，犬牙相错，动有挂碍也。往攻敌，敌若无备，攻之必胜，则虽与险阻相错，敌人已败，不得复邀我归路矣；若往攻敌人，敌人有备，不能胜之，则为敌人守险阻，邀我归路，难以返也。

我出而不利，彼出而不利，曰支

杜佑注：支，久也，俱不便久相持也。

张预注：各守险固，以相支持。

支形者，敌虽利我，我无出也，引而去之，令敌半出而击之，利

张预注：利我，谓佯背我去也，不可出攻。我舍险，则反为所乘，当自引去。敌若来追，伺其半出，行列未定，锐卒攻之，必获利焉。李靖《兵法》曰："彼此不利之地，引而佯去，待其半出而邀击之。"

隘形者，我先居之，必盈之以待敌

杜佑注：盈，满也。以兵陈满隘形，欲使敌不得进退也。

若敌先居之，盈而勿从，不盈而从之

曹操注：隘形者，两山间通谷也，敌势不得挠我也。我先居之，必前齐隘口，陈而守之，以出奇也；敌若先居此地，齐口陈，勿从也。即半隘陈者从之，而与敌共此利也。

贾林注：从，逐也。盈，实也。敌若实而满之，则不可逐讨。

险形者，我先居之，必居高阳以待敌

杜佑注：居高阳之地以待敌人；敌人从其下阴而来，击之则胜。

若敌先居之，引而去之，勿从也

张预注：平陆之地，尚宜先据，况险阨之所，岂可以致于人？故先处高阳，以佚待劳，则胜矣。若敌已据此地，宜速引退，不可与战。裴行俭讨突厥，尝际晚下营，堑垒方周，忽令移就崇冈。将士不悦，以谓不可劳众。行俭不从，速令徙之。是夜风雨暴至，前设营所，水深丈余，将吏惊服。以此观之，居高阳不惟战便，亦无水潦之患也。

远形者，势均难以挑战，战而不利

孟氏注：兵势既均，我远入挑，则不利也。

杜佑注：挑，迎敌也。远形，去国远也。地势均等，无独便利，先挑之战，不利也。

凡此六者，地之道也，将之至任，不可不察也

梅尧臣注：夫地形者，助兵立胜之本，岂得不度也？

张预注：六地之形，将不可不知。

刘寅注：通者，彼此往来通达也。挂者，往返有所挂碍也。支者，各守险阻互相支持也。隘者，两山之间川谷狭隘也。险者，涧壑坑坎，上下艰险也。远者，彼此营垒相去遥远也。此六者，地之形势也。

【译文】

孙子说：地形有通、挂、支、隘、险、远六种类型。凡是我可以去，敌可以来，叫作通形。在通形地区，要抢先占据地高向阳的地方，维持补给线畅通，这样对敌作战才会有利。凡是容易去，难以返回的，叫作挂形。在挂形这种地方，如果敌军没有防备，可以突然出击战胜敌人。若是敌军有所防备，出击而不能战胜，就难以返回了，这就不利于我。凡是我方出击不利，敌军出击也不利的地区，叫作支形。在这种地区，如敌军利诱我军，则不要出击。但是可以佯装退却，诱使敌军出动一部分时突然反击，这样才会有利。在隘形地区，我军要抢先占据，然后重兵把守，严阵以待。如果敌军抢先占领并重兵把守，就不要进攻。如果敌军没有用重兵把守，就可以攻取它。在险形地区，如果我军抢先占领，就要占据高阳之地防备敌人来攻。如果敌军抢先占领，就撤走军队，不要攻取它。在远形地区，双方地利均等，都难以向对方挑战。如果先行求战，对我不利。以上六种情况，是利用地形的法则。将帅担负着至关重要的责任，是不可不认真考察的。

【原文】

故兵有走者，有弛者，有陷者，有崩者，有乱者，有北者。①凡此六者，非天之灾，将之过也。②夫势均，以一击十，曰走。③卒强吏弱，曰弛。④吏强卒弱，曰陷。⑤大吏怒而不服，遇敌怼而自战，将不知其能，曰崩。⑥将弱不严，教道不明，吏卒无常，陈兵纵横，曰乱。⑦将不能料敌，以少合众，以弱击强，兵无选锋，曰北。⑧凡此六者，败之道也。⑨将之至任，不可不察也。⑩

【注释】

① 故兵有走者，有弛者，有陷者，有崩者，有乱者，有北者：军队有六种失败的情况，叫作走、弛、陷、崩、乱、北。

② 凡此六者，非天之灾，将之过也：凡是这六种失败的情况并不是客观情况造成的，而是将帅的主观原因造成的。即不是天灾实乃是人祸也。

③ 夫势均，以一击十，曰走：什么叫"走"呢？本来双方总体兵力势均力敌，却由于指挥调度失当，兵力分散，造成以少打多而败逃的叫"走"。

④ 卒强吏弱，曰弛：兵卒的战斗力本来很强，但由于各级指挥人员能力不强造成的失败叫"弛"。

⑤ 吏强卒弱，曰陷：反过来说，由于各级指挥人员的能力强，但士卒的作战能力弱导致指挥者的意图不能实现而造成的失败叫作"陷"。

⑥ 大吏怒而不服，遇敌怼而自战，将不知其能，曰崩：上层部将对主帅的决策心怀不满，遇到敌人不经请示而擅自出战，然而主帅并不了解部将的用兵作战能力，由此造成的失败叫作"崩"。怼，音duì，怨恨的意思。

⑦ 将弱不严，教道不明，吏卒无常，陈兵纵横，曰乱：将帅能力缺乏，治军不严格，教育训练指导缺乏明确目标，部属士兵无所适从，行为不受约束，排兵布阵乱而无序，这种原因造成的失败叫作"乱"。"教道不明"在训练教育管理方面缺少法度；"吏卒无常"军中官兵不守法纪常规；"陈兵纵横"，排兵布阵杂乱无章，没有秩序。

⑧ 将不能料敌，以少合众，以弱击强，兵无选锋，曰北：主将不能正确判断敌情，造成以少打多，以弱击强，临阵又不能果断选择勇悍善战的精锐士兵组成敢死队进行突击而造成的失败叫作"北"。"以少合众"，以少打多，"合"，交兵作战；"兵无选锋"，选择不出精锐士兵组成先锋部队。意即选不出"敢死队"作先锋。

⑨ 凡此六者，败之道也：以上六种情况，是用兵作战失败的一般规律所在。

⑩ 将之至任，不可不察也：主将担负着生死攸关至关重要的责任，对此不能不进行认真仔细研究。

【名家注释选】

故兵有走者、有弛者、有陷者、有崩者、有乱者、有北者。凡此六者，非天之灾，将之过也

贾林注：走、弛、陷、崩、乱、北，皆败坏大小变易之名也。

张预注：凡此六败，咎在人事。

施子美注：国之所以战者，将也；将之所以战者，兵也。有能之将，有制之兵，无往不胜。将而不能，兵而无制，安能免是六者乎！是以孙子必言其所以奔败之由，而使为将者审而察之，责之于己，求之于势而后可也。是则六者之祸，岂天地之所为哉，为将之过也。

夫势均，以一击十，曰走

梅尧臣注：势虽均而兵甚寡，以寡击众，必走之道也。

张预注：势均，谓将之智勇、兵之利钝一切相敌也。夫体敌势等，自不可轻战。况奋寡以击众，能无走乎？

卒强吏弱，曰弛

曹操注：吏不能统卒，故弛坏。

贾林注：令之不从，威之不服，见敌则乱，不坏何为？

施子美注：上所以制下，尊所以统卑。今而卒强吏弱，则是吏不能统其众，故至于废弛。

吏强卒弱，曰陷

李筌注：陷，败也。卒弱不一，则难以为战，是以强陷也。

张预注：将吏刚勇欲战，而士卒素乏训练，不能齐勇同奋，苟用之，必陷于亡败。

大吏怒而不服，遇敌怼而自战，将不知其能，曰崩

曹操注：大吏，小将也。大将怒之，而不压服，忿而赴敌，不量轻重，则必崩坏。

李筌注：将为敌所怒，不料强弱，驱士卒如命者，必崩坏。

赵本学注：此不能御将之过也。大吏，裨副偏将也。怼，怨也。自上坠下曰崩。大吏忿怒不服主将之节制，遇敌辄以怨怼之心各自为战，此其人必赋性刚愎，耻受人言者；或必负狭怨望矢志侥功者；或必交恶不和谋议矛盾者，为其主将最宜体察而钤束之。若不知其能否而听其战，崩之道也。

将弱不严，教道不明，吏卒无常，陈兵纵横，曰乱

梅尧臣注：懦而不严，则士无常检；教而不明，则出陈纵横。不整，乱之道也。

张预注：将弱不严，谓将帅无威德也；教道不明，谓教阅无古法也；吏卒无常，谓将臣无久任也；陈兵纵横，谓士卒无节制也。为将若此，自乱之道。

将不能料敌，以少合众，以弱击强，兵无选锋，曰北

李筌注：军败曰北，不料敌也。

梅尧臣注：不能量敌情，以少当众；不能选精锐，以弱击强，皆奔北之理也。

张预注：设若奋寡以击众，驱弱以敌强，又不选骁勇之士，使为先锋，兵必败北也。凡战，必用精锐为前锋者，一则壮吾志，一则挫敌威也。故《尉缭子》曰："武士不选，则众不强。"曹公以张辽为先锋而败鲜卑，谢玄以刘牢之领精锐而拒苻坚是也。

凡此六者，败之道也

陈皞：一曰不量寡众，二曰本乏刑德，三曰失于训练，四曰非理兴怒，五曰法令不行，六曰不择骁果，此名六败也。

将之至任，不可不察也

张预注：以上六事，必败之道。

【译文】

所以，军队作战失败有走、弛、陷、崩、乱、北六种情形。发生这六种情形，绝不是客观情况造成的，而是由于将帅的主观过失造成的。双方势均力敌，由于指挥失当形成以少打多，造成失败的叫走。士卒战斗力强，各级指挥官能力欠缺，由此造成的失败叫弛。官吏能力强，士卒战斗力不足，因此而失败的叫陷。部将因不满意主帅决策而不服从统帅命令，遇到敌人愤然擅自出战，主将又不了解他用兵作战能力，因此失败的叫崩。主将软弱而缺乏威严，练兵无方，军纪不明，军阵不讲章法，因而失败的叫乱。主将不能料敌虚实，以寡击众，以弱击强，军队没有精锐力量作先锋，因而造成失败叫北。以上六种情况，是用兵作战失败的一般规律所在。作为主将，身负重要责任，是不可不认真考察研究的。

【原文】

夫地形者，兵之助也。①料敌制胜，计险阨远近，上将之道也。②知此而用战者必胜，不知此而用战者必败。③故战道必胜，主曰无战，必战可也④；战道不胜，主曰必战，无战可也⑤。故进不求名，退不避罪，唯人是保⑥，而利合于主，国之宝也⑦。

【注释】

① 夫地形者，兵之助也：有利的地形是用兵作战的重要辅助条件。"助"，辅助条件。

② 料敌制胜，计险阨远近，上将之道也：准确地判断敌情制定克敌制胜的计划，就必须分析地势的险要利害、计算行军路途远近，这是上等的将帅用兵作战获取胜利之原则。"阨"，音è，同"厄"，窄，小之意。"计险阨远近"，考察地形的险易和道路的远近；"上将"，高明有智慧的将领。

③ 知此而用战者必胜，不知此而用战者必败：是说准确地判断敌情制定克敌制胜的计划，就必须分析地势的险要利害、计算行军路途远近。了解通晓这一点用兵作战就一定会胜利，不了解通晓这一点用兵作战就必然招致失败。

④ 故战道必胜，主曰无战，必战可也："战道"，战争的规律、法则。意思是说遵循战争的规律，就一定能够打赢战争，即使国君不主张开战，主将也可以不遵循国君的意见而力主开战，战则一定会胜利。"主"，国君、君主。

⑤ 战道不胜，主曰必战，无战可也：这句与上句相反。意思是没有取胜的把握，即使国君主张开战，主将也可以不遵循国君的意见而不战。

⑥ 故进不求名，退不避罪，唯人是保：所以说进击开战取得胜利不是为了追求自己的名利，退守不战也不怕获罪于君主，目的只是保全民众与兵卒。"唯人是保"，只求保全民众士卒。

⑦ 而利合于主，国之宝也：意思是"故进不求名，退不避罪，唯人是保"的将帅的决策才是从根本上符合君主利益的，这才是国家的宝贵人才。

【名家注释选】

夫地形者，兵之助也

杜牧注：夫兵之主，在于仁义节制而已；若得地形，可以为兵之助，所以取胜也。

贾林注：战虽在兵，得地易胜，故曰："兵之易也。"山可障，水可灌，高胜卑，险胜平也。

张预注：能审地形者，兵之助耳，乃末也；料敌制胜者，兵之本也。

料敌制胜，计险阸远近，上将之道也

杜牧注：馈用之费，人马之力，攻守之便，皆在险厄远近也。言若能料此以制敌，乃为将臻极之道。

何氏注：知敌，知地，将军之职。

张预注：既能料敌虚实强弱之情，又能度地险厄远近之形，本末皆知，为将之道毕矣。

知此而用战者必胜，不知此而用战者必败

张预注：既知敌情，又知地利，以战则胜；俱不知之，以战则败。

刘寅注：知敌之情与地之形而用兵以战者，必能取胜；不知敌之情与地之形而用兵以战者，必然取败。

陈启天注：谓知彼知地而后作战者则必胜，不知彼知地而即作战者则败也。

故战道必胜，主曰无战，必战可也；战道不胜，主曰必战，无战可也

杜牧注：主，君也。黄石公曰："出军行师，将在自专；进退内御，则功难成。故圣主明王，跪而推毂曰：'阃（kǔn）外之事，将军裁之。'"

梅尧臣注：将在军，君命有所不受。

赵本学注：此承"将之至任而言"。为将者，受寄于外，便宜在己，可战则战，不可战则勿战，顾法当何如耳。无以君命之故，故畏惧而姑从之也。若苟从君命，一身固可以自免，其如三军之命何，此忠盖老成之士决不为也。

故进不求名，退不避罪

何氏注：进岂求名也？见利于国家、士民，则进也；退岂避罪也？见其蠹国残民之害，虽君命使进，而不进，罪及其身不悔也。

唯人是保，而利合于主，国之宝也

杜牧注：进不求战胜之名，退不避违命之罪也。如此之将，国家之珍宝，言其少得也。

施子美注：尽忠于国者，乃以君民为心，择人而用者，必以忠臣为贵。臣之尽忠者，进而必战，彼非贪名也。可进则进，进则利于国也，退而不战，非畏罪也。可退则退，退则利于国也。一进一退，惟利之是视，则其心未始不在于君民也。故惟民是保，而利于主，然后为之。人臣有能忠于国，爱于民，利于主者，岂不足为宝乎！

【译文】

有利的地形是用兵作战的重要辅助条件。判明敌情，制定制胜计划，

掌握主动，运筹察明行军道路的险要远近，这才是上等高明将军的用兵法则。懂得这些情况而去指挥作战就会取胜，不懂得这些而去指挥作战就必定失败。

所以，根据实际情况和战场规律，有必胜把握的，国君下令不战，可以独自下定作战决心。根据实际情况和战场规律，没有胜利把握，就算君主下令必战，也可以自行取消作战行动。作为贤明的将帅，进不求战胜的功名，退不回避抗命的罪责，只求保全民众士卒的生命，才是最符合国君的根本利益，这样的将帅是国家的宝贵财富。

【原文】

视卒如婴儿，故可与之赴深谿①；视卒如爱子，故可与之俱死②。厚而不能使，爱而不能令，乱而不能治，譬若骄子，不可用也。③知吾卒之可以击，而不知敌之不可击，胜之半也④；知敌之可击，而不知吾卒之不可以击，胜之半也⑤；知敌之可击，知吾卒之可以击，而不知地形之不可以战，胜之半也⑥。故知兵者，动而不迷，举而不穷。⑦故曰：知彼知己，胜乃不殆；知天知地，胜乃不穷。⑧

【注释】

①视卒如婴儿，故可与之赴深谿："视"，看待，对待；"谿"，同"溪"，两旁陡峭中间涧水这谓溪。"深谿"，此处指危险地带。将帅把士兵看作孩子般呵护，他们就可以和将帅一起赴汤蹈火。

②视卒如爱子，故可与之俱死：更进一步，如果将帅对待士兵像自己的孩子一样，那么士兵就会与将帅同生共死。"俱死"，患难与共、同生共死。

③厚而不能使，爱而不能令，乱而不能治，譬若骄子，不可用也："厚"，厚待、优等；"爱"，溺爱；"令"，支使；"乱"，违法乱纪；"骄子"骄横不讲理的孩子，此处指被宠坏的孩子。意思是将帅对待士兵只注重优厚，却不能指挥，溺爱士兵却不能号令，士兵违法乱纪却不能惩治，这样带出的部队就好像惯坏的孩子一样，不能用来作战。

④ 知吾卒之可以击，而不知敌之不可击，胜之半也：将帅通晓自己的士兵可以用来进击，而不了解敌人防守严密而无懈可击，那么一旦开战则或胜或负。"胜之半"，有一半的胜率，即胜负各半。

⑤ 知敌之可击，而不知吾卒之不可以击，胜之半也：了解敌人有机可乘，但却不了解自己的兵士不能用来作战，也是胜负各半。

⑥ 知敌之可击，知吾卒之可以击，而不知地形之不可以战，胜之半也：即使了解敌人有机可乘，也了解我军可以攻打开战，但不了解地形不利于作战，也是胜负各半。

⑦ 故知兵者，动而不迷，举而不穷：所以会带兵打仗的将军，行动不盲动，举措因敌因我因地形而变化无穷。"知兵者"，深通用兵作战的将领。"动"，行动、举动；"不迷"，不困惑，指不盲目行动；"举"，举措，指用兵作战的措施。

⑧ 故曰：知彼知己，胜乃不殆；知天知地，胜乃不穷：将帅做到了解自己，了解对手，取胜一般就没有危险；通晓天时，把握地形，就会战无不胜。

【名家注释选】

视卒如婴儿，故可以与之赴深谿；视卒如爱子，故可与之俱死

张预注：将视卒如子，则卒视将如父；未有父在危难，而子不致死。故荀卿曰："臣之于君也，下之于上也。如子弟之事父兄、手足之捍头目也。"夫美酒泛流，三军皆醉；温言一抚，士同挟纩。信乎，以恩遇下，古人所重也。故《兵法》曰："勤劳之师，将必先己。暑不张盖，寒不重衣，险必下步，军井成而后饮，军食熟而后饭，军垒成而后舍。"

陈启天注：上文已言知彼知地之必要，此复继论知己之必要。所谓己者，凡属我者皆统括在内。而统御与军纪，则为军队之命脉，故特举而论之。统御之法，其要不外《行军》篇所谓令之以文，齐之以武二者。我须知能否令之以文，使士卒附而乐于效死也。

厚而不能使，爱而不能令，乱而不能治，譬若骄子，不可用也

刘寅注：能爱士卒如子，而不能制之以威令；能厚士之生，而不能使之赴敌以进战；视士卒扰乱不齐，而不能律之使治，譬如骄养之子，必不可用也。《尉缭子》曰："不爱悦其心者，不我用也；不严畏其心者，不我举也。故善将者，爱与畏而已。"

知吾卒之可以击，而不知敌之不可击，胜之半也

刘寅注：但知吾士卒之精锐勇敢可用之而击，而不知敌势强而且实有不可击之形。此知己不知彼，而一胜一负者。故曰："胜之半也。"

知敌之可击，而不知吾卒之不可以击，胜之半也

刘寅注：知敌势之虚弱，有可击之形，而不知吾士卒之颓弊怯懦，不可用之以击。此知彼而不知己者，故亦曰："胜之半也。"唐太宗曰："吾尝临阵，先料敌心与己之心孰审，然后彼可得而知焉；察敌气与己之孰治，然后我可得而知焉。盖料心以审其治乱，察气以见其强弱，则可战与不可战之形得矣。"

知敌之可击，知吾卒之可以击，而不知地形之不可以战，胜之半也

刘寅注：知敌势之虚弱可击，知吾士卒之精锐可用之以击，而不知地形之未便，不可以陈兵出奇而与之战，亦曰："胜之半也。"言知彼知己，又得地形之助，方可以此全胜耳。

故知兵者，动而不迷，举而不穷

杜牧注：未动未举，胜负已定，故动则不迷，举则不穷也。

刘寅注：故知兵知将不妄动，而动则无迷误之失；不轻举，而举则无困弊之灾。此识彼我之虚实，知地形之便利而战也。

赵本学注：不迷，事事中机不迷惑也。不穷，百战百胜不穷迫也。

故曰：知彼知己，胜乃不殆；知天知地，胜乃不穷

李筌注：人事、天时、地利，三者同知，则百战百胜。

杜佑注：知地之便，知天之时。地之便，依险阻、向高阳也；天之时，顺寒暑，法刑德也。既能知彼知己，又按地形、法天道，胜乃可全，又何难也？

张预注：顺天时，得地利，取胜无极。

刘寅注：故曰：知彼之虚实，知我之强弱，战则必胜，不至于危殆矣。知天时之顺，知地利之便，战胜之功又可以全得也。愚按：此篇言地形而中又以胜败言者，盖恐后世泥胜负之理于地形，而不尽人事之当为也，故与地形则曰"兵之助"，料敌制胜则曰"上将之道"也。孙武之意深矣。

陈启天注：近代战术上之敌情判断，即此所谓知彼。又地形判断及阵地判断，即此所谓知地。又状况判断，即统合所谓知彼知地与知天三者而言。至于知己，则似不在所谓状况判断之内。本书特列知己一项，与其他三项合为战斗开始时必须先知之四大要领，则其判断必更正确矣。谓为全胜之道，不亦宜乎？

【译文】

将帅对待士卒像对待孩子那样，士卒就可以与他共赴患难；能把士卒当作自己的爱子，士卒就可以与他同生共死。如果对士卒只会厚养而其不能指挥，只知道溺爱而其不能号令，违抗军纪又得不到相应惩治，就像娇生惯养的孩子，这样的士卒是不能用来打仗的。

知道自己的军队能够用来作战，而不知道敌军无懈可击，取胜的把握只有一半；知道敌人的军队可以去攻击，而不知道我方军队不可以用来作战，胜利的把握也只有一半；知道敌人可以攻击，知道我方军队可以作战，而不知道地形不利于作战，胜利的可能性也只有一半。所以，懂得用兵的人，作战行动不会盲动，用兵举措因敌因我因地形而变化无穷。所以，了解对方，了解自己，取胜就不会有危险。通晓天时，把握地利，就会战无不胜。

【篇结】

《地形》篇是《孙子兵法》第十篇。本篇与管子的《地图》篇被认为是我国军事地理学的发端之作。但本篇的实际内容不同于现代的军事地理研究，孙子所说的地形不是现代汉语所说的"地形"，而是指"地"和"形"两部分内容。其中"地"指地势，指军队所处的自然和社会环境；"形"指兵形，是上述环境中的作战指挥，研究重点是对作战的影响。

本篇可以分为上下两部分，前两段为上部分。

上部分孙子先后提出了"地之道"和"败之道"。孙子在第一段论述了六种地形，并强调说懂得这六种地形条件下作战是"地之道也"，是因地制宜的原则，强调是"将之至任，不可不察也"。第二段论述了六种失败的情况，说这六种情况都是将领用兵失当所致，是"败之道也"，再次强调说"将之至任，不可不察也"，说将领担当着军队生死存亡的重任。

后三段为下部分。孙子先突出说明了地形对于战争胜负的重要作用："地形者，兵之助也。"先言地形是用兵作战必须借重、借助的，是辅助的条件。进而论及主将的职责，要求主将必须在战争中研究考察地形和了解利用地形的作战原则，这是"上将之道"。

对于根据战场规律可以取胜的战争，不可以取胜的战争，也就是孙子所说的"战道"必胜、"战道"不胜，要根据实际情况而不是死守君主的命令，这就要求主将"进不求名，退不避罪"。经过两层论述之后，"地形者，兵之助"与"将道"两者的关系，孙子就明确揭示出来了。

知道自己的军队可以作战，不知道不可以向敌人的军队发起作战，或者只知道可以向敌人军队发起作战，而不知道自己的军队不能够作战，这两种情况只有一半的胜算。

孙子进一步附加胜利的条件因素来假设说，即使前面两项条件全部掌握明了，可就是不知道地形不利于作战，取胜的可能性也还是只有一半。孙子在层层推进的推论中导论出了地形之利对于战争的重要作用，他说：做到知彼知己这一步，只能是每次作战有胜利而没有危险，而要做到了知天知地这一步，那就可以确保完胜、全胜，获得最大的胜利。孙子把地形之利对战争胜负的作用放在了与知彼知己一对一、各占一半的地位上，是用来进一步强调地形对于用兵作战的重要性，当然此论难免有夸大之词，实际也超出了他主张的"地者兵之助"的定位。

九地篇第十一

【篇解】

本篇是一篇军事地理学专论，专论作战地理形势。可以说，孙子是历史上军事地理学的开创者。《地形》篇、《九地》篇是构成孙子的军事地理学的主要篇章。

本篇是《孙子兵法》十三篇中最长的一篇。(《九变》是最短的一篇)关于何为孙子所说的"九地"，到今天看法也有不同。此《九地》的"九"与《九变》的"九"不是同一意思，前者是指多变，此九则是指九种地形，是实数；"地"则是指地区区域。因此，本篇主要论述在九种地形下作战的基本原则，强调要根据不同地形条件下官兵的不同心理状态，制定正确的战略战术，以确保战争胜利。

孙子从战略高度把军队作战所经地域分为"散、轻、争、交、衢、重、圮、围、死"九地，概括出地理特点及其对官兵的心理影响，提出灵活多样的应变要求。与此同时，孙子提倡深入敌人境内作战，强调争取主动、避实击虚、迅速行动、集中兵力等作战原则，提出了一些治军的主张。

本篇的要旨在于揭示地理形势与军事行动的关系。孙子特别强调人的主观作用，这个结论就是孙子在篇中为我们揭示的："九地之变，屈伸之力，人情之理，不可不察也"。

可以说，孙子的军事地理篇章开创了我国古代军事地理理论的先河。

【原文】

孙子曰：用兵之法，有散地，有轻地，有争地，有交地，有衢地，有重地，有圮地，有围地，有死地。①诸侯自战其地，为散地。②入人之地而不深者，为轻地。③我得则利，彼得亦利者，为争地。④我可以往，彼可以来者，为交地。⑤诸侯之地三属，先至而得天下之众者，为衢地。⑥入人之地深，背城邑多者，为重地。⑦行山林、险阻、沮泽，凡难行之道者，为圮地。⑧所由入者隘，所从归者迂，彼寡可以击吾之众者，为围地。⑨疾战则存，不疾战则亡者，为死地。⑩是故散地则无战⑪，轻地则无止⑫，争地则无攻⑬，交地则无绝⑭，衢地则合交⑮，重地则掠⑯，圮地则行⑰，围地则谋⑱，死地则战⑲。

【注释】

①孙子曰：用兵之法，有散地，有轻地，有争地，有交地，有衢地，有重地，有圮地，有围地，有死地：意思是：孙子说，用兵作战会遇到以下九种地形，它们是：散、轻、争、交、衢、重、圮、围、死。

②诸侯自战其地，为散地：什么是散地？在自己的国土上与来犯的敌人作战，称为散地。因为在自己国内作战，离家较近，士兵容易走失，所以称散。

③入人之地而不深者，为轻地：进入其他国家的国境距离本国较近，能够比较容易返回，所以称为轻地。进出比较轻易。

④我得则利，彼得亦利者，为争地：双方争夺有利的地形，哪一方先占领就有利的地方叫争地。彼此势在必争的有利地形。

⑤我可以往，彼可以来者，为交地：敌我双方都可以随意来往的交通通达之地为交地。交，交迭。

⑥诸侯之地三属，先至而得天下之众者，为衢地：多个诸侯国毗邻交壤的地方称为衢地。衢，音 qú，大路，四通八达的道路。

⑦入人之地深，背城邑多者，为重地：进入别的国家纵深地带，而且背后越过许多敌人的城邑称为重地。

⑧行山林、险阻、沮泽，凡难行之道者，为圮地：圮，塌坏，倒塌，毁坏。凡是崎岖山路、林木丛生、急流险阻、沼泽草地等难行之地为圮地。

⑨所由入者隘，所从归者迂，彼寡可以击吾之众者，为围地：军队进入时险峻狭窄，归来时需要曲折绕道，敌人可以少胜多的地形叫围地。"围地"，孙子在《九变》篇中也讲到过"围地"，即四面险阻、进退困难、易于被包围之地，形象地说好似小盆地。

⑩ 疾战则存，不疾战则亡者，为死地：需要拼死作战才能脱离危险，不拼命死战就全军覆没的地方称死地。

⑪ 是故散地则无战：所以最好不要在自己的国土上用兵作战。

⑫ 轻地则无止：进入敌国不远的地方不要停留，应快速进军。止，停留。

⑬ 争地则无攻：处于争地应守而不攻。

⑭ 交地则无绝：处于交地则要保持军队的整体性，不要隔绝联系。绝，隔绝、断绝。

⑮ 衢地则合交：处于衢地则需要加强外交联盟。

⑯ 重地则掠：深入敌境时要注重掠夺其粮草等财富，保证自己军队人马的给养。

⑰ 圮地则行：遇到难行之地则应该快速行进。

⑱ 围地则谋：处于围地则要沉着冷静，图谋避敌。

⑲ 死地则战：陷于死地必须拼死以战，杀出一条生路。

【名家注释选】

孙子曰：凡用兵之法，有散地、有轻地、有争地、有交地、有衢地、有重地、有圮地、有围地、有死地

曹操注：此九地之名也。

张预注：此九地之名。

陈启天注：此第一节，论九地之性质及其战斗要旨。军队由国内至敌境所遇战地大体形势，约可分为散地、轻地、争地、交地、衢地、重地、圮地、围地、死地等九种。

诸侯自战其地者，为散地

曹操注：士卒恋土，道近易散。

杜佑注：战其境内之地，士卒意不专，有溃散之心，故曰散地。

张预注：战于境内，士卒顾家，是易散之地也。隙人将伐楚师，楚斗廉曰："隙人军其郊，必不诫；恃近其城，莫有斗志。"果为楚所败是也。

入人之地而不深者，为轻地

梅尧臣注：入敌未远，道近轻返。

刘寅注：去国越境，入其地不深者，名之为轻地。轻地者，言士卒思还难进，而轻于退也。

我得则利，彼得亦利者，为争地

陈皞注：彼我若先得其地者，则可以少胜众，弱胜强也。

张预注：险固之利，彼我得之，皆可以少胜众，弱胜强者，是必争之地也。唐太宗以五千人守成皋之险，坐困窦建德十万之众是也。

施子美注：两阵必争之地也。我得之则我利，彼得之则彼利，彼此必争，故谓之争地。

我可以往，彼可以来者，为交地

陈皞注：交错是也。言其道路交横，彼我可以来往。如此之地，则兵士首尾不绝，切宜备之。故下文云："交地，吾将谨其守。"其义可见也。

张预注：地有数道，往来通达，而不可阻绝者，是交错之地也。

顾福堂（清代学者）注：交地者，我与敌连界之地也，连界之地，故彼我可以往来也。

诸侯之地三属，先至而得天下之众者，为衢地

何氏注：衢地者。地要冲，控带数道，先据此地，众必从之，故得之则安，失之则危也。吴王问孙武曰："衢地必先，若吾道远发后，虽驰车骤马，至不能先，则如何之？"武曰："诸侯参属，其道四通。我与敌人相当，而旁有他国。所谓先者，必先重币轻使，约和旁国，交亲结恩，兵虽后至，众已属矣。我有众助，彼失其党，诸国犄角，震鼓齐攻，敌人惊恐，莫知所当。"

施子美注：通衢之地，三属诸侯之国。三属者，谓与己敌相当，而旁又有他国相属，先至于此，则可得他国以为己助，故谓之衢地。

刘寅注：诸侯之地，三面连属邻国，若先至其冲，据其形势，而得天下之众者，名之为衢地。衢地者，四面通达如衢路也。

入人之地深，背城邑多者，为重地

杜佑注：难返还也。背，去也；背与倍同。多，道里也。远去已城郭，深入敌地，心专意一，谓之重地也。

梅尧臣注：乘虚而入，涉地愈深，过城已多。津要绝塞，故曰重难之地。

刘寅注：入敌人之境已深，背彼之城邑已多，名之为重地。重地者，士卒专心，无归志，重于退还也。

行山林、险阻、沮泽，凡难行之道者，为圮地

贾林注：经水所毁曰圮。沮洳圮地，不得久留，宜速去也。

刘寅注：山林、险阻之地，沮泽、卑下之处，凡有难行之道路，名之为圮地。圮地者，毁坏而不可留止也。

所由入者隘，所从归者迂，彼寡可以击吾之众者，为围地

杜牧注：出入艰难，易设奇伏覆胜也。

杜佑注：所从入厄险，归道远也。持久则粮乏。故敌可以少击吾众者，为围地也。

梅尧臣注：山川围绕，入则隘，归则迂也。

刘寅注：所由入者其形狭隘，所从而归者其路迂回，彼寡可以击吾之众者，名之曰围地。围地者，前狭后险，进退艰难，如被围者。

疾战则存，不疾战则亡者，为死地

李筌注：阻山、背水、食尽，利速不利缓也。

张预注：山川险隘，进退不能，粮绝于中，敌临于外，当此之际，励士决战，而不可缓也。

刘寅注：山川险远，进退不能，粮绝于中，敌临于外，疾战可以生存，不疾战则必至危亡者，名之曰死地。死地者，谓陷于死绝之地，当并气一力而幸其生也。

是故散地则无战

李筌注：恐走散也。

梅尧臣注：我兵在国，安土怀生，陈则不坚，斗则不胜，是不可战也。

王晳注：决于战则惧散。

刘寅注：无以战，犹言勿与战也。古代以"战"字为攻与守之中间名词，有时可作决战解，故勿与战，非谓不守而降也。乃以敌军来势甚锐，不宜与之决战，而须暂避其锋，讲求防守，随图反攻也。

轻地则无止

李筌注：恐逃。

梅尧臣注：始入敌境，未背险阻，士心不专，无以战为。勿近名城，勿由通路，以速进为利。

张预注：士卒轻返，不可辄留。

争地则无攻

曹操注：不当攻，当先至为利也。

杜牧注：无攻者，言敌若已先得其地，则不可攻也。

梅尧臣注：形胜之地，先据乎利。敌若已得其处，则不可攻。

交地则无绝

梅尧臣注：道既错通，恐其邀截，当令部伍相及，不可断也。

赵本学注：兵在交错之地，当虑有炎沛交驰之扰，宜行阵部伍首尾相连，仓猝遇敌，易以成阵而无败也。

衢地则合交

曹操注：结诸侯也。

杜牧注：诸侯，即上文云旁国也。

王晳注：四通之境，非交援不强。

施子美注：衢地三属之地，旁有邻国，先与之交结，则已得为用，故必交合。

重地则掠

孟氏注：因粮于敌也。

王晳注：深入敌境，则掠其饶野，以丰储也。难地食少则危。

赵本学注：轻地不患粮食之不足，而患士卒之不战。重地不患士卒之不战，而患粮食之不足。

邓廷罗注：以国远粮绝，宜野掠以资军食也。

圮地则行

梅尧臣注：既毁圮不可依止，则当速行，勿稽留也。

王晳注：合聚军众，圮无舍止。

围地则谋

杜牧注：难阻之地，与敌相持，须用奇险诡谲之计。

杜佑注：居此当权谋诈谲，可以免难。

梅尧臣注：前有隘，后有险，归道又迂，则发谋虑以取胜。

刘寅注：前有强敌，后有险阻，欲进不能，欲退不敢，是为围地。难以力胜，易以谋取，故塞其阙，示无所往。佯为寡弱之形，敌备我必轻，同心齐力，奋勇而前，分兵据险，鼓噪而出，乃能取胜。

死地则战

陈皞注：陷在死地，则军中人人自战。故曰"置之死地而后生"也。

贾林注：力战或生，守隅则死。

梅尧臣注：前后左右，无所之，示必死，人人自战也。

【译文】

孙子说：按用兵的原则，作战的地形可以分为散地、轻地、争地、交地、衢地、重地、纪地、围地、死地等九类。

诸侯在本国境内作战，这样的区域叫作"散地"。进入敌国境内不远，这样的作战区域叫作"轻地"。我军占据则有利，敌军得到也有利，这样的作战区域叫作"争地"。我军可以去，敌军也可以来交通自由的作战区域叫作"交地"。数个诸侯国相邻，先到达就可以得到诸侯列国援助，这样的作战区域叫作"衢地"。深入敌国境内，身后到处是敌国的城邑，这样的作战区域叫作"重地"。山林、险阻、沼泽等地形难以通行，这样的区域叫作"圮地"。前进道路狭隘险要，后退之路迂远曲折，敌军能够以少击多，这样的作战区域叫作"围地"。急速拼死作战就能生存，不然就会全军覆没，这样的作战区域叫作"死地"。

因此，在"散地"不宜作战；在"轻地"不宜久留；遇"争地"不要强攻；逢"交地"，部队不可断绝联系；处于"衢地"则应结交诸侯；深入"重地"就要掠取粮秣所需；遇到"圮地"就要迅速通过；陷入"围地"要巧设计谋图谋避敌；到了"死地"就要拼命以战，杀出一条生路。

【原文】

所谓古之善用兵者，能使敌人前后不相及①，众寡不相恃②，贵贱不相救③，上下不相收④，卒离而不集⑤，兵合而不齐⑥。合于利而动，不合于利而止。⑦敢问："敌众整而将来，待之若何？"⑧曰："先夺其所爱，则听矣。"⑨兵之情主速，乘人之不及，由不虞之道，攻其所不戒也。⑩

【注释】

① 所谓古之善用兵者，能使敌人前后不相及："相及"，相互策应、救援。古代善于用兵作战的将领，在战争进行时，能让敌人前面的部队与后面的部队脱节，前后不能策应救援。

② 众寡不相恃：敌人主力部队与策应部队之间不能相互倚仗。"众寡"，指敌人主力部队与策应部队；"相恃"，相互倚仗。

③ 贵贱不相救："贵贱"指部队的上层与士兵。将吏与士卒之间不能相互救援。

④ 上下不相收：敌人部队上下级之间不能相互聚拢集结。"收"，聚拢。

⑤卒离而不集：士兵分散而无法集中在一起。"离"离散；"集"，集结。

⑥兵合而不齐：敌人的兵力集合时杂乱无章、人员不齐整。"齐"，统一、整齐。

⑦合于利而动，不合于利而止：意思是我方用兵作战，如果形势有利就出击，形势不利就停止行动。"合"，符合；"动""止"，指战争开始与停止。

⑧敢问："敌众整而将来，待之若何?"：假设敌人众多而且军纪严明、步调一致来攻击我们，如何进行抵御?"敢问"：假如，自己设问；"待"，抵御、应对。

⑨曰："先夺其所爱，则听矣"：面对这种情况应该先打击其核心要害处，让它们随从我方的摆布。"爱"指核心要害；"听"，随。

⑩兵之情主速，乘人之不及，由不虞之道，攻其所不戒也：用兵作战的关键是快速迅猛，要乘敌人不及防备时进攻，走敌人意想不到的线路，攻打他们没有防备的地方。"不及"，措手不及，来不及防备；"不虞"，没有预想到；"不戒"没有设置警戒、没有防备。

【名家注释选】

所谓古之善用兵者，能使敌人前后不相及，众寡不相恃，贵贱不相救，上下不相收，卒离而不集，兵合而不齐

刘寅注：古之所谓善能用兵者，冲敌人之中，使前后不得相及也；分敌人之势，使众寡不得相恃也；出其不意，掩其无备，使贵与贱不得相救援，上与下不得相收敛，仓皇散乱，不知所御，将吏士卒不能相赴，卒已散而不能复集，兵虽合而不能复齐。

赵本学注：此专承死地则战而言之。前后，前军后军也。众者，大阵；寡者，大阵之小阵也。贵而上者，将佐也；贱而下者，士卒也。前后不相及，众寡不相恃者，言其阵乱也。贵贱不相救，上下不相收，言其队乱也。卒离而不集，言其溃散也。兵合而不齐，言其参差也。

王皙注：前后，前军后军也。众寡，大阵小阵也。贵而上者，将佐也。贱而下者，士卒也。及，接应也。恃，依赖也。救，保护也。收，完聚也。

集，聚也。齐，一也。大抵为主待客，我佚敌劳，我饱敌饥。

合于利而动，不合于利而止

李筌注：扰之，令见利乃动，不乱则止。

张预注：彼虽惊扰，亦当有利则动，无利则止。

敢问：敌众整而将来，待之若何

曹操注：或问也。

梅尧臣注：此设疑以自问。言敌人甚众，将又严整，我何以待之耶？

张预注：前所陈者，须兵众相敌，然后可为。故或人问武曰："彼兵众于我，而又整素，则以何术待之也？"

曰：先夺其所爱，则听矣

曹操注：夺其所恃之利。若先据利地，则我所欲必得也。

杜牧注：据我便地，略我田野，利其粮道，斯三者，敌人之所爱惜倚恃者也。若能俱夺之，则敌人虽强，进退胜败，皆须听我也。

梅尧臣注：当先夺其所顾爱，则我志得行，然后使其惊扰散乱，无所不至也。

王皙注：此节设为问答，以申上文合于利而动，不合于利而止之意。所爱，如粮食险要之类。先夺者，谓坚壁清野，据险守要，我先事而夺之，不为敌所资也。听，顺从也。则听者，谓夺其所爱，则进不得战，野无所掠，形之敌必从之，予之敌必取之也。

兵之情主速，乘人之不及，由不虞之道，攻其所不戒也

杜牧注：此统言兵之情状，以乘敌间隙。由不虞之道，攻其不戒之处，此乃兵之深情，将之至事也。

陈皞注：此言乘敌人有不及、不虞、不戒之便，则须速进，不可迟疑也。盖孙子之旨，言用兵贵疾速也。

张预注：复谓或人曰：用兵之理，惟尚神速。所贵乎速者，乘人之仓

卒，使不及为备也。出兵于不虞之径，以掩其不戒，故敌惊扰散乱，而前后不相及，众寡不相待也。

【译文】

历史上善于用兵作战的将帅，能设法使敌军前队、后队无法接应，主力人马和小部队不能互相依托，将帅与士卒不能互相救援，上下不能收拢集结，士兵分散而无法集中在一起。敌人的兵力集合时杂乱无章、人员不齐。

在这种情况下，于我有利才能采取作战行动，于我不利不要妄动。试问：假设敌人众多而且军纪严明、步调一致来攻击我们，如何进行抵御？

回答是："先打击夺取敌人最核心要害之处，就能使它不得不听从摆布了。"

用兵的一个基本规则就是迅猛神速，乘敌人不及准备，选择敌人意料不到的路途，攻击敌人没有戒备的地方。

【原文】

凡为客之道：深入则专，主人不克①；掠于饶野，三军足食②；谨养而勿劳，并气积力，运兵计谋，为不可测③。投之无所往，死且不北④，死焉不得，士人尽力⑤。兵士甚陷则不惧，无所往则固。⑥深入则拘，不得已则斗。⑦

【注释】

① 凡为客之道：深入则专，主人不克："为客"，指深入敌境作战。"深入则专，主人不克"，由于深入敌人境内，士兵无处逃脱，所以专心对敌，反之，敌人由于在本土作战，有后路可逃，所以是可以战胜的。"专"，专心、无杂念；"主人"，指敌方，因为在敌国，故称主人；"克"，战胜。

② 掠于饶野，三军足食：深入敌境作战，要到丰饶的沃野掠夺粮草，以保证我方人马的粮草充足供应、吃饱喝足。

③ 谨养而勿劳，并气积力，运兵计谋，为不可测："谨养"，谨慎保养、休养；"并气积力"，一心一意保持士气高昂、积蓄力量；"运兵计谋，为不

可测"，调动部队、运筹作战计划，使敌人无从猜测。

④投之无所往，死且不北：把部队放在没有退路的地方，宁可战死，也不会逃跑。"投"，放置；"无所往"，无路可退；"北"，败逃。

⑤死焉不得，士人尽力："死焉不得"，连死都不怕，还有什么做不到的呢？在这样的绝境下，士兵皆人人尽力。"焉"，怎么。

⑥兵士甚陷则不惧，无所往则固：我方的士卒由于深入敌国境内，陷入困境，则就无所恐惧了，没有退路也就更加团结一心、稳如泰山。"甚陷"，深陷危险困境；"固"，坚固、牢固、稳固。

⑦深入则拘，不得已则斗：由于深入敌人境地，我方士兵受到自然条件的约束（无路可逃），所以要想活命必须拼死战斗。

【名家注释选】

凡为客之道，深入则专，主人不克

李筌注：夫为客，深入则志坚，主人不能御也。

杜牧注：言大凡为攻伐之道，若深入敌人之境，士卒有必死之志，其心专一，主人不能胜我也。克者，胜也。

梅尧臣注：为客者，入人之地深，则士卒专精，主人不能克我。

张预注：深涉敌境，士卒心专，则为主者不能胜也。客在重地，主在轻地故耳。赵广武君谓"韩信去国远斗，其锋不可当"是也。

掠于饶野，三军足食，谨养而勿劳，并气积力；运兵计谋，为不可测

杜牧注：斯言深入敌人之境，须掠田野，使我足食，然后闭壁养之，勿使劳苦。气全力盛，一发取胜，动用变化，使敌人不能测我也。

陈皞注：所处之野，须水草便近，积蓄不乏，谨其来往，善抚士卒，王翦伐楚，楚人挑战，翦不出，勤于抚御，并兵一力。闻士卒投石为戏，知其养勇思战，然后用之，一举遂灭楚。但深入敌境，未见可胜之利，则须为此计。

张预注：兵在重地，须掠粮于富饶之野，以丰吾食；乃坚壁自守，勤抚士卒，勿任以劳苦。令气盛而力全，常为不可测度之计。伺敌可击，则依据

而克。王翦伐荆，常用此术。

投之无所往，死且不北

李筌注：能得其力者，投之无往之地。

杜牧注：投之无所往，谓前后进退，皆无所之。士以此皆求力战，虽死不北也。

梅尧臣注：置在必战之地，知死而不退走。

张预曰：置之危地，左右前后皆无所往，则守战至死，而不奔北矣。

死焉不得

杜牧注：言士必死，安有不得胜之理？

孟氏注：士死，无不得也。

张预注：士卒死战，安不得志？《尉缭子》曰："一贼仗剑击于市，万人无不避之者，非一人之独勇，万人皆不肖也，必死与必生不侔也。"

士人尽力

曹操注：在难地，心并也。

张预注：同在难地，安得不共竭其力？

兵士甚陷则不惧

杜牧注：陷于危险，势不独死，三军同心，故不惧也。

王晳注：陷之难地则不惧，不惧则斗志坚也。

张预注：陷在危亡之地，人持必死之志，岂复畏敌也？

无所往则固，深入则拘

曹操注：拘，缚也。

李筌注：固，坚也。

杜牧注：往走也。言深入敌境，走无生路，则人心坚固，如拘缚者也。

张预注：动无所之，人心坚固；兵在重地，走无所适，则如拘系也。

不得已则斗

曹操注：人穷则死战也。

杜牧注：不得已者，皆疑陷在死地，必不生；以死救死，尽不得已也，则人皆悉力而斗也。

【译文】

凡是进入敌国进攻作战，其规律是，越深入敌境，军心士气越专一稳固，敌人越无法战胜我。在敌国丰饶的田野上掠取粮草，保证三军人马得到足够的给养保障；要休整好部队，不使士卒过于疲劳，激励士气，养精蓄锐，巧设计谋，使敌人无法分析判断我军企图。将三军置于无路可退的境地，令士卒宁可战死也不退却。既然士卒连死都不怕，还有什么做不到的呢？在这样的绝境下，士兵皆人人尽力。士卒深陷危险的境地，就不会恐惧；无路可走，军心就会稳固；深入敌国，军队就会更加戒备。到了迫不得已境地，就会殊死战斗。

【原文】

是故其兵不修而戒①，不求而得②，不约而亲③，不令而信④。禁祥去疑，至死无所之。⑤吾士无余财，非恶货也⑥；无余命，非恶寿也⑦。令发之日，士卒坐者涕沾襟⑧，偃卧者涕交颐⑨。投之无所往者，诸、刿之勇也。⑩

【注释】

①是故其兵不修而戒：（由于深入敌国、陷入困境）所以部队不用整治就自然而加强戒备。"修"，治理；"戒"，警戒。

②不求而得：不进行严格的要求也能尽心竭力。言不用扬鞭自奋蹄。

③不约而亲：不用严格约定就能够亲和团结。"约"，约定、约束；"亲"，亲和、团结。

④不令而信：不用三令五申就会自觉服从。"信"信服，信从。

⑤禁祥去疑，至死无所之：禁止迷信活动，消除士兵疑惑，即使奋战

到死，也不会逃脱。"禁"，禁止；"祥"，吉凶预兆；"疑"，疑惑；"之"，逃亡。

⑥ 吾士无余财，非恶货也：我们的士卒身上没有多余的钱财，并不是他们不稀罕钱财。"恶"，讨厌、不喜欢。

⑦ 无余命，非恶寿也：意思是：我方士卒拼死以战，不惜牺牲，并不是因为他们不想长寿。"寿"，性命、生还。

⑧ 令发之日，士卒坐者涕沾襟：那是因为军令如山，进击的军令一下达，士兵坐着哭泣，泪水已经沾湿了衣襟。

⑨ 偃卧者涕交颐："颐"，面颊，腮。意思是仰卧的士卒泪流满面。

⑩ 投之无所往者，诸、刿之勇：因为把部队放置在没有退路的绝境，每个士兵都会像专诸、曹刿一样勇敢作战，牺牲生命也在所不辞。专诸，春秋时吴国棠邑（今南京市六合区西北）人，吴公子光（即吴王阖闾）欲杀王僚自立，伍子胥把他推荐给公子光。公元前515年，公子光乘吴内部空虚，与专诸密谋，以宴请吴王僚为名，藏匕首（鱼肠剑）于鱼腹之中进献，当场刺杀吴王僚，专诸也被吴王僚的侍卫杀死。公子光自立为王，是为吴王阖闾，乃以专诸之子为卿。

专诸是中国古代"四大刺客"（一说五大刺客）之一。

曹刿，一作曹翙。生卒年不详，春秋时鲁国大夫（今山东省东平县人），著名的军事理论家。鲁庄公十年，齐攻鲁，曹刿求见，请取信于民后战，作战时随从指挥，大败齐师，"一鼓作气"之典出于此。又说，刿乃沫之误。指鲁国勇士曹沫。

【名家注释选】

是故其兵不修而戒，不求而得，不约而亲，不令而信

李筌注：投之必死，不令而得其用也。

杜牧注：此言兵在死地，上下同志，不待休整而自戒惧，不待收索而自得心，不待约令而自亲信也。

孟氏注：不求其胜，而胜自得也。

梅尧臣注：不修而兵自戒，不索而情自得，不约而众自亲，不令而人自

信，皆所以险于危难，故三军同心也。

禁祥去疑，至死无所之

杜牧注：黄石公曰："禁巫祝不得为吏士卜问军之吉凶，恐乱军之心。"言既去疑惑之路，则士卒至死无有异志也。

梅尧臣注：妖祥之事不作，疑惑之言不入，则军必不乱，死而后已。

王晳注：灾祥神异，有以惑人，故禁止之。

张预注：欲士死战，则禁止军吏不得言妖祥之事，恐惑众也；去疑惑之计，则至死无他虑。《司马法》曰："灭厉祥。"此之谓也。倘士卒未有必战之心，则亦有假妖祥以使众者。田单守即墨，命一卒为神，每出入约束必称神，遂破燕是也。

吾士无余财，非恶货也；无余命，非恶寿也

曹操注：皆烧财物，非恶货之多也。弃财致死者，不得已也。

梅尧臣注：不得已，竭财货，不得已，尽死战。

张预注：货与寿，人之所爱也，所以烧掷财宝，割弃性命者，非憎恶之也，不得已也。

令发之日，士卒坐者涕沾襟，偃卧者涕交颐

曹操注：皆持必死之计。

李筌注：弃财与命，有必死之志，故感而流涕也。

杜牧注：士皆以死为约，未战之日，先令曰："今日之事，在此一举！若不用命，身膏草野，为禽兽所食也。"

施子美注：夫如是令发之日，士感泣以必死为期，故坐者涕露襟，卧者涕交颐，彼之所以如是者，非畏死也，感泣思奋。

王皙注：涕，泪也。沾，浸也。偃，僵也。卧，寝也。坐者垂涕沾襟，寝者流涕交颐，相期必死，故皆悲感如此。

投之无所往者，诸刿之勇也

杜牧注：言所投之处，皆为专诸、曹刿之勇。

张预注：人怀必死，则所往皆有专诸、曹刿之勇。专诸，吴公子光使刺杀吴王僚者；刿当为沫，曹沫以勇力事鲁庄公，尝执匕首劫齐桓公。

王皙注：诸、刿二人皆敢死之士，故引而赞之。

【译文】

由于深入敌国、陷入困境，所以军队即使不严加约束也会自我戒备，不用逼迫就会拼死作战，不待约束就会团结一致，不待申令就会遵守纪律；杜绝迷信活动，消除部属疑虑，他们至死也不会溃散。我军将士没有多余的钱财，不是因为都不爱钱财；我军没有贪生怕死的人，不是因为将士们都不想活命；作战命令颁发的时候，士卒有的坐着而泪湿衣襟，有的躺着而泪流满面。而一旦把他们置于无路可走的困境绝地，他们就会像专诸和曹刿一样勇敢。

【原文】

故善用兵者，譬如率然①；率然者，常山之蛇也②。击其首则尾至，击其尾则首至，击其中则首尾俱至。③敢问："兵可使如率然乎？"曰："可。"④夫吴人与越人相恶也，当其同舟而济，遇风，其相救也如左右手。⑤是故方马埋轮，未足恃也⑥；齐勇若一，政之道也⑦；刚柔皆得，地之理也⑧。故善用兵者，携手若使一人，不得已也。⑨

【注释】

① 故善用兵者，譬如率然：善于指挥作战的将帅，指挥部队就像"率然"蛇一样。

② 率然者，常山之蛇也："率然"蛇就是常山（现恒山，在今山西辉源县东南）的一种蛇。

③ 击其首则尾至，击其尾则首至，击其中则首尾俱至："率然"蛇的特性是：当有敌人攻击它的头时，蛇尾就来相救，攻击其尾巴时，则头会来相

救，如果攻击它的中间，则头与尾巴都来相救。

④敢问："兵可使如率然乎?"曰："可"：那么有人试问，用兵可以像"率然"蛇一样让他们相互救应吗？答案是肯定的。

⑤夫吴人与越人相恶也，当其同舟而济，遇风，其相救也如左右手：（那么怎么才能够做到用兵像"率然"蛇一样前后左右呼应呢？打个比喻说）吴国人与越国人世代为仇敌，相互为敌，但如果同乘坐一条船过河，突然遇到大风，船有倾覆的危险，这个时候吴国人与越国人就会相互配合、密切协作如同一个人的左右手一样。这是同舟共济的出处。

⑥是故方马埋轮，未足恃也：意思是指把马并排地系在一起，把战车的轮子埋进土里，以防止部队的后退，也是靠不住的。"方"，并，并列；"埋轮"，把战车轮子埋进土里；"恃"，依仗。

⑦齐勇若一，政之道也：接上句，是说"方马埋轮"都不可靠，那么靠什么？让部队勇敢进击像一个人一样，必须靠治理、统御的办法与原则。"齐"，齐心合力；"政"，治理、统御之道；"道"，原则。

⑧刚柔皆得，地之理也：让士兵强弱能齐心合力，就必须依靠地理环境造成使他们不得不相互救应如左右手一样的形势。"刚柔"，士卒战斗力的强弱；"地之理"，地理之环境。

⑨故善用兵者，携手若使一人，不得已也：所以善于指挥部队作战的将帅，指挥兵众就像指挥一个人一样，这是因为地形已经造成了必须协同一致的态势。"携手"，手拉手。

【名家注释选】

故善用兵者，譬如率然

梅尧臣注：相应之容易也。

率然者，常山之蛇也。击其首则尾至，击其尾则首至，击其中则首尾俱至

梅尧臣注：蛇之为物也，不可击；击之，则率然相应。

张预注：率，犹速也；击之则速然相应。此喻陈法也。《八阵图》曰：

"以后为前，以前为后，四头八尾，触处为首，敌冲其中，首尾俱救。"

敢问：兵可使如率然乎？

梅尧臣注：可使兵首尾率然相应，如一体乎？

曰：可。夫吴人与越人相恶也，当其同舟而济，遇风，其相救也，如左右手

梅尧臣注：势使之然。

张预注：吴、越，仇雠也，同处危难，则相救如双手。况非仇雠者，岂不犹率然之相应乎？

是故方马埋轮，未足恃也

曹操注：方，缚马也。埋轮，示不动也。此言专难不如权巧。故曰："虽方马埋轮，不足恃也。"

杜牧注：缚马使为方陈，埋轮使不动，虽如此，亦未足称为专固而足为恃。须任权变，置士于必死之地，使人为自战，相救如两手，此乃守固必胜之道而足为恃也。

陈皞注：人之相恶，莫甚吴、越，同舟遇风，而犹相救。何则？势使之然也。夫用兵之道，若陷在必战之地，使怀俱死之忧，则首尾前后，不得不相救也。有吴、越之恶，犹如两手相救，况无吴、越之恶乎？盖言贵于设变使之，则勇怯之心一也。

齐勇若一，政之道也

杜牧注：齐正勇敢，三军如一，此皆在于为政者也。

梅尧臣注：使人齐勇如一心而无怯者，得军政之道也。

张预注：既置之危地，又使之相救，则三军之众，齐力同勇如一夫，是军政得其道也。

刚柔皆得，地之理也

李筌注：刚柔得者，因地之势也。

杜牧注：强弱之势，须因地形而制之也。

张预注：得地利，则柔弱之卒亦可以克敌，况刚强之兵乎？刚柔俱获其用者，地势使之然也。

故善用兵者，携手若使一人，不得已也

杜牧注：言使三军之士，如牵一夫之手，不得已皆须从我之命，喻易也。

梅尧臣注：用三军如携手使一人者，势不得已，自然皆从我所挥也。

张预注：三军虽众，如提一人之手而使之，言齐一也。故曰："将之所挥，莫不从移；将之所指，莫不前死。"

【译文】

善于用兵作战的将帅，指挥三军就像"率然"一样。所谓"率然"，是指常山（今恒山）那里的一种蛇。这种蛇，打它的头部尾部就来救应，打它的尾部头部就来救应，打它的中间，头尾都会来救应。试问："可以使三军像'率然'一样前后左右相互救应吗？"回答是："可以。"比如，吴国人和越国人是相互仇恨的，但当他们同船渡河遇到大风时，船有倾覆的危险，这时他们互相救援就像一个人的左右手那样密切配合。因此并缚战马，深埋车轮，用这种办法来固结死战的决心，并不是最好的办法。

只有使部队上下齐力如同一人，这才是统率军队应该遵循的原则。要使士卒不论强弱都能使他们各尽其力，在于地形运用得合理、恰当。所以善于指挥部队作战的将帅，指挥兵众就像指挥一个人一样，这是因为利用地形造成了必须协同一致的态势。

【原文】

将军之事：静以幽，正以治。①能愚士卒之耳目，使之无知。②易其事，革其谋，使人无识③；易其居，迂其途，使人不得虑④。帅与之期，如登高而去其梯⑤；帅与之深入诸侯之地，而发其机，焚舟破釜⑥；若驱群羊，驱而往，驱而来，莫知所之⑦。聚三军之众，投之于险，此谓将军之事也。⑧九地之变，屈伸之利，人情之理，不可不察。⑨

【注释】

① 将军之事：静以幽，正以治：统率军队、指挥作战的举措、方法：沉着冷静、高深莫测，公正严明、治理得宜。"将"，统帅、指挥；"静"，沉静、不动声色；"幽"，幽深莫测；"正"，公正、严正；"治"，治理。用现代话来说就是将军既要诡计多端、高深莫测，又要正大光明、刚正不阿。

② 能愚士卒之耳目，使之无知：将军还应该蒙蔽士兵的视听，不让他们知道作战意图。"愚"，蒙蔽、蒙骗。

③ 易其事，革其谋，使人无识：经常改变作战方法作战计划，让别人无法识破真实的方法与意图。"易""革"此处同意，是改变、变更、变置的意思

④ 易其居，迂其途，使人不得虑：经常改变驻军的地方，迂回行军路线，使他人无法猜测将帅的行军作战意图。南征北战、四渡赤水，皆此战术。

⑤ 帅与之期，如登高而去其梯：将帅下达命令、指示，就好像让人登高后抽走梯子一样，能进不能退。"期"，期之于事，是指下达军令、部署任务。三十六计之上屋抽梯乃出自此处。

⑥ 帅与之深入诸侯之地，而发其机，焚舟破釜：带领将士深入他国土地，就要像击发弩机射出的箭一样迅速、勇往直前，并且要焚烧渡河用的船只，打碎做饭用的炊具，以示决一死战的决心。"而"，如同；"釜"，做饭的锅，泛指炊具。

⑦ 若驱群羊，驱而往，驱而来，莫知所之：做到了上述事宜，带兵作战就像驱赶羊群一样，让他们去让他们来（召之即来挥之即去），他们都不知道要到哪里去、干什么。

⑧ 聚三军之众，投之于险，此谓将军之事也：聚集全军将士，投置于危险的境地，使他们拼死奋战，夺取胜利，这是将帅用兵作战的高明本领。

"投",放置、调遣;"险",困境、艰难。

⑨ 九地之变,屈伸之利,人情之理,不可不察:意思是根据不同的地形采取不同的原则方法,根据实际需要,能进能退、能伸能屈,同时掌握不同地形条件下作战时士兵的心理变化,这一切都应该是将帅认真考察、仔细研究的。"变",灵活运用、处置;"屈伸",弯曲、伸展,指可进可退、可守可攻;"人情之理",此处指不同地形条件下士兵的心理状态。

【名家注释选】

将军之事,静以幽,正以治

曹操注:谓清净、幽深、平正。

杜牧注:清净简易,幽深难测,平正无偏,故能致治。

梅尧臣注:静而幽邃,人不能测;正而自治,人不能挠。

张预注:其谋事,则安静而幽深,人不能测;其御下,则公正而整治,人不敢慢。

王皙注:静者,沉潜安定之貌。正者,纪律严肃之意。幽,隐也。治,理也。一以运谋言,一以御下言。静以幽之,而不浅露以泄机;正以治之,而不宽纵以废法,将军之事毕矣。

能愚士卒之耳目,使之无知

曹操注:愚,误也。民可与乐成,不可与虑始。

梅尧臣注:凡军之权谋,使由之,而不使知之。

张预注:士卒懵然无所闻见,但从命而已。

易其事,革其谋,使人无识

梅尧臣注:改其所行之事,变其所为之谋,无使人能识也。

王皙注:已行之事,已施之谋,当革易之,不可再也。

张预注:前所行之事,旧所发之谋,皆变易之,使人不可知也。若裴行俭令军士下营讫,忽使移就崇冈。初,将吏皆不悦。是夜风雨暴至,前设营所水深丈余,将士惊服,因问曰:"何以知风雨也?"行俭笑曰:"自今但依吾节制，何须问我所由也！"

易其居，迁其途，使人不得虑

杜牧注：易其居，去安从危；迁其途，舍近即远，士卒有必死之心。

陈皞注：将帅凡举一事，切委曲而致之，无使人得计虑者。

梅尧臣注：更其所安之居，迁其所趋之途，无使人能虑也。

张预注：其居则去险而就易，其途则舍近而从远，人初不晓其旨，乃胜乃服。太白山人曰："兵贵诡道者，非止诡敌也，抑诡我士卒，使由之而不使知之也。"

帅与之期，如登高而去其梯

梅尧臣注：可进而不可退也。

赵本学注：帅，主帅也。期，约战之所也。主帅与之相约战，所初不与之言，既至乃以必死示之，使之自战有如诳之，使登高墙而从下阴去其梯然也。

帅与之深入诸侯之地，而发其机

杜牧注：使无退心，孟明焚舟是也。

王皙注：皆励决战之志也。机之发，无复回也。贾诩劝曹公曰"必决其机"是也。

张预注：去其梯，可进而不可退；发起机，可往而不可返。项羽济河沉舟之类也。

焚舟破釜，若驱群羊，驱而往，驱而来，莫知所之

曹操注：一其心也。

梅尧臣注：但驯然从驱，莫知其他也。

何氏注：士之往来，唯将之令，如羊之从牧者。

张预注：群羊往来，牧者之随；三军进退，惟将之挥。

聚三军之众，投之于险，此谓将军之事也

曹操注：险，难也。

梅尧臣注：措三军于险难而取胜者，为将之所务也。

刘邦骥注：总而言之，无非聚三军之众，而投之于险，使由之而不使知之。此将军之心得也。

九地之变，屈伸之利，人情之理，不可不察

曹操注：人情见利而进，见害而退。

杜牧注：言屈伸之利害，人情之常理，皆因九地以变化。今欲下文重举九地，故于此重言，发端张本也。

梅尧臣注：九地之变，有可屈可伸之利，人情之常理，须审察之。

张预注：九地之法，不可拘泥，须识变通，可屈则屈，可伸则伸，审所利而已。此乃人情之常理，不可不察。

【译文】

作为一名统领三军作战的将帅，既要诡计多端、高深莫测，又要正大光明、刚正不阿。能闭塞蒙蔽士卒的视听，使他们对于作战意图毫无所知。还要不断变更部署，改变作战计划，使敌我双方人士无法识破战略图谋。不断变换军队驻扎的地方，有意使行军路线变得迂远，使敌人推测不出我方真正意图。主帅向军队部署作战任务，就应像登高后去掉梯子那样，令其只能前进不能后退。率领军队深入诸侯国内，就像击发弩机而射出的箭矢一般，令其一往无前。烧掉船只，砸碎炊具，表示必死一战的决心。对士卒如同驱赶羊群，赶过去，赶过来，而他们全不知要到哪里去。聚集全军，把他们置于危险境地，这就是将帅应当尽到的责任。

上述九种地形地势的不同特点和所有差异变化，作战中进攻和防御怎样才有利于我，不同地形地势所造成的士卒心理变化规律，关于这一切，作为将帅来说不可不深入考察和仔细研究。

【原文】

凡为客之道：深则专，浅则散。①去国越境而师者，绝地也②；四达者，衢地也；入深者，重地也；入浅者，轻地也；背固前隘者，围地也；无所往者，死地也③。是故散地，吾将一其志④；轻地，吾将使之属⑤；争地，吾将趋其后⑥；交地，吾将谨其守⑦；衢地，吾将固其结⑧；重地，吾将继其食⑨；圮地，吾将进其涂⑩；围地，吾将塞其阙⑪；死地，吾将示之以不活⑫。

【注释】

① 凡为客之道：深则专，浅则散："为客"，进入敌国作战；"深则专"，（由于没有退路）越深入敌境意志就越统一、就越专心；"浅则散"，入敌国境内不远，士兵心理就有些顾虑、心散易逃。

② 去国越境而师者，绝地也：离开本国越过国境去作战，都是绝地。

③ 四达者，衢地也；入深者，重地也；入浅者，轻地也；背固前隘者，围地也；无所往者，死地也：解释五种地形：四通八达的地区称为衢地；入敌人国境很深的地区称为重地；进入敌人国境较浅的地区称为轻地；背后是险要地势前面又是险关隘口，称为围地；无路可走的地区称死地。

④ 是故散地，吾将一其志：散地怎么办呢？主要应该统一军队上下意志。将，将要。

⑤ 轻地，吾将使之属："属"，亲密、相联。是说在轻地就想法让部队不分隔、紧密联系。

⑥ 争地，吾将趋其后：在争地要让后续部队紧跟着前进。

⑦ 交地，吾将谨其守：遇到交地则应该小心周密防守。

⑧ 衢地，吾将固其结：遇到衢地则应该与诸侯国结成牢固同盟。

⑨ 重地，吾将继其食：遇到重地则应该保证粮草供应充足、源源不断。

⑩ 圮地，吾将进其涂：遇到圮地则应该迅速通过。

⑪ 围地，吾将塞其阙：遇到围地则应该占据缺口。"塞"，占据、充塞。

⑫ 死地，吾将示之以不活：遇到死地则应该下定必死的决心。"不活"，不欲生存，意即拼死以战。

【名家注释选】

凡为客之道，深则专，浅则散

张预注：先举兵者为客，入深则专固，入浅则士散，此而下言九地之变。

施子美注：此言用兵伐人之道也。去国既远，入敌之地既深，则人心自专，不待吾令而自一。入敌之地未深，则人心易散。

去国越境而师者，绝地也

王晳注：此越邻国之境也，是谓孤绝之地，当速决其事。若吴王伐齐，近之兵如此者鲜，故不同九地之例。

张预注：去己国，越人境而用师者，危绝之地也。若秦师过周而袭郑是也。此在九地之外而言之者，战国时间有之也。

四达者，衢地也

梅尧臣注：驰道四出，敌当一面。

张预注：敌当一面，旁国四属。

入深者，重地也

梅尧臣注：士卒以军为家，故心无散乱。

入浅者，轻地也

梅尧臣注：归国尚近，心不能专。

背固前隘者，围地也

梅尧臣注：背负险固，前当厄塞。

张预注：前狭后险，进退受制于人也。

无所往者，死地也

梅尧臣注：穷无所之。

张预注：前后左右，穷无所之地。

是故散地，吾将一其志

梅尧臣注：保城备险，一志坚守；候其虚懈，出而袭之。

张预注：集人聚谷，一志坚守；依险设伏，攻敌不意。

轻地，吾将使之属

杜牧注：部伍营垒密近联属，盖以轻散之地，一者备其逃逸，二者恐其敌至，使易相救。

梅尧臣注：行则队校相继，止则营垒联属，脱有敌至，不有散逸也。

张预注：密营促队，使相属续，以备不虞，以防逃遁。

争地，吾将趋其后

杜佑注：利地在前，当进其后，争地先据者胜，不得者负。故从其后，使相及也。

梅尧臣注：敌未至其地，我若在后，则当疾趋以争之。

张预注：争地贵速，若前驱至而后不及，则未可。故当疾进其后，使首尾俱至。或曰："趋其后，谓后发先至也。"

交地，吾将谨其守

杜牧注：严壁垒也。

梅尧臣注：谨守壁垒，断其通道。

张预注：不当阻绝其路，但严壁固守，候其来，则设伏击之。

衢地，吾将固其结

杜牧注：结交诸侯，使之牢固。

梅尧臣注：结诸侯，使之坚固，勿令敌先。

张预注：财币以利之，盟誓以要之，坚固不渝，则必为我助。

重地，吾将继其食

曹操注：掠彼也。

贾林注：使粮相继而不绝也。

梅尧臣注：道既遐绝，不可归国取粮，当掠彼以食军。

张预注：兵在重地，转输不通，不可乏粮，当掠彼以续食。

圮地，吾将进其涂

曹操注：疾过去也。

杜佑注：疾行无舍此地。

张预注：遇圮堕之地，宜引兵速过。

围地，吾将塞其阙

杜佑注：塞其阙，不欲走之意。

梅尧臣注：自塞其旁道，使士卒必死战也。

张预注：吾在敌围，敌开生路，当自塞之，以一士心。齐神武系牛马以塞路，而士卒死战是也。

死地，吾将示之以不活

杜牧注：示之必死，令其自奋，以求生也。

贾林注：禁财弃粮，埋井破灶，示必死也。

杜佑注：励士也。焚辎重，弃粮食，塞井夷灶，示无生意，必殊死战也。

【译文】

凡是进入敌国作战，一般的规律是：进入敌国境内越远，军心就越稳固专一；进入敌国境内越浅，军心就越容易涣散。离开本国进入敌境作战，面对的作战区域就是"绝地"；四通八达，交通便利，这样的区域就是"衢地"；进入敌国纵深的区域叫作"重地"；进入敌国浅近的区域叫作"轻地"；背后地势险要，前面道路阻隘的地域就是"围地"；无路可走的区域就是

"死地"。

因此，在"散地"作战，就要使军队统一战斗意志；在"轻地"作战，就要使各个营阵紧密联系；在"争地"作战，就要迅速前进，督促后续部队紧紧跟上；在"交地"作战，就要严加防守；在"衢地"作战，就要巩固与邻国的联盟；进入"重地"作战，就要补充军粮；经过"圮地"，就要指挥军队迅速通过；陷入"围地"，就要占据缺口阻击敌军进攻；陷入到了"死地"，将帅对全军表达死战到底的决心，杀出一条血路。

【原文】

故兵之情，围则御，不得已则斗，过则从。①是故不知诸侯之谋者，不能预交②；不知山林、险阻、沮泽之形者，不能行军③；不用乡导者，不能得地利④。四五者，不知一，非霸王之兵也。⑤夫霸王之兵，伐大国，则其众不得聚；威加于敌，则其交不得合。⑥是故不争天下之交，不养天下之权，信己之私，威加于敌，故其城可拔，其国可隳。⑦施无法之赏，悬无政之令，犯三军之众，若使一人。⑧犯之以事，勿告以言；犯之以利，勿告以害。⑨

【注释】

① 故兵之情，围则御，不得已则斗，过则从："故兵之情"，部众的心理状态；"围则御"，被包围了则一定会拼死抵抗；"不得已则斗"，迫不得已、没有退路就一定会殊死搏斗；"过则从"，身陷绝境就会听从指挥。"情"，心理状态；"御"，抵抗；"过"，此处指陷入困境。

② 是故不知诸侯之谋者，不能预交：不了解诸侯国意图之前不能结交。"谋"，想法，预谋。

③ 不知山林、险阻、沮泽之形者，不能行军：不了解山林、险阻、沮泽等地形的，不能通过。

④ 不用乡导者，不能得地利：不知道使用通晓地形状况的向导，就不能很好利用地利。

⑤ 四五者，不知一，非霸王之兵也："四五者"，泛指以上提及的几件事情；"不知一"，其中一项没有掌握好；"霸王之兵"，称王称霸、战无不胜

的军队。

⑥夫霸王之兵，伐大国，则其众不得聚；威加于敌，则其交不得合：称王称霸、战无不胜的军队攻伐大诸侯国，应该迅猛，让大诸侯国的兵众来不及集中；迅猛的威势突临敌国，让敌国来不及开展外交活动，与其他国家联络结盟。"聚"，聚集、集中；"威"，威胁、军力；"交"，结交；"合"，联合、结盟。

⑦是故不争天下之交，不养天下之权，信己之私，威加于敌，故其城可拔，其国可隳："是故不争天下之交"，不必争着与别的国家结交；"不养天下之权"，不随意在别的国家培训自己的势力。"养"，培养；"权"，势力。"信己之私"，依靠自己的力量，以我为主；"故其城可拔，其国可隳"，做到上述的要求，就可以攻克敌人的城邑，毁灭敌人的国家。"信"，同"伸"，伸展；"私"，自己的意图、力量；隳，同"毁"，冲撞、破坏、骚扰之意。

⑧施无法之赏，悬无政之令，犯三军之众，若使一人："施无法之赏"，实行超出常规、出人意料的奖赏（意思是说重赏之下有勇夫）；"悬无政之令"，颁布实行打破常规的命令。"无法"，超出常规、破格；"悬"悬挂，引申为颁布；"无政"，非常规政令，"政"，同"正"。"犯三军之众，若使一人"，指挥众多的军队作战，像指挥一人那样整齐划一。"犯"，指挥、使用。

⑨犯之以事，勿告以言；犯之以利，勿告以害："犯之以事，勿告以言"，指挥士卒作战，不要告诉他们意图；"犯之以利，勿告以害"，指挥士卒行动时，只告诉他有利的一面，不告诉他们有害的一面。"犯"，此处是指挥、使用、之意；"事"，战事。

【名家注释选】

故兵之情，围则御

曹操注：相持御也。

杜牧注：言兵在围地，始乃人人有御敌持胜之心，相御持也，穷则同心守御。

张预注：在围则自然持御。

不得已则斗

曹操注：势有不得已也。

梅尧臣注：势无所往，必斗。

张预注：势不可已，须悉力而斗。

过则从

曹操注：陷之甚过，则从计也。

孟氏注：甚陷则无所不从。

张预注：深陷于危难之地，则无不从计。若班超在鄯善，欲与麾下数十人杀虏使，乃谆谕之。其士卒曰"今在危亡之地，死生从司马"是也。

是故不知诸侯之谋者，不能预交；不知山林、险阻、沮泽之形者，不能行军；不用乡导者，不能得地利

曹操注：上已陈此三事，而复云者，力恶不能用兵，故复言之。

梅尧臣注：已解《军争》篇中。重陈此三者，盖言敌之情状，地之利害，当预知焉。

王皙注：再陈者，勤戒之也。

张预注：知此三事，然后能审九地之利害，故再陈于此也。

四五者，不知一，非霸王之兵也

曹操注：谓九地之利害。或曰："上四五事也。"

张预注：四五，谓九地之利害，有一不知，未能全胜。

夫霸王之兵，伐大国，则其众不得聚；威加于敌，则其交不得合

李筌注：夫并兵震威，则诸侯自顾，不敢预交。

梅尧臣注：伐大国，能分其众，则权力有余也；权力有余，则威加敌；威加敌，则旁国惧；旁国惧，则敌交不得合也。

王皙注：能知敌谋，能得地利，又能形之，使其不相救，不相持，则虽大国，岂能聚众而拒我哉？威之所加者大，则敌交不得合。

赵本学注：承霸王之兵而言。众不得聚，以计分其兵，交不得合，以威破其党，使不能相合也。

是故不争天下之交，不养天下之权，信己之私，威加于敌，故其城可拔，其国可隳

曹操注：霸者，不结成天下诸侯之权也。绝天下之交，夺天下之权，故己威得伸而自私。

陈皞注：智力既全，威权在我，但自养士卒，为不可胜之谋，天下诸侯，无权可事也。仁智义谋，己之私有，用以济众，故曰伸私，威振天下，德光四海，恩沾品物，信及豚鱼，百姓归心，无思不服。故攻城必拔，伐国必隳也。

张预注：不争交援，则势孤而助寡；不养权力，则人离而国弱；伸一己之私忿，暴兵威于敌国，则终取败亡也。或曰："敌国众既不得聚，交又不得合，则我当绝其交，夺其权，得伸己所欲，而威倍于敌国，故人城可得而拔，人国可得而隳也。"

施无法之赏，悬无政之令

贾林注：欲拔城隳国之时，故悬法外之赏罚，行政外之威令，故不守常法、常政。故曰：无法、无政。

张预注：法不先施，政不预告，皆临事立制，以励士心。《司马法》曰："临敌作誓，瞻功行赏。"

犯三军之众，若使一人

曹操注：犯，用也。言明赏罚，虽用众，若使一人也。

梅尧臣注：犯，用也。赏罚严明，用多若用寡也。

张预曰：赏功不逾时，罚罪不迁列；赏罚之典，既明且速，则用众如寡也。

犯之以事，勿告以言

梅尧臣注：但用以战，不告以谋。

张预注：任用之于战斗，勿谕之以权谋；人知谋则疑也。若裴行俭不告士卒以徙营之由是也。

犯之以利，勿告以害

曹操注：勿使知害。

李筌注：犯，用也。卒知言与害，则生疑难。

梅尧臣注：用令知利，不令知害。

张预注：人情见利则进，知害则避，故勿告以害也。

【译文】

所以，军队兵士的一般心理特点是：被敌军包围就会奋力抵抗，走投无路、迫不得已就会拼死战斗，陷于十分危险的绝境就会听从指挥。不了解诸侯各国的企图动向之前，就不要与之结交；不熟悉山林、险阻、湖沼等地形，就不能行军；不使用熟悉地形的向导，就不能得到地利。九地的利害，有一个方面不了解，都不能称王称霸。称王称霸的强大军队，迅猛进攻大的诸侯国，能使敌方的军民来不及动员、集中。军事威慑加在敌人头上，就能使敌人的盟国不能与之配合。所以，不用同任何诸侯结交，也不需要扶持哪个国家成为自己的势力，只要向敌方实施威慑，就可以拔取敌人的国都，摧毁敌国的城邑。施行超出常规的奖赏，颁布打破常规的号令，指挥三军如同指挥一个人一样。部署作战任务，却不说告诉意图，只告知有利的作战条件，不告知危险的因素。

【原文】

投之亡地然后存，陷之死地然后生。①夫众陷于害，然后能为胜败。②故为兵之事，在于顺详敌之意③，并敌一向，千里杀将，此谓巧能成事者也④。

是故政举之日，夷关折符，无通其使⑤；厉于廊庙之上，以诛其事⑥。

敌人开阖，必亟入之。⑦先其所爱，微与之期。⑧践墨随敌，以决战事。⑨是故始如处女，敌人开户，后如脱兔，敌不及拒。⑩

【注释】

①投之亡地然后存，陷之死地然后生：把军队投放在危亡的境地反而能够生存，使士卒陷入绝境反而可以生还。"投"，置；"陷"，陷于、掉进。

②夫众陷于害，然后能为胜败：使部队陷入恶劣的困境，然后才能逼迫他们殊死搏斗而取胜。"众"，兵众；"害"，恶劣困境；"胜败"，获胜、取胜，转败为胜。

③故为兵之事，在于顺详敌之意：用兵作战的艺术，在于假装顺从敌人的意图。"顺详"，假装顺从。"详"，同"佯"，假装。

④并敌一向，千里杀将，此谓巧能成事者也：集中兵力攻击敌人一处，即使长驱千里，也可以捕杀敌人将领，这可以称之谓以巧成就大胜。"并"集中兵力。"并敌一向"，可理解为"并向一敌"。

⑤是故政举之日，夷关折符，无通其使："政举之日"，决定用兵作战的时候，"政"，指用兵作战的行动；"举"，举措、举动、决策。"夷关折符，无通其使"，封锁关口，废除通关凭证，与交战国绝交，不通使节。"夷"，削平，此指封锁；"符"，古代用以传达军令、调遣兵力的凭证。如有名的盗虎符故事。

⑥厉于廊庙之上，以诛其事：在庙堂之上反复认真的研究、推敲、计议，以决定开战之大事。"厉"，磨砺、推敲、计议，《计》篇中说的庙算。"诛"，商议、决断。

⑦敌人开阖，必亟入之：一旦发现敌人的破绽、空隙，一定迅猛地乘虚而入。"阖"，门扇，此处指破绽、露洞；"亟"，极速，迅雷不及掩耳之速。

⑧先其所爱，微与之期：先攻击敌人的要害之处，然后不要暴露自己的决战之时间。"爱"，要害、核心之处；"微"，隐藏、不暴露；"期"，时间、日期，决战时间。

⑨践墨随敌，以决战事：作战计划、实施方案都要随着敌人情况的变化而变化，不能墨守成规。"墨"，木工的墨线，指已经定下的规则、计划。

⑩ 是故始如处女，敌人开户，后如脱兔，敌不及拒：所以开战之前要像待在闺中的女孩一样安详柔静，如果一旦发现敌人的破绽，就要像奔跑的野兔一样快速攻击，使敌人来不及防御抵抗。"开户"，放松警戒；"处女"，未嫁的少女，此指悄无声息。

【名家注释选】

投之亡地然后存；陷之死地然后生

曹操注：必殊死战，在亡地无败者。孙膑曰："兵恐不投之死地也。"

李筌注：兵居死地，必决命而斗以求生。韩信水上军，则其义也。

梅尧臣注：地虽曰亡，力战不亡；地虽曰死，死战不死。故亡者存之基，死者生之本也。

张预注：置之死亡之地，则人自为战，乃可存活也。项羽救赵，破釜焚庐，示以必死；诸侯从壁上观，楚战士无不一当十，遂虏秦将是也。

夫众陷于害，然后能为胜败

梅尧臣注：未险难地，则士卒心不专；既陷危难，然后胜败在人为之尔。

张预注：士卒用命，则胜败之事在我所为。

故为兵之事，在于顺详敌之意

曹操注：佯，愚也。或曰："彼欲进，设伏而退；欲去，开而击之。"

李筌注：敌欲攻，我以守待之；敌欲战，我以奇特之。退伏利诱，皆顺其所欲。

杜牧注：夫顺敌之意，盖言我欲击敌，未见其隙，则藏形闭迹，敌人之所为，顺之勿惊。假如强以陵我，我则示怯而伏，且顺其强，以骄其意，候其懈怠而攻之。假如欲退而归，则开围使去，以顺其退，使无斗心，遂因而击之。皆顺敌之旨之也。

张预注：彼欲进，则诱之令进，彼欲退，则缓之令退，奉顺其旨，设奇伏以取之。或曰："敌有所欲，当顺其意以骄之，留为后图。"若东胡遣使谓冒顿曰："欲得头曼千里马。"冒顿与之。复遣使来曰："愿得单于一阏氏。"
冒顿又与之。及其骄怠而击之，遂灭东胡是也。

并敌一向，千里杀将
曹操注：并兵向敌，虽千里能擒其将也。
杜牧注：上文言"为兵之事，在顺敌之意"，此乃未见敌人之隙耳。若
已见其隙，有可攻之势，则须并兵专力，以向敌人，虽千里之远，亦可以杀
其将也。
王皙注：顺敌意，随敌形，及其空虚不虞，并兵一力以向之，乘势可千
里而覆军杀将也。

此谓巧能成事者也
梅尧臣注：能顺敌而取胜，机巧者也。
何氏注：能如此者，是巧攻之成事也。
张预注：始顺其意，后杀其将，成事之巧也。

是故政举之日，夷关折符，无通其使
曹操注：谋定，则闭关以绝其符信，勿通其使。
梅尧臣注：夷，灭也；折，断也。举政之日，灭塞关梁，断毁符节，使
不通也。使不通者，恐泄我事也。
张预注：庙算已定，军谋已成，则夷塞关梁，毁折符信，勿通使命者，
恐泄我事也。彼有使来，则当纳之。故下文云：敌之开阖，必亟入之。
邓廷罗注：政，军政也。举，行也。夷，灭也，平也，塞也。关，津隘
也。折，断毁也。符，信节所持，以通往来者也。

厉于廊庙之上，以诛其事
曹操注：诛，治也。
张预注：兵者大事，不可轻议，当惕厉于庙堂之上，密治其事，贵谋不
外泄也。

王晳注：厉，严也。廊庙，朝廷议政之所。诛，治也。君臣则严敕于廊庙之上，以治其事，不使谋少外泄也。

敌人开阖，必亟入之

曹操注：敌有间隙，当急入之也。

赵本学注：开阖，谓可乘之隙。亟入，谓不失其机会也。

王晳注：开阖，谓敌人有间可入之时，犹门之一启一闭也。统军对敌，伺敌有隙，不敢失其机宜也。

先其所爱

曹操注：据利便也。

杜牧注：凡是敌人所爱惜倚恃以为军者，则先夺之也。

梅尧臣注：先察其便利爱惜之所也。

微与之期

王晳注：权谲也。微者，所以示密。曹公曰："先敌至也。"后发者，欲其必赴也；先至者，夺其所爱也。

张预注：兵所爱者，便利之地，我欲先据，当微露其意，与之相期；敌方趋之，我乃后发而先至也。所以使敌先趋者，恐我至而敌不来也。故曰："争地，吾将趋其后。"

践墨随敌，以决战事

曹操注：行践规矩无常也。

贾林注：墨，绳墨也。随敌计以决战事，惟胜是利，不可守以绳墨而为。

梅尧臣注：举动必践法度，而随敌屈伸，因利以决战也。

张预注：循守法度，践履规矩，随敌变化，形势无常，乃可以决战取胜。墨，绳墨也。妇人左右前后跪起，皆中规矩绳墨是也。

刘寅注：墨，绳墨法度之器。践，履。法度随敌变化，形势无常，乃可以决战取胜。践墨随敌，谓不妄动也。

是故始如处女，敌人开户；后如脱兔，敌不及拒

梅尧臣注：始若处女，践规矩之谓也；后若脱兔，应敌决战之速也。

王晳注：处女，随敌也；开户，不虞也；脱兔，疾也。若田单守即墨而破燕军是也。

张预注：守则如处女之弱，令敌懈怠，是以启隙；攻则犹脱兔之疾，乘敌仓卒，是以莫御。太史公谓田单守即墨，攻骑劫，正如此语，不其然乎？

【译文】

把军队投放在危险的境地反而能够生存，使士卒陷入绝境反而可以生还。这是因为，军队只有陷于危险境地，才能够置生死于不顾，从而绝地反击、转危为安，最后取得胜利。所以，用兵作战的关键，在于审慎洞察敌人的意图，佯装顺从敌人意图，一旦有机可乘，则集中兵力于主要的攻击方，即使千里奔袭也可以做到斩杀敌军将帅，这就是所谓巧妙用兵而能够达到作战目的的意思。

因此，当决定战争行动的时候，就要封锁关口，销毁通行符证，停止与敌国的使节往来，在庙堂上反复计议，研究决定作战大计。

一旦发现敌人有隙可乘，就要迅速乘机而入。首先要夺取敌人最核心要害的地方，而不要暴露自己决战意图。实施计划要随着敌情的变化而不断加以改变，以求战争的胜利。所以，战争开始要像待在闺中未嫁的少女一样柔静，不露声色，使敌放松戒备，战争展开之后，要像脱兔一样迅速行动，使敌人来不及防御抵抗。

【篇结】

孙子的《九地》篇主要论述的是不同地理形势下的作战指挥方法。

孙子开篇便开门见山地从战略上把不同作战地区分为散、轻、争、交、衢、重、圮、围、死等九种。接着直接提出进入这些作战地区应采取的行动准则和作战方法。随后孙子间隔一段两次提出"善用兵者"的临机作战

指挥的方法，一段是讲述对进攻之敌的分割包围办法，另一段是讲述通过像"率然"那样的合理布阵，集中自己的兵力，保持阵形，保证指挥统一，将这些管理之道归结为"齐勇若一""携手若使一人"。孙子提出的两种作战方法都与战阵有关，讲究阵法是古代战略战术思想的重要内容，正如岳飞的名言"阵而后战，兵法之常。运用之妙，存乎一心"，道出了阵法的精髓。孙子还指出了一条重要的规律就是"兵之情主速"，认识到速度对于进攻的重要性。全篇结尾之处孙子再次强调速度，重申发起进攻要像"脱兔"一样快速和突然，让敌人无力抵抗。为此，首先要隐蔽战略目的，像"处女"那样文静安详，不让敌人摸清己方意图，失去防备，然后抓住敌人失误的时机。

火攻篇第十二

【篇解】

本篇篇幅较短，属于第二短篇，内容简单明了，专论火攻，所以，从古至今专家学者都对本篇的要义有相近或相同的看法，认为本篇主要论述火攻的种类、条件和实施方法。火攻是借助自然力量以增强攻击力的有效手段，因而必须因天、因时、因地而行。同时，孙子也强调火攻要与其他进攻方式相结合，并考虑战争可能产生的后果，要做到"非利不动，非得不用，非危不战"。

战与和都要依据国家根本利益而定，合于利而动，不合于利而止。这篇虽然定名于火攻，但水火无情，破坏力很大，历史上许多生命、建筑、文明都毁于火灾。因此篇中再次强调慎战、利战，是非常难能可贵的。

【原文】

孙子曰：凡火攻有五：一曰火人，二曰火积，三曰火辎，四曰火库，五曰火队。①行火必有因，烟火必素具。②发火有时，起火有日。③时者，天之燥也④；日者，月在箕、壁、翼、轸也⑤。凡此四宿者，风起之日也。⑥

【注释】

① 孙子曰：凡火攻有五：一曰火人，二曰火积，三曰火辎，四曰火库，五曰火队：孙子讲，火攻的目标有五，一是火烧敌寨，二是火烧敌粮草，三是火烧敌辎重，四是火烧敌物资仓库，五是火烧敌运送物资的队伍。"人"，此处指敌人及宿营地；"积"，委积，指粮草；"辎"，指辎重、车辆；"库"，仓库；"队"，同"隧"，军事交通运转设施。

② 行火必有因，烟火必素具：实施火攻一定要具备地理、天时条件，同时也要准备好进行火攻的基本器械。"行"，实施；"因"，依据、条件；"烟火"，火攻的器械、原料；"素具"，平时准备妥当。

③ 发火有时，起火有日：发动火攻要看天象，采用火攻要选择时日。

④ 时者，天之燥也：上文说发动火攻要看天象，什么天象呢？就是天干物燥之时。"燥"，天干物燥。

⑤ 日者，月在箕、壁、翼、轸也：选择天象时应该选在月亮在箕、壁、翼、轸位置时。箕、壁、翼、轸是古代星宿名称，同属二十八宿。

⑥ 凡此四宿者，风起之日也：古人认为月亮在箕、壁、翼、轸时天气会多风，有利于火攻。

【名家注释选】

孙子曰：凡火攻有五：一曰火人

李筌注：焚其营，杀其士卒也。

梅尧臣注：焚营栅荒秽，以助攻战也。

张预注：焚彼营舍，以杀其士，火攻之先也。班超烧匈奴使者是也。

二曰火积

李筌注：焚积聚也。

杜牧注：积者，积蓄也，粮食薪刍是也。高祖与项羽相持成皋，为羽所败，北渡河，得张耳、韩信军。军修武，深沟高垒。使刘贾将二万人、骑数百，渡白马津，入楚地，烧其积聚，以破其业。楚军乏食。隋文帝时，高颍献取陈之策，曰："江南土薄，舍多茅竹，所有储积，皆非地窖。可密遣行人，因风纵火，待彼修葺复更烧之。不出数年，自可财力俱尽。"帝行其策，由是陈人益弊。

张预注：焚其积聚，使刍粮不足。故曰："军无委积则亡"。刘贾烧楚积聚是也。

三曰火辎，四曰火库

李筌曰：烧其辎重，焚其库室。

梅尧臣注：焚其辎重，以窘财货；焚其库室，以空蓄聚。

张预注：焚其辎重，使器用不供，故曰："军无辎重则亡。"曹操烧袁绍辎重是也。焚其府库，使财货不充，故曰："军无财，则士不来。"

五曰火队

梅尧臣注：焚其队仗，以夺兵具。"队"一作"隧"。

贾林注：隧，道也。烧绝粮道及转运也。

行火必有因

贾林注：因风燥而焚之。

张预注：凡火攻，皆因天时燥旱，营舍茅竹，积刍聚粮，居近草莽，因风而焚之。

黄巩注：因者，因地，因时与人也。

烟火必素具

曹操注：烟火，烧具也。

杜牧注：艾蒿、荻苇、薪刍、膏油之属，先须修事以备用。兵法有火箭、火帘、火杏、火兵、火兽、火禽、火盗、火弩，凡此者皆可用也。

张预注：贮火之器，燃火之物，常须预备，伺便而发。

发火有时，起火有日

梅尧臣注：不妄发也。

张预注：不可偶然，当伺时日。

时者，天之燥也

曹操注：燥者，旱也。

张预注：天时旱燥，则火易燃。

日者，月在箕、壁、翼、轸也。凡此四宿者，风起之日也

杜牧注：宿者，月之所宿也。四宿者，风之使也。

梅尧臣注：箕，龙尾也。壁，东壁也。翼、轸，鹑尾也。宿在者，谓月之所次也。四宿好风，月离必起。

邓廷罗注：《天官》曰：月在箕、壁、翼、轸，不出三日必有大风。因风可以助火，故曰日。

【译文】

孙子说：发起火攻有五个目标：一是焚烧敌军的人马，二是焚烧敌军的粮草积聚，三是焚烧敌军的辎重，四是焚烧敌军的仓库，五是焚烧敌军的运输设施。实施火攻必须具备一定的条件，这些条件平时必须经常准备好。发火还要选择有利的天象，纵火要选定有利的日期。所谓有利的天时，指的是天干物燥；所谓有利的日期，指月亮运行到"箕""壁""翼""轸"4个星宿的位置，凡是月亮运行到这4个星宿位置时，就是起风的日子。

【原文】

凡火攻，必因五火之变而应之。①火发于内，则早应之于外。②火发兵静者，待而勿攻；极其火力，可从而从之，不可从而止。③火可发于外，无待于内，以时发之。④火发上风，无攻下风。⑤昼风久，夜风止。⑥凡军必知有五火之变，以数守之。⑦

【注释】

①凡火攻，必因五火之变而应之：凡是实行火攻，一定根据不同种类

火攻情况的变化，适时采取应变行动以策应。"因"，凭着、根据；"五火"，即：人、积、辎、库、队；"应"，策应、采取对策。

② 火发于内，则早应之于外：如火攻敌人营寨内部，就应该在敌人的营外采取措施进行策应。

③ 火发兵静者，待而勿攻；应极其火力，可从而从之，不可从而止：如果实行火攻后敌人仍然很安静，就要等待不要贸然进攻；让火烧到最旺的时候，有机会进攻就进攻，没有机会进攻就不要勉强进攻。"静"，沉静、寂静；"极"，最、尽；"从"，跟从，就是顺势跟进。

④ 火可发于外，无待于内，以时发之：如果可以在敌人的营寨外发起火攻，不一定等待机会到敌人内营去火攻，应该根据气候月象发起火攻。"外""内"指敌人驻扎的营外及营内。

⑤ 火发上风，无攻下风：火攻要从上风处点燃，不要在下风处进行火攻。"上风"，风向上方，顺风；"下风"，风向下方，逆风。

⑥ 昼风久，夜风止：刮风的规律是如果白天风刮得大而久，晚上就会停止。

⑦ 凡军必知有五火之变，以数守之：因此用兵作战一定要知道五种火攻情况的变化规律，要趁箕、壁、翼、轸四星宿的变化而把握火攻的时机条件。"数"，星宿运行的度数。

【名家注释选】

凡火攻，必因五火之变而应之

梅尧臣注：因火为变，以兵应之。

张预注：因其火变，以兵应之。五火，即人、积、辎、库、队也。

火发于内，则早应之于外

曹操注：以兵应之也。

梅尧臣注：内若惊乱，外以兵击。

张预注：火才发于内，则兵急击于外，表里齐攻，敌易惊乱。

火发兵静者，待而勿攻

杜牧注：火作不惊，敌素有备，不可遽攻，须待其变者也。

梅尧臣注：不惊扰者，必有备也。

张预注：火虽发而兵不乱者，敌有备也；复防其变，故不可攻。

极其火力，可从而从之，不可从而止

曹操注：见可而进，知难而退。

杜佑注：见利则进，知难则退。极，尽也。尽火力，可则应，不可则止，无使敌知其所为。

梅尧臣注：极其火势，待其变则攻，不变则勿攻。

火可发于外，无待于内，以时发之

杜牧注：上文云：五火变须发于内，若敌居荒泽草秽，或营栅可焚之地，即须及时发火，不必更待内发作然后应之，恐敌人自烧野草，我起火无益。汉时李陵征匈奴，战败，为单于所逐，及于大泽。匈奴于上风纵火，陵亦先放火烧断蒹葭，用绝火势。

张预注：火亦可发于外，不必须待作于内，待有便则应时而发。黄巾贼张角围汉将皇甫嵩于长社，贼依草结营，嵩使锐士间出围外，纵火大呼，城上举燎应之，嵩因鼓而奔于陈，贼惊乱，遂败走。

火发上风，无攻下风

曹操注：不便也。

梅尧臣注：逆火势，非便也。敌必死战。

邓廷罗注：上风者，风居上，敌居下，火发则敌受其苦也，故宜发。下风者，风居上，我居下，攻之则反为火所焚也，故勿攻。

昼风久，夜风止

梅尧臣注：凡昼风必夜止，夜风必昼止，数当然也。

凡军必知有五火之变，以数守之

张预注：不可止知以火攻人，亦当防人攻己。推四星之度数，知风起之日，则严备守之。

施子美注：盖五火之用，知其机之所在，则火有可用之时。吾守此数而用之，敌若用火以攻我，我亦守此数而防之。数者，箕、壁、翼、轸星所行之度数。算其数可知风起之日，即可行火，如此则不失其机矣。又宜计数以守，欲其通变而用之。或说以仁数而守之，恐其敌以强而击之也。

【译文】

凡用火攻，必须根据上述五种火攻所造成的情况变化，调动兵力进行策应。内应是从敌人内部放火，事先派兵从外面策应进攻。火已烧起，而敌军仍然保持镇静，要观察等待，等火势烧到最旺的时候，视情况可以进攻就进攻，不可以进攻就停止。如果可以在敌人的营寨外发起火攻，不一定等待机会到敌人内营去火攻，应该根据气候月象发起火攻。火发于上风，不可从下风进攻。白天风刮的时间久，夜晚风容易停止。用兵作战必须懂得五种火攻方法的变化运用，要趁箕、壁、翼、轸四星宿的变化而把握火攻的时机条件，然后实施火攻。

【原文】

故以火佐攻者明，以水佐攻者强①；水可以绝，不可以夺②。夫战胜攻取，而不修其功者，凶，命曰费留。③故曰：明主虑之，良将修之，非利不动，非得不用，非危不战。④主不可以怒而兴师，将不可以愠而致战。⑤合于利而动，不合于利而止。⑥怒可以复喜，愠可以复悦，亡国不可以复存，死者不可以复生。⑦故明君慎之，良将警之，此安国全军之道也。⑧

【注释】

① 故以火佐攻者明，以水佐攻者强：以火攻帮助军队作战效果是显著的，而以水来帮助军队作战可以增强军队的攻击实力。"佐攻"，辅佐进攻；"明"，显著、明显。

② 水可以绝，不可以夺：用水淹敌军的办法辅助进攻可以做到分割敌人，中断他们的联系，但不能消灭敌人（用火来辅助进攻则可以毁坏敌人的物资、消灭敌人）。"绝"，隔断、隔绝；"夺"，剥夺，引申为毁坏。

③ 夫战胜攻取，而不修其功者，凶，命曰费留：所以战胜敌人夺取城池占领敌国而不知道巩固胜利成果的，是危险的，这叫作白费力气、多此一举。"修"，治理，巩固；"功"，功业、功德；"费留"，白费力气、多此一举；"留"同"瘤"，赘物，意为多余。

④ 故曰：明主虑之，良将修之，非利不动，非得不用，非危不战：所以贤明的君主和优秀的将领都要考虑、研究这个问题，什么问题呢？就是没有利益不要开战，没有取胜把握也不能用兵作战，不到最危亡的时刻也不能开战。"得"，得胜、取胜；"危"，危亡。

⑤ 主不可以怒而兴师，将不可以愠而致战：君主不能因为个人愤怒、生气而发动战争，将军更不能因为恼怒而兴师作战。"以"，因为、由于；"愠"，恼怒、怨愤。

⑥ 合于利而动，不合于利而止：（那么什么情况下可以发动战争？）符合国家利益就可以发动战争，不符合国家利益就停止行动。

⑦ 怒可以复喜，愠可以复悦，亡国不可以复存，死者不可以复生：因为愤怒了可以再高兴，恼怒了可以再喜悦，但国家灭亡了就不可能再存在，人死了也不可能再复活。

⑧ 故明君慎之，良将警之，此安国全军之道也：所以对待战争，贤明的君主应该是慎之又慎，优秀的将领对待战争也应该战战兢兢、如履薄冰，因为这是保持国家安全、保全军队、保全人民的根本原则。

【名家注释选】

故以火佐攻者明

梅尧臣注：明白易胜。

张预注：用火助攻，灼然可以取胜。

以水佐攻者强

梅尧臣注：势之强也。

张预注：水能分敌之军；彼势分，则我势强。

水可以绝，不可以夺

曹操注：火佐者，取胜明也。水佐者，但可以绝敌道，分敌军，不可以夺敌蓄积。

张预注：水止能隔绝敌军，使前后不相及，取其一时之胜，然不若火能焚夺敌之积蓄，使之灭亡。若韩信决水斩楚将龙且，是一时之胜也。曹公焚袁绍辎重，绍因以败，是使之灭亡也。水不若火，故详于火而略于水。

夫战胜攻取，而不修其功者，凶，命曰费留

曹操注：若水之留，不复还也。或曰：赏不以时，但费留也，赏善不逾日，罚不逾时。若功立而不赏，有罪而不罚，则士卒惑，曰有费也。

杜牧注：修，举也。夫战胜攻取，若不籍有功劳而赏之，则三军之士必不用命也；则有凶咎，徒留滞费耗，终不成事也。

贾林注：费留，惜费也。

张预注：战攻所以能必胜必取者，水火之助也；水火所以能破军败敌者，士卒之用命也。不修有功而赏之，凶咎之道也。财竭师劳而不得归，费留之谓也。

故曰：明主虑之，良将修之

杜牧注：黄石公曰："夫霸王者，制士以权，结士以信，使士以赏；信衰则士疏，赏亏则士不为用。"

贾林注：明主虑其事，良将修其功。

张预注：君当谋虑攻战之事，将当修举克捷之功。

赵本学注：故明哲之君，贤良之将，必忧虑修载，不肯为穷兵黩武之事也。盖水火之攻为害甚烈，出于万不得已而后用之。一用之后，岂可复言兵乎，是诚有殃祸之及也。若徒知胜人之术，而不知天道之戒，尤非君将之道矣。旧说皆谓不修举其功而行赏，则士卒不用心，致凶之道矣。殊无深意。

非利不动

李筌注：明主贤将，非见利不起兵。

杜牧注：先见起兵之利，然后兵起。

梅尧臣注：凡兵非利于民，不兴也。

非得不用

杜牧注：先见敌人可得，然后用兵。

贾林注：非得其利，不用也。

非危不战

曹操注：不得已而用兵。

李筌注：非至危不战。

张预注：兵，凶器；战，危事。须防祸患，不可轻举，不得已而后用。

主不可以怒而兴师

张预注：因怒兴师，不亡者鲜。若息侯与郑伯有违言而伐郑，君子是以知息之将亡。

将不可以愠而致战

张预注：因忿而战，罕有不败。若姚襄怒苻坚、黄眉压垒而陈，因出战，为黄眉所败是也。怒大于愠，故以主言之；愠小于怒，故以将言之。君则可以举兵，将则止可言战。

黄巩注：怒，谓一时之气。愠，谓一事之愤，皆小勇也。

合于利而动，不合于利而止

曹操注：不得以己之喜怒而用兵。

梅尧臣注：兵以义动，无以怒兴；战以利胜，无以愠败。

张预注：不可因己之喜怒而用兵，当顾利害所在。《尉缭子》曰："兵起非可以忿也。见胜则兴，不见胜则止。"

怒可以复喜，愠可以复悦

张预注：见于色者谓之喜，得于心者谓之悦。

亡国不可以复存，死者不可以复生

杜牧注：亡国者，非能亡人之国也，言不度德，不量力，因怒兴师，因愠合战，则其兵自死，其国自亡者也。

张预注：军因怒而兴师，则国必亡。将因愠而轻战，则士必死。

故明君慎之，良将警之，此安国全军之道也

杜牧注：警言戒之也。

张预注：君常慎于用兵，则可以安国；将常戒于轻战，则可以全军。

施子美注：夫用兵若是其难，故明主则谨之，良将则警戒之。言不可轻用也。知兵之不可以轻用，故国可得而安，军可得而全，所以谓之安国全军之道也。杜佑《通典》举此，曰："此安危之道也，谓安危之道者，以其有危也，若是则可以不谨之警之哉。况人之怒于朝也，夕或至于喜；旦之于愠也，暮或还于悦，喜之无常也。如此，为君之将者，安可以率然之怒而举大事乎！"

【译文】

用火来辅助进攻的，效果是明显的；用水来辅助进攻的，攻势可以加强。水可以将敌人隔绝开来，却不能彻底消灭敌人。所以战胜敌人夺取城池占领敌国而不知道巩固胜利成果的，是危险的，这叫作白费力气、多此一举。

因此贤明的国君一定要慎重地考虑这个问题，优秀的将帅必须认真对待这个问题。对国家没有利处的，就不要兴兵开战，没有取胜的把握，就不要用兵，不到危亡紧迫之时，就不要轻易开战。国君不可凭一时的恼怒而兴兵打仗，将帅不可凭一时的怨愤而与敌交战。符合国家利益就行动，不符合国家利益就停止。恼怒可以变得重新欢喜，怨愤可以变得重新高兴，可是已经灭亡的国家再不能继续存在，已经死去的人再也不能活过来。所以对待战争，贤明的君主应该是慎之又慎，优秀的将领对待战争也应该战战兢兢、如履薄冰，因为这是保持国家安全、保全军队的根本原则。

【篇结】

从古代战争直至当今时代，火攻是一种重要的作战方式和战争手段。

本篇开始，孙子简要说明了火攻的五种类型和实施火攻的战法。强调掌握火攻的要领在于必须根据这五种不同的火攻方式引起的敌情和战场形势变化来进行兵力配备和部署，还要严格遵循气象条件。孙子评价火攻的作用比水攻"明"，就是作战效果要明显强于水攻。水攻只能起到阻止敌人的作用，声势强大，而火攻却可以烧毁敌军物资装备等，让其丧失赖以作战的物质基础。

《火攻》篇叙述的是具体作战手段技法，但是，孙子在讲述完水火是不留情的战争中的极端残酷而重要的手段之后，进一步进行理论高度的升华：水火无情人有情。即便将战争手段发挥到了极致而做到百战百胜，终非善始善终者。孙子同时在《火攻》篇中呼应《谋攻》篇中的"全国为上，破国次之，全军为上，破军次之"的慎战思想。这毕竟是破国、破军、破旅、破卒、破伍的下下之策。孙子借此机会提出了自己的战争告诫和理想追求——用一个字讲就是"利"。孙子先是告诫"君"和"将"，"战胜攻取"要"修其功"，即要巩固胜利成果，做到既"胜"而又有"利"，不能"胜"而不"利"，为此提出了"合于利而动，不合于利而止"的战争决策基点。进行攻取作战如此，发动战争前也是如此，怎样面对将要进行的战争呢？那就是"非利不动，非得不用，非危不战"。将作战手段结合战争目的和战争观来认识，孙子的最后一段与前面段落内容的关系就显得明朗多了。这一篇比其他各篇更能体现《孙子兵法》的价值，可谓是《孙子兵法》中的点睛之篇。

用间篇第十三

【篇解】

本篇目主要是论述用间的重要性以及用间的一些方法原则手段，信息是决定战争胜利的根本，古代如此，现今更如此。孙子首先指出兴师十万，对峙数年，目的就是为了取胜，但如果君主将领不了解敌情，那么就是太不仁道了。因此用兵作战极其重要的因素就是使用好间谍，做好情报工作，从而使主将能够正确地判断形势，达到获胜目的。将帅要很好地利用间谍，一要充分信任；二要充分保密；三是资金充裕；四要君主将帅直接管理。时至今日，战争形态发生了根本性的变化，但孙子在《用间》篇目中所阐述"用间"的道理、方法、技巧等仍然具有启示和借鉴意义。

【原文】

孙子曰：凡兴师十万，出征千里，百姓之费，公家之奉，日费千金①；内外骚动，怠于道路，不得操事者，七十万家②。相守数年，以争一日之胜，而爱爵禄百金，不知敌之情者③，不仁之至也，非人之将也，非主之佐也，非胜之主也④。故明君贤将，所以动而胜人，成功出于众者，先知也。⑤先知者，不可取于鬼神，不可象于事，不可验于度，必取于人，知敌之情者也。⑥

【注释】

① 凡兴师十万，出征千里，百姓之费，公家之奉，日费千金：兴兵作战，要发动十万以上的兵众，出兵远行千里，所以百姓的耗费，国家的开支，一天就要消耗千金。"公家"，诸侯国；"奉"，开支、同俸。是说战争消耗极大。

② 内外骚动，怠于道路，不得操事者，七十万家：如果进行战争，全国上下奔波不停、动乱不安，因为运输军事物资等，众多的百姓疲惫不堪，因战争不能从事农桑生产的达七十万家。"内外"，前方后方；"怠"，疲惫、

倦怠；"操事"，从事农工生产；"七十万家"，古代一家从军七家负责给养，举十万之之师，所以说有七十万家不能从事生产。

③相守数年，以争一日之胜，而爱爵禄百金，不知敌之情者：交战双方对峙多年，都是为了争取一日的胜利，如果为吝啬官位、钱财而导致不了解敌情，招致战争失利。"相守"，相互对峙；"爱"，吝啬；"爵禄百金"，"爵"，爵位，"禄"，俸禄，"百金"，泛指金银财宝。

④不仁之至也，非人之将也，非主之佐也，非胜之主也：（意思是如果因为吝啬金银财宝官爵俸禄得不到信息情报，那么）是极其不仁道的，就不是兵众的好将帅，也不是君主的好帮手，更不是战争胜利的主宰者。"至"，最、极；"主"，主宰、掌控。

⑤故明君贤将，所以动而胜人，成功出于众者，先知也：所以贤明的君主、优秀的将帅，之所以用兵作战能够战胜敌人，出类拔萃地成就功业，是因为预先掌握了敌人的情况。"动"，举动，兴兵作战；"而"，能够，就会；"胜人""出于"，超出；"先知"，战前预先掌握情况（知彼）。

⑥先知者，不可取于鬼神，不可象于事，不可验于度，必取于人，知敌之情者也：（怎么做到"先知"？）不能通过占卜祈祷鬼神等迷信手段，也不能用过去经验进行类推，也不能观测星辰等作验证，那么一定要从了解敌人内部情况的人那里获得。"取"，求得；"象"，模拟、类推；"验"，验证、应验；"度"指日月星辰在天空运行的位置度数。

【名家注释选】

孙子曰：凡兴师十万，出征千里，百姓之费，公家之奉，日费千金；内外骚动，怠于道路，不得操事者，七十万家。

曹操注：古者，八家为邻，一家从军，七家奉之。言十万之师举，不事耕稼者七十万家。

杜牧注：古者，一夫田一顷。夫九顷之地，中心一顷，凿井树庐，八家居之，是为井田。怠，疲也。言七十万家奉十万之师，转输疲于道路也。

赵本学注：日费千金，公私皆费千金也。古者出征，八家同出一夫，凡车乘牛马刍粮之类，皆七家所给，故十万出征，七十万家不得休息也。

相守数年，以争一日之胜，而爱爵禄百金，不知敌之情者，不仁之至也

李筌注：惜爵赏，不与间谍，令窥敌之动静，是为不仁之至也。

梅尧臣注：相守数年，则七十万家所费多矣；而乃惜爵禄百金之微，不以遗间钓情取胜，是不仁之极也。

施子美注：今为将者且爱爵禄百金，而不以求敌人之情，何以取胜哉？且傥来之物其易得，敌人之情尤难知，以傥来之物得难知之情，吾何吝而不与乎。况数年之守为至久，一日胜负为甚重，吾不能用人以间伺敌人之情，是乃不仁之至也。非可以将乎人也，非可以佐乎主也，又非可以主乎胜也。《孟子》曰："为富不仁。"法曰："将不仁，三军不亲。"

非人之将也

梅尧臣注：非将人成功者也。

非主之佐也

梅尧臣注：非以仁佐国也。

非胜之主也

梅尧臣注：非致胜主利者也。

张预注：不可以将人，不可以佐主，不可以主胜。勤勤而言者，叹惜之也。

故明君贤将，所以动而胜人，成功出于众者，先知也

梅尧臣注：主不妄动，动必胜人；将不苟功，功必出众。所以者何也？在预知敌情也。

王晳注：先知敌情，制胜如神也。

先知者，不可取于鬼神

张预注：视之不见，听之不闻，不可以祷祀而取。

不可象于事

曹操注：不可以祷祀而求，亦不可以事类而求也。

李筌注：不可取于鬼神、象类，唯间者能知敌之情。

杜牧注：象者，类也。言不可以他事比类而求。

不可验于度

李筌注：度，数也。夫长短、阔狭、远近、大小，即可验之于度数；人之情伪，度不能知也。

梅尧臣注：不可以度数验也。言先知之难也。

必取于人，知敌之情者也

曹操注：因人也。

李筌注：因间人也。

梅尧臣注：鬼神之情，可以卜筮知；形气之物，可以象类求；天地之理，可以度数验。唯敌之情，必由间者而后知也。

【译文】

孙子说：凡兴兵十万，出征千里的战争，百姓的耗费、国家的开支，每日都要在千金左右。全国上下奔波不停、动乱不安，百姓为运输物资而疲惫地奔波在路途中。一家从军，其赋役需要七家均摊，也就是举十万之师则七十万家将不能从事正常的生活与耕种。战争双方以这样的代价相持数年，其结果只为有朝一日能争得胜利啊。如此看来，如果吝惜爵位和金钱，不肯买通间谍而探知敌情以便及早结束战争的将帅，实在是太不仁义了，他实在不配是君主的辅臣，更不会是取得胜利主宰。

因此，英明的君主与贤良的将帅，之所以每战必胜，其战功业绩超出他人，正因为他们早在开战之前就已经掌握了敌情。

要预先了解敌情，不要相信鬼神征兆，不要用过去的战事经验来类比推演，不要迷信天象与占卜，要深知，胜利的信息只有从熟知敌情的人那里获得。

【原文】

故用间有五：有因间，有内间，有反间，有死间，有生间。①五间俱起，莫知其道，是谓神纪，人君之宝也。②因间者，因其乡人而用之。③内间者，因其官人而用之。④反间者，因其敌间而用之。⑤死间者，为诳事于外，令吾间知之，而传于敌间也。⑥生间者，反报也。⑦

【注释】

① 故用间有五：有因间，有内间，有反间，有死间，有生间：所以用间有五种形式，即因间、内间、反间、死间、生间。

② 五间俱起，莫知其道，是谓神纪，人君之宝也：五种间谍形式根据情况共同使用或者轮番交替使用，将使敌人无法知道我获取信息情报的途径，这就是神乎其神、神秘莫测的方法、道理，这就是君主将帅的法宝。"道"，规律、途径；"神纪"，神秘难测的道理，"纪"，道、理；"人君"，国君。

③ 因间者，因其乡人而用之：因间就是利用敌人国内的民众作为我方的间谍加以使用。"因"，依据、凭借。

④ 内间者，因其官人而用之：内间就是利用敌人达官贵人身边的随从亲信甚至决策者作为我方的间谍使用。"官人"，即舍人，是指达官贵人身边的亲信、随从等，也可指决策者本人。

⑤ 反间者，因其敌间而用之：反间就是本来是敌人派来的间谍，但被我方收买后反而成为我方使用的间谍。

⑥ 死间者，为诳事于外，令吾间知之，而传于敌间也：死间就是利用间谍传播虚假的消息，以迷惑引诱敌人，使敌人上当受骗，但事后敌人明白上当受骗，就会处死我方的间谍，故称死间。"诳事"，虚假的军事情报，"诳"欺瞒。

⑦ 生间者，反报也：生间就是打入敌人内部掌握信息后能够活着回来报告信息的人。"反"，同"返"，返回。

【名家注释选】

故用间有五：有因间，有内间，有反间，有死间，有生间

梅尧臣注：五间之名也。

张预注：此五间之名，"因间"当为"乡间"。故下文云："乡间可得而使"。

五间俱起，莫知其道，是谓神纪，人君之宝也

曹操注：同时任用五间也。

梅尧臣注：五间俱起以间敌，而莫知我用之之道，是曰神妙之纲纪，人君之所贵也。

贾林注：纪，理也。言敌人但莫知我以何道，如通神理也。

因间者，因其乡人而用之

杜佑注：因敌乡人知敌表里虚实之情，故就而用之，可使伺候也。

梅尧臣注：因其国人，利而使之。

张预注：因敌国人，知其底里，就而用之，可使伺候也。韦孝宽以金帛啖齐人，而齐人遥通书疏是也。

内间者，因其官人而用之

李筌注：因敌人失职之官，魏用许攸也。

杜牧注：敌之官人，有贤而失职者，有过而被刑者，亦有宠嬖而贪财者，有屈在下位者，有不得任使者，有欲因败丧以求展己之材能者，有翻覆变诈、常持两端之心者。如此之官，皆可以潜通问遗，厚贶金帛而结之。因求其国中之情，察其谋我之事，复间其君臣，使不和同也。

杜佑注：因在其官失职者，若刑戮之子孙与受罚之家也。因其有隙，就而用之。

反间者，因其敌间而用之

李筌注：敌有间来窥我得失，我厚赂之，而令反为我间也。

张预注：敌有间来，或重赂厚利以结之，告以伪辞；或佯为不知，疏而慢之，示以虚事，使之归报，则反为我利也。赵奢善食秦间，汉军佯惊楚使是也。

赵本学注：敌以间我，我佯不知，而厚赂诱之，彼归以所见告其将，则反为之间也。

死间者，为诳事于外，令吾间知之，而传于敌间也

杜牧注：诳者，诈也。言吾间在敌，未知事情，我则诈立事迹，令吾间凭其诈迹，以输诚于敌，而得敌信。若我进取，与诈迹不同，间者不能脱，则为敌所杀，故曰死间也。汉王使郦生说齐，下之。齐罢守备，韩信因而袭之。田横怒烹郦生。此事相近。

陈启天注：死间乃我故为诈伪之事于外，令吾间传给敌人，而敌人误信吾间之言，则必杀之也。用死间之法，乃以诈间之法诈敌，敌知其亦受愚，故杀之。忠实之间谍，为敌所得，未有不死者，此所以特名死间者。

生间者，反报也

杜牧注：往来相通报也。生间者，必取内明外愚，形劣心壮，矫捷劲勇，闲于鄙事，能忍饥寒垢耻者为之。

贾林注：身则公行，心乃私觇，往反报复，常无所害。故曰生间。

杜牧注：择己有贤材智谋，能自开通于敌之亲贵，察其动静，知其事计，彼所为己知其实，还以报我，故曰生间。

陈启天注：生间乃令吾间前赴敌境，侦察虚实，而复返国报告也。"反"与"返"同。

刘邦骥注：生间者，选择己之有贤才智能者，通于敌之亲贵，察其动静虚实，还以报我也。此一节，列举其种类性质，示人以相机而用之也。大抵因间者，乡间也，含有政治侦探之性质。反间者，含有人才探之性质。生间者，含有外交侦探之性质，客卿之类也。死间者，含有国贼侦探之性质。因国贼恒以祖国秘密漏泄于外，故特为诳事，以使敌人杀之也。五间之中，其四种皆所以对外，惟死间正所以对内也。

【译文】

要孰知敌情就要使用间谍，而使用间谍有五种方式："因间""内间""反间""生间""死间"。这五种间谍形式共同使用或者轮番交替使用，将使敌人无法知道我获取信息情报的途径，这就是神乎其神、神秘莫测的方法、道理，这就是君主将帅制胜的法宝。所谓"因间"是招募敌国的人员做我方的间谍；"内间"是收买敌国的达官贵人的随从或亲信做我方的间谍；"反间"是利诱敌国派到我方的间谍为我方所用；"死间"是散布虚假情报，让我方间谍传给敌国，以迷惑敌人，使敌人上当受骗，这样的代价就是等敌人明白上当后会处死我方的间谍；"生间"就是打入敌人内部但能活着回来报告敌情的间谍。

【原文】

故三军之事，莫亲于间，赏莫厚于间，事莫密于间。①非圣智不能用间，非仁义不能使间，非微妙不能得间之实。②微哉！微哉！无所不用间也。③间事未发，而先闻者，间与所告者皆死。④

【注释】

① 故三军之事，莫亲于间，赏莫厚于间，事莫密于间：所以用兵作战的各种事情，没有比间谍更亲近的，没有比赏赐间谍更优厚的，没有比间谍做的事情更秘密的。"莫"，没有谁；"亲"，亲近、密切；"厚"，优厚优待；"密"，机密。

② 非圣智不能用间，非仁义不能使间，非微妙不能得间之实：因此，不是圣人上智不能使用间谍，不仁厚仗义不能使用间谍，不认真细微、方法巧妙也不能得到间谍的真实情报。"圣智"，圣人之智慧，指具有非凡智慧的人；"仁义"，仁德仗义的人；"微妙"，巧妙；"实"，真实情报。

③ 微哉！微哉！无所不用间也：真是微妙呀，微妙，间谍真的是无处无事不用呀。"微哉"，可理解为微妙、妙不可言。

④ 间事未发，而先闻者，间与所告者皆死：如果用间谍的事情还没有实施就走漏风声，那么间谍和知情人都必须处死。"未发"，没有行动、实

施；"先闻"，事先听说、暗中知晓。"所告者"，告诉过的使用间谍之事的人。

【名家注释选】

故三军之事，莫亲于间

杜佑注：若不亲抚，重以禄赏，则反为敌用，泄我情实。

王晳注：以腹心亲结之。

张预注：三军之士，然皆亲抚，独于间者以腹心相委，是最为亲密也。

赏莫厚于间

杜佑注：以重赏赏之，而赖其用。

王晳注：军功之赏，莫厚如此。

张预注：非高爵厚利，不能使间。陈平曰："愿出黄金四十万斤，间楚君臣。"

事莫密于间

杜佑注：间事不密，则为己害。

梅尧臣注：凡事不密，则害成。

非圣智不能用间

杜牧注：先量间者之性，诚实多智，然后可用之。厚貌深情，险于山川，非圣人莫能知。

梅尧臣注：知其情伪，辨其邪正，则能用。

张预注：圣，则事无不通，智，则洞照几先，然后能为间事。或曰："圣智则能知人。"

非仁义不能使间

陈皞注：仁者有恩以及人，义者得宜而制事。主将者，既能仁结而义使，则间者尽心而觇察，乐为我用也。

梅尧臣注：抚之以仁，示之以义，则能使。

张预注：仁则不爱爵赏，义则果决无疑。既啖以厚利，又待以至诚，则间者竭力。

非微妙不能得间之实

杜佑注：间亦有利于财宝，不得敌之实情，但将虚辞以赴我约，此须用心渊妙，乃能酌其情伪虚实也。

梅尧臣注：防间反为敌所使，思虑故宜几微臻妙。

王皙注：谓间者必性识微妙，乃能得所间之事实。

微哉微哉！无所不用间也

杜牧注：言每事皆须先知也。

梅尧臣注：微之又微，则何所不知。

张预注：密之又密，则事无巨细，皆先知也。

间事未发，而先闻者，间与所告者皆死

陈皞注：间者未发其事，有人来告，其闻者、所告者亦与间者俱杀以灭口，无令敌人知之。

梅尧臣注：杀间者，恶其泄；杀告者，灭其言。

何氏注：兵谋大事，泄者当诛；告人亦杀，恐传诸众。

张预注：闻敌之事，谋定而后发，忽有闻者来告，必与间俱杀之。一恶其泄，一灭其口。秦已间赵不用廉颇，秦乃以白起为将，令军中曰："有泄武安君将者，斩。"此是已发其事，尚不欲泄，况未发乎？

【译文】

所以，对军队的统帅来说，三军上下最亲近信任的人，莫过于间谍了；受到奖赏最优厚的，莫过于间谍了；能与之谈最机密事务的，莫过于间谍了。不是智慧过人的人，不能使用间谍；不是仁德仁义的人，不能使用间谍；不把工作做到精细与微妙，就不能得到间谍的真实情报。

微妙啊，微妙！处处事事都可以使用间谍啊。如果间谍的计谋尚未实施就被泄露了，那间谍和知情者都要处死。

【原文】

凡军之所欲击，城之所欲攻，人之所欲杀，必先知其守将、左右、谒者、门者、舍人之姓名，令吾间必索知之。①必索敌人之间来间我者，因而利之，导而舍之，故反间可得而用也。②因是而知之，故乡间、内间可得而使也③；因是而知之，故死间为诳事，可使告敌④。因是而知之，故生间可使如期。⑤五间之事，主必知之，知之必在于反间，故反间不可不厚也。⑥

【注释】

① 凡军之所欲击，城之所欲攻，人之所欲杀，必先知其守将、左右、谒者、门者、舍人之姓名，令吾间必索知之：凡是想攻打敌人的军队、欲攻陷敌人的城池、击杀敌人，就必须先了解敌人的将领是谁，左右、谒者、门者、舍人是谁，必须让我们的间谍打探得一清二楚。"左右"，指守城将领身边的亲信；"谒者"，指负责接待宾客、传信通报的人员；"门者"，负责把守城门的警司人员；"舍人"，守将的幕僚、参谋。"索"，搜索、侦察。

② 必索敌人之间来间我者，因而利之，导而舍之，故反间可得而用也：一定要打探清楚敌人派来搜集我方情报的间谍是谁，然后趁机收买并利用他们，并交代他们任务放他们回去为我所用，这样反间就可以为我所用了。"索"，探求、侦察；"因"，顺势、趁机；"利"，收买利用；"导"，引导、诱导；"舍之"，放他们回去。

③ 因是而知之，故乡间、内间可得而使也：根据反间反馈的情况，可以决定乡间、内间的使用。"因是而知之"，根据反间反馈的情况。

④ 因是而知之，故死间为诳事，可使告敌：再根据上述反间、乡间、内间等反馈的情况，决定使用死间携带假情报，传递给敌人。

⑤ 因是而知之，故生间可使如期：由上述情况决定了，生间可以按原计划定期汇报所得情报。

⑥ 五间之事，主必知之，知之必在于反间，故反间不可不厚也：以上五种间谍使用的事情，君主一定要明白，知晓了解情况的前提基础在于反

间，因此对待反间必须优厚重赏。

【名家注释选】

凡军之所欲击，城之所欲攻，人之所欲杀，必先知其守将、左右、谒者、门者、舍人之姓名，令吾间必索知之

杜佑注：守，谓官守职任者；谒，告也，主告事者也；门者，守门者也；舍人，守舍之人也。必先知之为亲旧，有急则呼之；则不可不知，亦因此知敌之情。

施子美注：事之所在，特欲为之，必审知之而为之，则所为无不成。不知而为之，则所为为妄举，况兵家之事，千变万态，而间之所用，将以出入乎。两军之间，一有所不知，则失事矣，又何以为间乎！故凡有所欲击之军，必有所欲攻之城，有所欲杀之人，自守将而下，至于门者，无不欲知其姓名焉。守将者，一军所守之将也，左右偏裨之将也。谒者，引道官也。门者，守门之人。舍人，守舍之人。其姓名必令吾间知之。既知之矣，一有所用，则因之可以成其事。

必索敌人之间来间我者，因而利之，导而舍之，故反间可得而用也

曹操注：舍，居止也。

杜牧注：敌间之来，必诱以厚利而止舍之，使为我反间也。

梅尧臣注：必探索知敌之来间者，因而利诱之，因而利诱之，引而舍止之，然后可为我反间也。

张预注：索，求也。求敌间之来窥我者，因以厚利，诱导而馆舍之，使反为我间也。言舍之者，谓稽留其使也。淹延既久。论事必多，我因得察敌之情。下文言四间皆因反间而知，非久留其人，极论其事，则何以悉知？

因是而知之，故乡间、内间可得而使也

杜牧注：若敌间，以利导之，尚可使为我反间，因此乃知，厚利可使乡间、内间也。此言使间非利不可。故上文云："相守数年，争一日之胜，而爱爵百金，不知敌情者，不仁之至也。"下文皆同其义也。

张预注：因是反间，知彼乡人之贪利者，官人之有隙者，诱而使之。

因是而知之，故死间为诳事，可使告敌

张预注：因是反间，知彼可诳之事，使死间往告之。

因是而知之，故生间可使如期

陈皞注：言五间皆循环相因，惟生间可使如期。

杜佑注：因诳事而知敌情，生间往返，可使知其敌之腹心所在。

张预注：因是反间，知彼之情，故生间可往复如期也。

五间之事，主必知之

李筌注：孙子殷勤于五间，主切知之。

刘寅注：反间、乡间、内间、生间、死间，五者之事，人主必要知之。然知敌情先在反间，其余四间可因而使之，故反间不可不恩而厚之也。

知之必在于反间，故反间不可不厚也

杜牧注：乡间、内间、死间、生间，四间者，皆因反间知敌情而能用之，故反间最初，不可不厚也。

张预注：人主当用五间以知敌情。然五间皆因反间而用，则是反间者，岂可不厚待之耶？

顾福棠注：五间之事，是兵家第一要策，人主不可不知。但五间之中，四间皆因反间之路而入，则是反间为四间之本，尤当破格厚待之。

【译文】

凡是我方想攻击的敌军、想攻陷的城池、想击杀的敌人，都要事先了解它们的守将、亲信、负责情报的官员、幕僚、门客等人的姓名，这可以命令我方的间谍侦察清楚。

必须打探查出隐藏在我方的敌方间谍，要用厚利利诱和收买他们，然后交给他们任务再放其回去，这样他们成了反间，就可以为我所用。我方可以根据反间提供的情况，才可以发挥乡间和内间的作用。也正因为反间、乡间和内间作用的发挥，就可以利用死间传递虚假情报到敌军中，并使之深信不疑。也正因为反间的存在，才可能通过生间把情报从他那里传递回来。以上五种间谍使用的事情，君主一定要明白，明白用间的基础、根本在于反间，因此对待反间必须优厚重赏。

【原文】

昔殷之兴也，伊挚在夏①；周之兴也，吕牙在殷②。故惟明君贤将，能以上智为间者，必成大功。③此兵之要，三军之所恃而动也。④

【注释】

① 昔殷之兴也，伊挚在夏：过去殷朝（商朝）的兴起，是因为重用了通晓夏朝情况的伊挚。

伊挚，即伊尹。他原先是夏朝最后一位国君——桀的臣民，后来作为商汤妻子有莘氏的陪嫁，随之入商。商汤发现了他卓越的才干后，便任他为宰相，委以国政。由于伊挚来自夏，对夏的内情十分了解，商汤曾先后五次派他潜入夏朝，暗中进行间谍活动。伊挚把夏桀沉溺酒色以及百姓怨声载道等情况报告给商汤，这些情报对商汤灭夏起了重要的作用。

② 周之兴也，吕牙在殷：周朝的兴起，是因为重用了通晓商朝情况的吕牙。吕牙就是姜尚，字子牙，号飞熊，也称吕尚。商朝末年人，其始祖四岳伯夷佐大禹治水有功而被封于吕地，因此得吕氏。周文王与武王克殷的首席谋主、最高军事统帅与西周的开国元勋，齐国创始人，亦是中国古代的一位影响久远的杰出的韬略家、军事家与政治家。历代典籍都公认他的历史地位，儒、道、法、兵、纵横诸家皆追他为本家人物，被尊为"百家宗师"。

③ 故惟明君贤将，能以上智为间者，必成大功：所以唯有贤明的君主、优良的将帅，能够以超常智慧的人作为间谍内应，这一定会成就大的功业。"上智"，超常智慧的人。

④ 此兵之要，三军之所恃而动也：这就是用兵作战的根本、关键，全军上下依仗间谍的情报而行动。"要"，要害、根本、关键；"恃"，依仗。

【名家注释选】

昔殷之兴也，伊挚在夏

曹操注：伊挚，伊尹也。

周之兴也，吕牙在殷

曹操注：吕牙，太公也。

梅尧臣注：伊尹、吕牙，非叛于国也。夏不能任而殷任之，殷不能用而周用之，其成大功者，为民也。

何氏注：伊、吕，圣人之耦，岂为人间哉？今孙子引之者，言五间之用，须上智之人，如伊、吕之才智者，可以用间。盖重之之辞耳。

张预注：伊尹，夏臣也，后归于殷。吕望，殷臣也，后归于周。伊、吕相汤、武，以兵定天下者，顺乎天而应乎人也，非同伯州犁之奔楚、苗贲皇之适晋、狐庸之在吴、士会之居秦也。

故惟明君贤将，能以上智为间者，必成大功。此兵之要，三军之恃而动也

李筌注：孙子论兵，始于计而终于间者，盖不以攻为主，为将者可不慎之哉！

张预注：用师之本，在知敌情，故曰"此兵之要"也。未知敌情，则军不可举，故曰"三军所恃而动也"。然处十三篇之末者，盖用非兵之常也。若计、战、攻、形、势、虚实之类，兵动则用之；至于火攻与间，则有时为耳。

施子美注：水能载舟，亦能覆舟。或用间以成功，或凭间以倾败，遂以用间为下策。然《孙子》之十三篇，终之以用间而非轻之也，盖重之也。若以为束发事君，当朝正色，忠以尽节，信以竭诚，虽有善间，安可用乎？用间而不能成功者，非间之罪也，不得其人也。盖有过人之能者，然后能为过人之事，有过人之事者，然后能成过人之功。上智者，过人之能也，间者，过人之事也，必成大功，过人之功也。是功也，又岂攻城略地，搴旗斩将之比哉，其大不可胜言也。上智之间，必伊、吕而后可也，立商造周，其功为

如何耶？兵之至要，其在于间，故三军所赖以动用者，非间不可也。何者，间可以知敌之虚实，可以知敌之动静，可以知敌之表里，夫然后吾有所用，可以足其所欲矣。此三军之众所以赖是而动也。

【译文】

从前殷商的兴起，得力于重用了通晓夏朝情况的伊尹；周朝的兴起，得力于重用了解殷商情况的姜子牙。因此，英明的君主、贤良的将帅，如果能够用超常智慧的人做他们的间谍，那必定成就大业。可以说这是所有问题的关键。因为整个三军的部署与行动、最终的胜利与失败，都由他们提供的情报来决定。

【篇结】

孙子在本篇将读者的认识提高到战略全局高度，首先提出了"先知"论。指出，一旦战争降临到国家和国民面前，全国就要进行战争动员，为了争取"一日之胜"，需要动员举国十万军队、七十万家百姓投入战争与敌国"相守数年"，如此兴师动众，耗时数载，消耗国力，如若还不舍得爵禄百金去获取敌人的情报，那就是国君对国家和国民最大的不仁。所以，孙子开篇提出"先知"，就是"知敌之情"。用今天的话来讲就是通过间谍知道敌人的情报。

孙子先将用间的目的和重要性，用"先知"揭示了出来。《孙子兵法》全书使用频率最多的一个字是"知"，从《计》到《用间》，据统计有 79 次之多。"知"是《孙子兵法》贯通全书的重要战略原则和认识方法。一代兵圣智者的慧光穿透岁月的雾霭，依然映射着玄幽的光泽。

《用间》篇可以说是一篇精辟的军事情报战论述。孙子从战略的高度对间谍的分类、使用间谍应当掌握的原则和方法与间谍的战略地位和作用进行了论述。

孙子最后用"昔殷之兴也，伊挚在夏；周之兴也，吕牙在殷"的例子说明了间谍的战略地位和作用。伊尹和姜子牙都是最优秀的间谍。其起到的历史作用是："此兵之要，三军之所恃而动也。"

　　直到今天，情报工作仍然是决定战争胜负的关键因素之一，《孙子兵法》中所论述的用间、搜集情报的思想仍然具有很强现实意义。仅由此点便可更进一步体会《孙子兵法》的价值所在、启迪所在、意义所在，由此我们也可窥见《孙子兵法》风靡世界的缘由！

　　《用间》篇作为十三篇的结尾，不仅与首篇《计》篇相呼应，而且将《孙子兵法》的"慎战""全胜"的核心价值观贯彻始终，首尾相接，贯通一气，由此我们也能窥见《孙子兵法》的整体性、内在的逻辑性。

　　宏哉，妙哉，奥哉，《孙子兵法》！

参考书目

扈光珉、孙兵：《孙子兵法通释》，中华工商联合会出版社 2015 年版。

吴如嵩：《孙子兵法新说》，解放军出版社 2008 年版。

[日] 服部千春：《孙子兵法校解》，军事科学出版社 1987 年版。

刘建生主编：《孙子兵法精解》，海潮出版社 2012 年版。

张德勤、石宝江：《细品〈孙子〉》，军事科学出版社 2009 年版。

邱复兴主编：《孙子兵法大典》，北京大学出版社 2004 年版。

鲁衍平、苑素梅、鲁洋源译著：《孙子十家注》，吉林大学出版社 2016 年版。

责任编辑:宫　共
封面设计:源　源
责任校对:吕　飞

图书在版编目(CIP)数据

孙子兵法新解/扈光珉 注译. —北京:人民出版社,2019.2(2022.1 重印)
ISBN 978-7-01-020401-7

Ⅰ.①孙…　Ⅱ.①扈…　Ⅲ.①兵法-中国-春秋时代②《孙子兵法》-注释
③《孙子兵法》-译文　Ⅳ.①E892.25

中国版本图书馆 CIP 数据核字(2019)第 028522 号

孙子兵法新解
SUNZI BINGFA XINJIE

扈光珉　注译

人民出版社 出版发行
(100706　北京市东城区隆福寺街 99 号)

北京兴星伟业印刷有限公司印刷　新华书店经销

2019 年 2 月第 1 版　2022 年 1 月第 2 次印刷
开本:710 毫米×1000 毫米 1/16　印张:17.75　字数:279 千字

ISBN 978-7-01-020401-7　定价:48.00 元

邮购地址 100706　北京市东城区隆福寺街 99 号
人民东方图书销售中心　电话 (010)65250042　65289539